国家“十二五”重点出版规划项目

教育心理研究新进展丛书

网络学习与教学

互联网背景下的新理念和新模式

张庆林 主编

U0900044

时代出版传媒股份有限公司
安 徽 教 育 出 版 社

图书在版编目（CIP）数据

网络学习与教学：互联网背景下的新理念和新模式/张庆林主编.
—合肥：安徽教育出版社，2012.7
ISBN 978-7-5336-6833-4

Ⅰ.①网… Ⅱ.①张… Ⅲ.①网络教学—研究 Ⅳ.
①G434

中国版本图书馆 CIP 数据核字（2012）第 145685 号

书名：**网络学习与教学——互联网背景下的新理念和新模式** 主编：张庆林

出 版 人：朱智润
责任编辑：杨多文 责任印制：王 琳 装帧设计：吴亢宗

出版发行：时代出版传媒股份有限公司 http://www.press-mart.com
安徽教育出版社 http://www.ahep.com.cn
（合肥市繁华大道西路 398 号，邮编：230601）
营销部电话：（0551）3683010，3683011，3683015
排 版：安徽创艺彩色制版有限责任公司
印 刷：合肥芳翔印刷有限责任公司 电话：（0551）4656798
（如发现印装质量问题，影响阅读，请与印刷厂商联系调换）

开本：787×1092 1/16 印张：18 字数：220 千字
版次：2012 年 7 月第 1 版 2012 年 7 月第 1 次印刷

ISBN 978-7-5336-6833-4 定价：38.00 元

前　言

网络教育，也称为远程教育，是利用网络技术、多媒体技术等现代信息技术手段的新型教育形式。网络教学具有跨时空、省资源、高效率、个性化、多媒体、交互性等优点，它能够更大程度地满足过去的传统教育所不能满足学习者的各种需求。因此，国际上许多教育研究者都相信，它已经成为传统学校教育的一个挑战。

从 1999 年 1 月国务院批准教育部制订的《面向 21 世纪教育振兴行动计划》正式提出“实施现代远程教育工程”到现在，我国网络教育发展十分迅速，不仅基础设施齐备，而且办学力量雄厚。发展网络教育是扩大教育规模、提高教育质量、增强办学效益、建立终身教育体系、办好大教育的重大战略措施。

然而，我国网络教育的开展情况却不尽如人意，譬如采用的教学模式过于单一，网络课程对个性化的考虑不足，智能化水平不高，先进教学理论体现不够，没有充分利用网络教学的高效性。在这样的形势下，急需运用教育学、心理学、教育技术学等学科的理论和研究成果对网络教育的实践进行指导，并在实践中开展更深入的研究。

如何发挥网络教育的优势，不仅仅是网络技术问题，更重要的是教育理论和方法的创新。事实上，网络只解决了新的教育媒介的问题，并不能保证教学效果的提高。硬件的投入,如果缺少了高质量的软件,就会成为极大的浪费。而高质量软件的开发,离开了先进教育理论的贯彻与创新,将会迷失方向。本书拟就网络学习与教学的新理论、新模式和新研究为视角,探讨如何更有效地推动网络教育的发展。

本书在第一章综述网络教学一般发展趋势之后,分三章(第二章、第三章、第四章)讨论当代建构主义教育思想、认知心理学研究成果和高效率教学理论在网络教学中的应用。

本书还分两章(第五章、第六章)介绍我们在智能化网络教学和网上协作研究性学习两个方面的新探索。我们承担的全国教育科学"十五"规划教育部重点课题"运用现代教育技术促进学生创造性发展",在加强基础性实验研究和理论研究的同时,研发了"远林智能化学习辅导系统"(Online Teacher)和"网上协作研究性学习系统"(Online Project Learning System)。这两个系统在贯彻先进的教育理念、提高软件的智能化水平、实行过程性定量评估、有效开发学生的创造性潜能等方面都取得了可喜的突破。该项课题的两篇研究报告已经于2003年10月在澳大利亚举行的第二届国际网络学习大会(The 2nd International Conference on Web-based Learning)上和国际同行交流,并且两篇研究报告在该会议正式出版、全球发行的论文集里全文发表(Zhang,Q. L. et al.,2003;Xu,Z.,Zhang,Q. L. et al.,2003)。

本书还将分三章(第七章、第八章、第九章)介绍我的三位博士生结合自己的博士论文所做的网络教学中的科学概念教学、样例教学和思维策略训练的一系列研究成果。

与已经出版的其他著述相比,本书有如下三个主要特色:

(一)突出教育心理学特色。着重介绍实现网络环境中的个性化教学、智能化辅导、研究性学习和高效率学习的心理学理论和原则。

(二)理论与实践相结合。一方面介绍当代教育心理学理论在网络教学中的具体运用,另一方面也注重介绍本书作者亲自参与的网络教学研究的成果总结。

(三)操作性强。本书注重理论的应用与操作,强调在先进教育理论指导下实际有效的操作技术的指导。

现代信息技术武装我国教育的速度如此之快,以至于教育理论和研究都有措手不及的感觉,远远落后于现代网络教育的实践。因此,如何更好地运用现代信息技术,如何发展现代教育学与教育心理学,是我们的长期研究任务与时代赋予的责任。

现代信息技术为现代教育的发展插上了翅膀,让更多的学生享受到现代科学给人类发展带来的优越,让所有学生的潜能都得到最大限度的发挥。在现代教育技术的推动下,教育学和心理学理论也必将会注入新的灵魂,得到前所未有的发展,这正是每一个现代教育研究者的奋斗目标,我们愿意为之不解努力。本书仅仅是一个不起眼的开始,其后的道路将更长远、更宽广、更壮丽。

本书是集体智慧的结晶,参加各章写作的有:张庆林、王维远(前言、第三章、第四章、第五章、第六章),瞿堃、徐展(第一章、第二章),郭兆明(第七章),郑修林(第八章),吴鑫德(第九章)。

衷心感谢安徽教育出版社对本书出版的大力支持。本书引用了国际国内的许多研究者的研究成果,在此也一并表示感谢。

由于研究视野和学术水平的限制,本书难免存在许多缺点和错误,恳请同行专家和读者提出批评。

张庆林　于西南大学

2012 年 3 月 4 日

目　录

第一章　网络教育概述

运用现代科学技术特别是现代信息技术来武装教育，是教育发展的必然趋势。网络教育将在全球引起教育的一场革命，推动现代教育的蓬勃发展。本章先讨论网络教育的兴起与网络教育特点，然后讨论网络教学与我国的新课程改革，最后讨论网络教育的发展趋势。

第一节　网络教育的兴起

信息技术的飞速发展为网络教育提供了技术条件，构建学习型社会的需要进一步推动了网络教育发展的步伐，教育信息化在我国的推行为网络教育奠定了普及基础，而以人为本的教育思想呼唤着个性化教育，为网络教育的兴起提供了新观念的支撑。

一、信息技术的飞速发展

信息技术的飞速发展为网络教育提供了技术条件，成为网络教育迅速发展的坚实基础。

1. 互联网时代的来临

自20世纪80年代起，以微电子、计算机和电子通信技术为核心的信息技术(Information Technology，IT)的不断革新和进步，科学技术尤其是信息通信技术(Information Communication Technology，ICT)的飞速发展预示着信息时代的到来。

网络的出现是人类科技史上的一次重大飞跃，它的普及是史无前例的。从1969年“阿帕网”(ARPA网)在美国国防计划署的诞生到1990年因特网(Internet)在全球范围内开通，只用了20年。从1995年到2000年全球互联网商业市场以62.4%的年增长率发展，用户数从3000万增加到5.5亿。

我国自1994年宣布正式进入“因特网时代”以来，网络的普及速度之快令人惊叹。2012年1月16日，中国互联网络信息中心(CNNIC)发布《第29次中国互联网络发展状况统计报告》。数据显示，截至2011年12月底，我国网民总数突破5亿人，我国是全球网民规模最大的国家。

2. 信息技术发展对网络教育的推动

在21世纪，人类将从工业社会进入信息社会。信息技术的飞速发展为远程教育在新世纪中的兴起奠定了基础。以双向交互为特征的卫星电视直播课堂教学，各类音频、视频远程会议和计算机会议系统，交互式多媒体，以及互联网、万维网和信息高速公路等，正在带来教育形态的革命。

信息技术的飞速发展为基础教育和高等教育的形态革命创造了机会。CNNIC的数据显示，在2007年新增网民中，18岁以下的网民和30岁以上年龄较大的网民增长较快；初中及以下受教育程度的网民增长较快；低收入人群开始越来越多地接触互联网。另外，快速增长的农村网民成为新增网民的重要组成,7300 万新增网民中的 4 成,即有 2917 万来自农村;截至 2007 年 12 月底,我国农村网民数量达到 5262 万,年增长率达到 127.7%。

在基础教育领域,中小学网校层出不穷;在高等教育领域,全国几十所大学都成立了网络学院。

信息技术的飞速发展为学校以外的学习创造了条件,终生学习变得更加方便。据调查,家里和单位是网民上网的主要地点,而且在家里上网的网民比例同上两次调查相比继续呈稳步增长趋势,分别从 65.9%、66.1%增加到 67%。这说明随着家庭电脑的普及、小区宽带的铺设以及互联网使用成本的降低,越来越多的家庭接入了网络,家里成为网民上网最主要的地点。这在一定程度上说明,随着我国信息化建设的不断深入,上网场所在不断扩展,上网条件在不断改善,网上学习变得更为便捷。

二、构建学习型社会的需要

构建学习型社会的需要进一步推动了网络教育发展的步伐,使网络教育进入了飞速发展的轨道。

1. 终身学习体系与国际竞争

随着世界政治、经济和文化的全球化进程的加快,各国间科学技术、经济实力、综合国力和民族文化凝聚力的竞争日益加剧。由于知识经济将成为未来社会的经济基础,所以,国际竞争归根结底是高科技人才的竞争,是国民素质的竞争。开发人力资源,发挥人才优势,是各国提高国际竞争力的关键。而人力资源开发的基础是教育。实现高质量的基础教育、大众化的高等教育和全民族的继续教育,构建开放灵活的终身教育体系和终身学习社会,是各国教育发展的战略目标。

国务院于1999年1月批准的教育部《面向21世纪教育振兴行动计划》提出，到2010年基本建立起终身学习体系。在党的十六大报告中提出了我国在本世纪头20年全面建设小康社会的奋斗目标。这一目标具体体现在教育上，就是要“形成比较完善的现代国民教育体系”，使“人民享有接受良好教育的机会”，“形成全民学习、终身学习的学习型社会，促进人的全面发展”。全民学习、终身学习的学习型社会是现代文明社会的一个标志。建设学习型社会是科技、经济、文化和社会高度发展的必然要求。

2. 终身学习体系与终身教育

从教育领域来说，由于科学技术的迅速发展，知识发展和更新的速度大大加快，人们从学校教育中获得的知识，已远不能适应人们对工作和自身不断发展的要求，学习和教育必须贯穿人的一生。教育发展经历了从过去只是少数人的“奢侈品”到现代社会人人都能够享受的“必需品”，从过去学习者“适应教育”到现在教育去“适应学习者”的转变。在这一转变中，教育越来越体现出以人为本的理念，体现出教育民主、平等、均衡发展的思想。

学习型社会是把重点从“教”转到“学”，从学校作为唯一的教育机构转到整个社会作为教育的机构，使人随时随地都可以学习。要建设全民学习、终身学习的学习型社会，教育要注重人才群体的教育转变成为全民的教育，即为全体国民提供受教育的机会。

终身教育体系和学习型社会的建立，是一个复杂的社会系统工程，至少需要四个方面的条件：有终身教育（学习）观念和一定学习能力的学习者；能为社会成员提供终身教育的教育结构体系和机构；建立有利于终身教育（学习）的政策和制度；教育信息化的发展水平。在建设学习型社会的进程中，不仅学校教育特别是基础教育应该加强，而且从教育观念到教育内容、教育模式和方法、教学制度等等，都需要经历一场深刻的变革。

三、教育信息化的推动

教育信息化在我国的推行为网络教育奠定了普及基础，使网络教育得以大面积推行。

1. 社会与经济的信息化

中共十六大提出本世纪头20年我们的奋斗目标是："全面建设小康社会"，在经济方面我们要"基本实现工业化，大力推进信息化，加快建设现代化"，在文化方面则"形成全民学习、终身学习的学习型社会"，这就使得"全面小康社会"、"信息化"和"学习型社会"形成了一个密不可分的有机体。

十六大报告还指出，"信息化是我国加快实现工业化和现代化的必然选择。"因为未来的社会是一个信息社会，在这一社会中，人类的各种活动将越来越依赖信息技术。人们只有具备在信息化的环境中工作、学习和生活的能力，才能在充满各种学习机会的环境中抓住机遇，发展自己。

2. 教育的信息化

近年来，我国基础教育信息化发展迅速，取得了很大的进展，特别是各地普遍加大了"校校通"工程实施力度，促进了中小学教育信息基础设施的建设。在1999年6月召开的第三次全国教育工作会议上发表的《中共中央国务院关于深化教育改革全面推进素质教育的决定》中提出："大力提高教育技术手段的现代化水平和教育信息化程度。"2000年10月25日召开的全国中小学信息技术教育工作会议，是我国基础教育信息化的一个里程碑。会议印发了《关于在中小学普及信息技术教育的通知》、《关于在中小学实施"校校通"工程的通知》和《中小学信息技术课程指导纲要（试行）》三个重要文件，决定从2001年开始用

5～10年时间，在中小学普及信息技术教育，全面启动中小学“校校通”工程，用5～10年时间，使全国90％左右的独立建制的中小学校能够与互联网或中国教育卫星宽带网连通，同时将信息技术教育课程列入中小学的必修课程。

四、人本主义教育观的呼唤

以人为本的教育思想呼唤着个性化教育，为网络教育的兴起提供了新观念的支撑。

1. 人本主义哲学思想渊源

人本主义哲学思想源远流长，起源于古希腊文化，形成于文艺复兴，发展于启蒙运动，在现代社会得到不断的完善，同科学主义一道相互竞争、相互补充，共同构成了西方文化的基本精神，影响着人们的思想和行为。

无独有偶，我国古代伟大教育家孔子所提出的“仁者，爱人”之理念，亦与人本主义思想的精髓相吻合。

人本主义最核心的思想就是认为人性来自自然，自然人性即人的本性，反对将人的心理低俗化、动物化和机械化。人本主义强调人的自我实现，即个人潜能的最大发挥。人本主义尊重个人的独特性，承认人的差异性，主张自我认同。

2. 人本主义教育观念

20世纪50年代末60年代初，美国人本主义心理学家把他们的理论观点扩展到教育教学领域，形成其独具风格的人本主义教学观，并产生了马斯洛、罗杰斯、凯利等人本主义主要代表人物。

人本主义理论教育家对当时“技术统治一切”的理论和各国进行的教育改革提出了尖锐的批评，认为传统的教学观忽视了学生的主观能动性。

罗杰斯认为，人的情感与认知是密不可分的，在学习过程中二者相互促进，相互影响，因此在教学过程中学生应该受到尊重，这样可以促进其认知过程的发展。他强调，学生在整个学习过程中的重要性，教师在教学过程中的角色应该从传统填鸭式的教育方式中转换过来。

之后，人本主义心理学家根据人类自身的发展特点，提出了人本主义的教育目标：应当培养能够适应变化的、知道如何学习的、个性充分发展的人。这一教育目标既包括了知识教育和认识能力发展的教育目标，也包括了情意发展的教育目标，即提倡教育是知识教育与情感发展二者的结合，这成了人本主义教育观的核心思想。

3. 人本主义教育观与网络教育

计算机网络化的发展，使得多媒体教学真正实现了个别化教学、程序教学。计算机网络为人们的学习创设了广阔而自由的学习环境，提供了丰富的学习资源，使得教学从传统的班级制课堂教学走向了个别化、分散化、社会化和家庭化，不但突破了传统的教学形式，还扩展了教学时空的维度，为同伴教学、分组学习、合作学习、发现学习、探究学习提供了基础。学生自己选择学习方向，参与发现自己的学习资源，阐述自己的问题，决定自己的行动，自己承担选择的后果。这样学生就有责任地参与到学习过程中，容易全身心地把感情和理智投入到创造性学习中去，并对自己的学习结果做出评价。

这就基本上实现了人本主义所主张的以学生为中心的教学形式和学生自主学习、自我实现、自我评价的目的。

同时，由于网络教学技术要求学生具有较高的学习策略和自主学习能力，教师由传统的知识传授者改变为学生学习的指导者、合作者和咨询者。教师和学生的地位不是不平等的权威关系和依赖关系，而是师生双向参与、双向沟通、平等互助的关系，达到人本主义崇尚的尊严、民主、自由、平等的价值观。

于是，在知识经济和信息社会的脚步声中，在学习型社会、终身教育和终身学习的呼声中，在教育信息化的浪潮中，采用交互式多媒体，基于国际互联网、万维网资料、电子计算机通信等技术的网络教育应运而生了！网络教育的发生是技术、文化、政治经济和教育等方方面面综合作用的结果。网络教育理解了人类社会和人类教育的追求，利用并发挥了网络技术的优势，把握了自我形成的契机。

无论是学校教育还是产业界和全社会的教育与培训，也无论是独立的远程学校还是原来的传统学校，网络教育都将成为教育革新的力量，成为未来教育的主流成分和主要生长点，成为 21 世纪终身教育和终身学习的主流，它就像冉冉上升的“朝阳”，将成为未来人类教育彻底变革的主要教育模式。

第二节　网络教育的特点

网络技术对社会的影响，不啻蒸气机的发明与量子理论的提出。目前成千上万的网络产业和它独特的运营模式，对传统产业和社会生活带来的理念、方法乃至性质上的变化，足以诠释其勃勃的生命力和强大的社会推动作用。作为人类社会重要领域之一的教育，也是受网络技术深刻影响的领域之一。网络对于教育，如同文字、印刷术和 19 世纪末期的现代电子传播媒体，对教育的手段、方式等造成了革命性变革。不仅如此，网络教育彻底改变了教育的面貌，开辟了一个新的教育时代。

网络教育以崭新的面貌出现在我们的面前，它具有传统教育所不具备的一系列新特征。下面我们分别从技术层面和教学层面来考察网络教育的特征(祝智庭,2001)。

一、网络教育在技术层面上的特征

1. 数字化

数字化是以计算机为基础的信息技术的最基本的特征,也是网络技术最基本的特征。所有的信息都以数字的方式存储和表示,数字化使得网络技术系统的设备简单、性能可靠和标准统一。

2. 网络化

当今的数字化信息网络做到了"天网"(如数字卫星通讯系统、移动数字通讯系统)和"地网"(以 Internet 为主)合一。网络化的优点是资源共享、时空不限、多向互动和便于合作。

3. 多媒化

多媒体技术是指计算机交互式综合处理多种媒体信息——文本、图形、图像、声音、视频等,具体包括音频技术、视频技术、数字图像技术、数据压缩技术、光存储技术。它使多种信息建立逻辑连接,集成为一个系统并具有交互性,它使得信息媒体设备一体化、信息表征多元化、真实现象虚拟化。集成性、交互性和控制性是多媒体技术的三个最基本的特征。多媒体技术有效综合了文字、图像、音频、视频、动画等信息,从整体上刺激人的各种感官来接受信息。

4. 智能化

人工智能可以使计算机自动处理大部分以前由人完成的工作,将成为网络化教学系统的核心技术,智能化将使得系统能够做到人机界面人性化、人机通讯自然化、繁杂任务代理化。

二、网络教育在教学层面上的特点

1. 教材多媒化

教材多媒化是指利用多媒体技术，特别是超媒体技术，建立教学内容的结构化、动态化、形象化和非线性表示。

网络教学的所有学习材料都是多媒体化的，它们不但包含文字和图形，还能呈现声音、动画、录像以及模拟的三维景象。在多媒体学习材料中，各页面之间好像有无形的链条互相串联，学习者可以在各个页面间随心所欲地跳转，这种无形的链条被称为超链，这种带超链的多媒体又称为超媒体。

俗话说，书是死的，人是活的。但在网络教学中，活人读死书的时代将一去不复返，因为多媒体化的学习材料本身就是活的。

2. 资源全球化

利用网络，特别是 Internet，可以使全世界的教育资源连成一个信息海洋，供广大教育用户共享。

网上的教育资源有许多类型，包括教育网站、学科网站、教师个人网站、电子书刊、数字化图书馆、虚拟博物馆、在线教育游戏等等。而本身并不是专门为教育目的提供的资源更是异常丰富，学习者在里面可以学到更多书本上学不到的知识。

对于我国的网络教育来说，面临的一大问题是网上中文信息资源严重不足。开发网上教育资源，不但是教育部门的事，也是社会各部门以及知识者的义务。

3. 教育终身化

随着学习型社会的来临和终身教育的发展，传统的学校教育已不足以涵盖教育系统整体，网络教育是构建学习型社会、推动终身教育的重要途径，是适应终身学习所必须的形式和手段，网络为终身教育的实现提供了技术保障和物质基础。

现代信息技术的广泛应用，能够把一切具有教育功能的机构联结起来，为全民的终身教育提供更多的机会，为人们提供灵活多样的学习方式，使人们可以通过计算机网络超越时空和地域的限制进行终身学习，从而使终身教育得到真正意义上的实现。

4. 教学个性化

利用人工智能技术构建的智能化教学系统能够针对不同知识基础和不同个性的学生采用不同的教学目标、不同的教学内容、不同的教学进度、不同的评测方式和评价标准、不同的补救措施，而且这一切都应是由计算机自动实现的动态调整变化的。这就使得每一个学生的学习过程都可能不同，实现真正意义上的个性化教育和因材施教。

智能教学系统能够像一个优秀教师那样对学生进行个别诊断和个别辅导，能够引导、启发学习者选择适合自己的学习目标、学习内容、学习路线、学习速度和学习进度，对学习者的学习活动进行及时地监察、记录、反馈、调节、修正和控制，并同时引导、启发学习者对自己实际学习活动进行监察、记录、反馈、调节、修正和控制，以更好地帮助学习者采取最适合自己的学习方式，得到最佳的发展，提高学习质量，使个人的潜力得到最大的发挥。

5. 学习自主化

网络是一个巨大的资源库，也是一个知识丰富的教师，学生可以就任何问题向这个不知疲倦的教师请教。比如说，在学习牛顿运动定律的时候，为了了解牛顿的生平和他在物理学上所做出的巨大贡献，到网上就可以查到所有关于牛顿的信息,丰富而详尽。

重要的还不在结果,而在于学生参与到知识的传递过程中。这些知识是学生通过自己的学习活动获得的,而不是教师以灌输的方式得到的,因此,学习的效果会更好。网络教育使学生从灌输学习转变为参与式学习,教学从以教师为中心转变为以学生为中心,学习过程也从被动学习转变成为主动学习。

6. 任务协作化

要求学生通过协作方式完成学习任务也是当前国际教育的发展方向。网络在支持协作学习方面可以起重要作用,其形式包括:通过计算机的协作(网上协作学习),在计算机面前协作(如小组作业),与计算机协作(计算机扮演学生同伴角色)。

网上协作研究性学习是完全开放的、充分独立自主的、高度合作的、超越时间空间限制的研究性学习,有利于培养学生综合运用知识的能力、处理信息的能力、研究创新的能力、动手实践的能力、合作共事的能力,也有利于学生兴趣和特长的培养,有利于学生素质的全面、协调、主动地发展。

7. 交互多向化

网络技术本身的特性,决定了它是一个具有交互性的"场所"。网络将知识本身、知识的传授者和知识的接受者紧密地联系起来,实现知识与学生、知识与教师、教师与学生、教师与教师、学生与学生之间的交互作用,使得教育得以优质、高效、无时空限制地进行。

8. 管理自动化

我们熟知的 CMI 包括计算机化的自动测试与评分、学习问题诊断、学习任务分配等。当前的发展趋向是在网络上建立电子学档,其中包含学生的电子作品、学习活动记录、学习评价信息等。利用电子学档可以支持教学评价的改革,实现面向学习过程的评价。

9. 环境虚拟化

教育环境虚拟化意味着教学活动可以在很大程度上脱离物理空间的限制，这是网络教育的重要特征。现在已涌现出一系列虚拟化的教育环境，包括虚拟教室、虚拟实验室、虚拟校园、虚拟学社、虚拟图书馆、虚拟博物馆等，由此带来的必然是虚拟教育。

虚拟教育可分为校内模式和校外模式。校内模式是利用校园网开展网上教育，校外模式是指利用广域网特别是因特网进行教育。

许多建设了校园网的学校，如果能够充分开发网络虚拟教育功能，就可以做到虚拟教育与实在教育结合，校内教育与校外教育贯通，这是未来信息化学校的发展方向。

三、网络教学的类型划分

近年来，网络教学如雨后春笋般地蓬勃发展，涌现出了形形色色面向不同学历层次、不同学科领域和不同实践需求的网络教学课程。如何对目前林林总总的网络教学作一个总的动向分析，是很困难的事情，因为首先要归纳出当代网络教学的类型，然后才能够分门别类地研究不同类型的网络教学的特点及其发展趋势。

我们(李艾丽莎，张庆林，2003)高兴地看到，最近有人提出了网络教学四种类型划分的理论(Coomey，Stephenson，2001)，并分析了这四种不同类型网络教学的不同特点。

下面先简要介绍网络教学的四个主要特征，然后介绍四种网络教学类型在这四个特征上的差异，最后简要讨论这一理论框架的实际应用价值及关于网络教学的未来研究方向。

1. 网络教学的四个主要特征

Coomey 和 Stephenson(2001)认为,总的来说,网络教学的特点主要表现为以下四个方面:对话、参与、支持、控制。

(1)对话(dialogue)

有效的网络教学不应是单向的信息流通,而应该是学习者之间以及学习者与教育者和网络资源之间多向的交流,因此,高效率的网络教学一般都非常重视"对话"。网络课程中的对话可以采取多种形式:电子邮件、公告牌、实时聊天、异步聊天、小组讨论和辩论。

许多报告都显示,无论采取何种形式的对话,要想取得好效果,都必须与课程很好地结合起来。如果学生之间的交互作用不能与课程结合起来,学生就会漫无目标地闲聊。

可以采取一系列措施来提高网络教学的对话效果,例如,由一位反应敏捷的主持人使用清楚陈述的问题来引导对话的进行,使对话不脱离主题。又例如,采用异步对话的形式,给学习者提供了一个主动参加、深入思考、谨慎反应的机会。

(2)参与(involvement)

学生只有积极主动参与到网络教学中去,才能进行高效率的网络教学。参与主要是指对网络教学任务做出反应、主动与学习材料建立联系、学生之间的积极合作。重视参与是"以学为本"教育思想的体现。

可以采取许多措施来提高学生在网络教学中的积极参与程度。例如,运用有挑战性的学习任务,提供清晰的反馈,使学习者能够主动控制自己的学习过程。

(3)支持(support)

在网上学习时,学生也需要外部的支持。这种支持包括定期面对面地交流、网络指导、同伴的帮助、专家的建议、对行为表现的反馈、支持服务和软件工具(Alexander,1999)。

一门成功的网络课程最重要的特征是能够提供指导者、教师、同伴之间相互作用的有效反馈。学生没有得到他们所期望的评价或反馈信息时,他们就会有受挫感。

(4)控制(control)

学习者在何种程度上可以控制自己的网络学习活动,网络教学系统在何种程度上鼓励学习者实现这种控制是网络教学效果的重要问题。这里所说的自我控制,包括对习题的反应、学习时间和进度的掌握、学习内容的选择、学习活动的管理、学习目标的确定、学习成绩的评价。

完全的自我控制不一定适合所有的人,应避免让那些缺乏经验或缺乏自觉性的学生来实施自我控制,因为许多学生认为学习是一种被人教的活动。如果离开指导,把学习的责任完全交给学生,那么有些学生就不能接受这种形式的教育,即使这种新的教学形式具有更好的潜在优势。

总之,对话、参与、支持、控制是网络教学的四个重要因素,不同类型的网络教学在这四个方面具有不同的处理方式或不同的特点。

2. 网络教学的四种类型及其主要特征

Coomey 和 Stephenson(2001)提出,网络教学具有两个维度:学习任务的限制性(task specification),是严格规定的还是充分开放的;控制的主体性(the locus of control),是由教师控制的还是学生自我掌握的。

根据网络教学的这两个维度,可以把现代网络教学形式划分为四种类型:

(1)教师控制的严格规定的学习;(2)学习者自我控制的严格规定的学习;(3)教师控制的开放式的学习;(4)学习者自我控制的开放式的学习。

这四种不同的网络教学类型,在对话、参与、支持、控制四个方面具有不同的特征。

(1)教师控制的严格规定的学习

这一类型网络教学的根本特征是,教师严格限定学习内容与结果(通常以教材为基础),学习者几乎没有个人发挥的空间。

这一类型网络教学的具体特征如下:

在对话方式上,由教师确定或控制网络对话以及交互作用,学生的任务就是对教师的提问和测验做出反应。在参与方式上,学习者几乎完全不能选择学习的内容,学生的活动局限在预先设定的任务之中。在支持方式上,教师只通过电子邮件、电话或预先安排的面对面会议向学生提供支持。在控制方式上,学习者能控制的活动仅限于对任务做出反应,此外还可以对顺序和参与程度稍加控制。阅读材料、学习内容和最迟完成时间等由教师规定。

有研究者称这类网络教学的学习目标是"精确地回忆学习内容"(Dee-Lucas,1999)。当前大部分这类网络课程"只不过是传统课程的复制品"(Bonk,Cummings,Jacobs,1999)。

(2)教师控制的开放式的学习

教育者确定学习任务或目标,学习者自己控制采用何种方式来实现教学目标。例如,教师在课程中规定好了所要学习的具体内容,但学习者可以自由决定如何学习。

这一类型网络教学的具体特征如下:

在对话方式上,教师确定总体责任及程序,但不参与其中,是"由学习者自我管理的与其他学生、同伴或专家进行的对话”。在参与方式上，是以任务为目标的学习者自我管理的小组学习。在支持方式上，教师就任务的性质、学习目标等提出建议，主要通过电子邮件联系，学生要学会向本组或他组成员提供反馈信息。在控制方式上，学习者自己决定如何完成学习任务，重点在于决定采用何种恰当途径去获取各种学习资源，能充分自由地决定自己的学习时间、内容和方法。

(3)**学习者自我控制的严格规定的学习**

教师(或程序)规定总体方向、教学目的、教学内容、难度水平。学习者能够探索、寻找并利用任何与该学习方向有关的特定材料。当预定的学习任务完成后，学生继续在课程领域内以一种非结构化方式展开探索，学生有较大的自由探索的机会。

这一类型网络教学的具体特征如下：

在对话方式上，教师规定总体方向和目标，学生参加讨论并充当领导者或辩论方的角色。在参与方式上，学生从网络课本上学习规则、概念、理论，学生有机会展示其“发现”和创造出的新东西。在支持方式上，老师主要以在线讨论的方式提供支持或帮助。在课程的开始阶段，指导者起促进和帮助作用；在“发现”阶段，指导者提供建议，但不回答问题。在控制方式上，学习者在总体目标下决定自己的具体学习目标，根据规定来管理自己的非结构化的发现活动。他们在总体目标范围内可以自由决定个人目标。

(4)**学习者自我控制的开放式学习**

学习者自己控制学习的大方向，包括学习结果和远期目标。大部分情况下也有完成学习任务的期限，但学习者有相当大的选择自由。

这一类型网络教学的具体特征如下：

在对话方式上，学生在选择交流对象或小组成员时，有相当大的自由权，可以与其他专家进行异步对话，得到来自外部的专家支持。在参与方式上，学生可以单独学习，或在团队中合作学习。在支持方式上，反馈来自各方面，包括专家，学生拥有相当大的自由度来建构自己的支持框架。在控制方式上，学习者自己决定目标和结果，并调控自己的学习过程。

这类网络教学的核心是，在线讨论、协作活动、广泛交流、资源整合，而这些是传统课堂中几乎不可能出现的。本书第六章介绍的“网上协作研究性学习”就属于这种类型。

3. 四种类型划分的应用价值

对当前网络教学类型的划分与总结，对于网络教学的设计者和使用者来说是大有裨益的，它为建构和设计优秀的实施方案提供了思路，为使用者选择适合自己学习目标和学习任务的网络教学提供了判断标准。

设计者在设计网络课程或学习者在选择网络课程的时候，很重要的一点是，要考虑四种不同类型对不同学生和不同学习任务的恰当性。举例来说，观察发现，网络教学的材料和使用者的活动必须结构紧凑、清楚定义并受到严格监督的时候，最适当的方法是“教师控制的严格规定的学习”方式。如果采用“教师控制的开放式的学习”方式，那么结果只会令人失望，也会使学生受挫。因此，只有选择恰当的网络教学类型，才能使网络学习取得理想的效果。

只要教师和设计者们愿意尝试运用网络教学技术，把注意集中在提高对话、参与、支持和控制的恰当性和有效性上，就可以为学生提供了一个高效率学习的机会。

第三节　网络教学与新课程改革

全世界各国政府都十分重视网络教学的发展,把它看成是普及教育、提高教育质量、实现终身教育的重要渠道。我国政府也十分重视信息技术在教育特别是基础教育中的普遍应用。教育部 2001 年颁发的《基础教育课程改革纲要(试行)》指出:"大力推进信息技术在教学过程中的普遍应用,促进信息技术与学科课程的整合,逐步实现教学内容的呈现方式、学习者的学习方式、教师的教学方式和师生互动方式的变革,充分发挥信息技术的优势,为学习者的学习和发展提供丰富多彩的教育环境和有力的学习工具。"

网络教学有利于推动我国的新课程改革。网络教学可以充分体现课改的教育新理念,在很多理念上都与新课程改革不谋而合,比如教学个性化、教材多媒化、资源全球化、学习自主化等等。

一、网络教学有利于我国新课程改革

1. 网络教学有利于"以人为本"育人思想的贯彻

"以人为本"教育思想的核心,简而言之,就是一切以学生的发展为中心,一切从学生出发,一切为学生服务,以学生能否获得全面的发展为标准。

一切从学生出发,以学生的发展为中心,就必须要从学生的心理特点、认知特点出发,尊重学生的个性,创设有利于学生发展的环境,允许学生有不同的学习方式和表达方式,做到因材施教。

我国传统的教学理念强调"统一":统一的大纲(或课程标准),统一的课程

设置,统一的教材,统一的教学进度和要求,统一考试和评价标准,甚至连布置的作业也是统一的。学生没有选择的余地,没有自主的权利,没有发展个人的特长和兴趣的空间。

与传统的课堂教学相比,基于网络的教学能够很好地解决个性化的问题,真正做到"以人为本","以学生为中心"。

即使在网络学习的条件下,学习者的个体差异也是存在的。一项综述性研究表明(Dağ, & Geçer,2009),网络学习效果受到学习者的学习风格、学习动机和人口统计学因素的影响。另一项研究发现(Francisco, Jorge, & Óscar, 2012),女生比男生对所参与的 E-Learning 课程更满意,而且女生比男生更看重学习计划和与老师的交流。

网络教学强调差异性、适合性、自主性、独立性。结合人工智能技术,网络教学的智能导师系统可以对学习基础不同的学习者自动地提供不同的教学方式和不同的建议、指导,使具有不同学习目标、不同学习能力、不同学习起点的不同学习者都能得到最有效的提高。

在网络教学中,学生除了与教师交互之外,还与课程内容,与同学,甚至与学科专家进行交互。网络上没有了面对面的尴尬和紧张,学生可以随心所欲地自由发表自己的看法和观点,也可以对他人的观点进行评价,进行讨论,共同进步。教师由传统的知识传授者改变为学生学习的指导者、合作者和咨询者。教师和学生的地位也不是传统的权威关系和依赖关系,而是师生双向参与、双向沟通、平等互助的关系,达到了人本主义崇尚的人的尊严、民主、自由、平等的价值观。

2. 网络教学有利于"自主、合作、探究"学习方式的实施

在传统的教学中,学生的学习主要是接受型的学习,学生没有独立自主权,

没有选择的余地,也就没有主动发展的机会。

在传统的教学中,学生不直接接触客观实际、缺少直接经验,这种方式下所获得的知识缺乏活力,特别是它不利于学生创新能力的培养。

建构主义学习理论认为,学习是学习者通过个人的经验构建知识和理解事物的一个主动过程。因为个体在遇到新的经验时通过同化或顺应来调整自己的知识结构,所以建构主义认为知识是在认知主体与客观环境的相互作用中获得的,而不是仅仅靠教师的传授得到的,学习者的认知发展是通过意义建构的途径而形成的。

建构主义学习理论正在逐渐成为指导网络教学的重要理论,是促进学生主动发展的重要理论基础。网络教学能够很好地贯彻建构主义学习理论的新理念,特别是“网上协作研究性学习”为促进学生的主动探究能力创造了一个新的途径,见本书第六章。

网上协作研究性学习是指学习者带着对某一领域的浓厚兴趣,主动地在该领域提出研究课题和基本构想,在网上发布,征求合作伙伴,形成网上协作研究性学习小组,通过在网上的交流和分工合作来共同制订研究方案,查寻、收集资料(包括通过自己的实验和调查所积累的数据资料),并对收集的资料进行加工、处理,最终完成一个项目并发布一个研究报告的学习过程。

这样的研究性学习是完全开放的、充分独立自主的、高度合作的、超越时间空间限制的研究性学习,有利于培养学生综合运用知识的能力、处理信息的能力、研究创新的能力、动手实践的能力、合作共事的能力,也有利于学生兴趣和特长的培养,有利于学生素质的全面、协调、主动的发展。

3. 网络教学有利于“情感、态度、价值观”三个维度有机统一

在传统的应试教育下,教师的眼中只有分数,学生的眼中也只有分数。除了分数，学生什么也不关心，只知道被动地接受老师灌输的知识。冷漠化的教学，造就了冷漠的学生，情感冷漠，心灵冷漠。

在网络教学中，虽然也看重分数，但更强调学生身心的全面发展。评价方式不仅仅是期末的一张试卷的总结性评价，还包括在学习过程中的过程性评价，包括学习态度、情感、价值观等多方面的有机统一。

网络教学能够及时发现每位学习者的点滴进步，随时给以鼓励性反馈和学习建议，有效地保护学习者的自尊，树立学习者的自信，锻炼学习者的自强，并激励学习者获得成功，使他们的非智力因素得到最充分的发展。

4. 网络教学有利于对欠发达地区的教育支持

网络教育在最大程度上突破了时空限制，有网络硬件并懂得基本操作的人不管年龄、地域、信仰、阶级、经济甚至受教育程度，都具备了平等使用网络教育资源，平等地参与到网络课堂中，得到网络上最优教育资源的权利。

特别值得一提的是，弱势群体也同样享受着教育网络的民主性，这对他们自身发展是极为有利的。

利用网络技术，名牌学校可以充分发挥自己的学科优势和教育资源优势，把最优秀的教师、最好的教学成果传播到四面八方，促进地区间的教育交流，使教育不发达地区特别是农村地区的学生同样可以接受高水平的教育。

由于新课程所提倡的教学理念和传统教学有很大的差别，在很多方面都需要大家的不断探索和实践。网络教学虽然吻合了新课程改革的思想，但同样需要在实践中不断地探索和发展。我们相信，网络教育一定可以为国家的建设和发展培养更多更好的新型人才。

二、网络教育的发展趋势

网络教育以现代化教育手段和运用多媒体教学的形式传播知识、培养人才，具有投资少、覆盖面广、效率高等优势，日益成为教育大众化、民主化、终身化的有效途径。在未来的教育中，网络教育将占据重要地位。在我国未来的课程改革中，网络教育将呈现以下一些发展趋势。

1.全方位扩大网络教育的开放程度

网络教育在某种程度上有成为"圈地、圈钱"工具的危险。这对社会上的那些弱势群体：农民、城镇低收入者、受教育程度低者和单亲家庭的儿童，都是非常不公平的。即便是在经济和信息技术都高度发达的国家，这样的教育发展不平衡也表现得越来越明显。

扩大办学开放程度，是加速提高我国国民素质的重要途径，也是网络教育生存和发展的必要条件。政府主管部门要充分运用宏观调控和评估监督等手段，指导网络教育。逐步推广面试入学，扩大开放办学的程度，扩大教学资源的开放程度，同时积极推进网络教育与社区教育的紧密结合，优化配置教育资源，健全地（市）、区、县一级网络教育资源和学习中心，并延伸到街道（乡镇）、企业、学校和家庭，形成以现代教育技术为手段、社区教育为载体的全方位开放的教育网络体系，使广大网民"只有想不到，没有学不到"，使教育民主化、终身化的美好追求伴随着网络教育的普及和发展而逐步成为人们生活中现实。

2001 年 4 月 4 日，美国麻省理工学院院长在一个被网络同步播放的记者招待会上宣布网络课件开放工程正式启动。该校计划花费十年的时间把学院几乎全部的、在教学实践中使用的、总共 2000 多门课程的资料制作成网络课件分批放在国际互联网上，供全球任何地方的任何学习者免费使用。如今，全世界任何地方的学习者都可以在网络上免费学习麻省理工学院的所有课程资源，没有任何的附加条件。这种方式很值得我们学习借鉴。

2. 网络教学与传统课堂教学优势互补

网络学习与传统课堂教学并不是两种完全不同的、不能互补的学习方式。技术的发展并非要抛弃传统的课堂教学方式，而是要在网络学习与课堂教学之间构筑起沟通的桥梁，使二者相得益彰。实际上，在今后相当长的一段时间内，传统的课堂教学仍将是我国基础教育的主要形式，而且我们对传统教学的方方面面都研究得比较透彻，它有很多自身的优点。所以，我们必须善于整合并充分利用网络教学与传统课堂教学各自特长，扬长避短，使其优势互补，培养适应社会发展的创新型人才。

3. 网络教育发展的国际化趋势

当今人类生活在一个日益加深相互依存关系的国际社会中。随着科技的进步与发展，以及国际市场的形成，教育的国界将逐渐虚化。为了培养人才，进一步加强教育的合作，国际合作显得尤为重要。面对国际化时代和全球化趋势，网络教育的国际合作与交流的共同发展趋势越来越明显和重要。我国的网络教育应主动把握这一发展趋势，发展与完善网络教育体系，加强国际交流与合作，培养国际型人才，提高教育质量。

4. 实现教育生活化

教育生活化的含义，一是说人为了生存和发展必须接受教育；二是说教育已构成人的生活的必要组成部分，成为一种生活方式。

网络教育是促进教育生活化的便捷渠道，也是改进社会生活的最佳工具。因为它在教育媒体的多元化，知识传播的开放化以及学习的自主化上，是任何教育形式所无法比拟的。因此，人们要通过网络教育来实现自己的生活方式——对学习的渴望和需求，网络教育要为人们这一生活方式服务。应该说，网络教育必须与时俱进，它必须为人们不断进步的生活观念和生活方式提供十分便利和优质的服务，真正成为满足人们生活需求的新角色。

5. 加强虚拟现实技术的应用研究

虚拟现实技术成本较高，最早是出现在军事应用中，近年来慢慢开始向民用领域扩展，比如医疗、娱乐等领域。

目前的网络教学虚拟现实仅限于显示器屏幕的视觉效果和利用鼠标进行操作控制，远远没有达到虚拟现实所追求的目标(从视觉、触觉、听觉、嗅觉、味觉各个感官进行刺激，让使用者的感觉就和在真实环境中一样)。如何在网络教学中更好地运用虚拟现实技术，将是未来网络教育发展的一个重要方向。

6. 教学平台更加智能化

智能化教学系统的研究试图利用人工智能技术来模拟“家教”的行为，提供合适的教学资源，允许学生与计算机进行双向问答式对话，对学生进行多维度的评价，而不需要教师的人工干预。一个理想的智能导师系统不仅要具有学科领域知识，而且要知道它所教学生的学习风格，还能理解学生用自然语言表达的提问，能够理解学生的问题和需求。

然而，世界上迄今所建立的此类系统均未能达到理想的实用水平。但是，智能化教学系统的研究与开发，一直是人工智能科学家和教育家合作攻关的不懈努力方向。

本书第五章介绍的“远林智能化学习辅导系统”就是教学平台智能化的一项研究成果。该项课题的两篇研究报告已经于 2003 年 10 月在澳大利亚举行的第二届国际网络学习大会(The 2nd International Conference on Web-based Learning)上和国际同行专家作了交流，两篇研究报告在该会议的面向全球发行的论文集里全文发表(Zhang, Q. L. et al. , 2003; Xu, Z. , Zhang, Q. L. et al. , 2003)。

7. 向泛在学习过渡

在计算机技术发展初期,由于硬件资源有限,我们通常采用分时办法使得许多用户可以同时共用一台机器,人机形成“多比一”对应关系;当 PC 机出现后,可以做到一个人独用一台机器,人机形成“一比一”对应关系;到了网络时代,人机变为“多比多”对应关系。在泛在技术中,人机将是“一比多”对应关系。我们可以设想,将来每个人可以拥有许多超微计算机,这些计算机可以是独立的,也可以是嵌在家电或者我们周围的物品上,它们通过无线联网,每时每刻、悄然无声地为人们服务。

第二章　建构主义学习理论对网络教学的影响

随着心理学家对人类学习过程认知规律研究的不断深入，20 世纪 90 年代以来，认知学习理论的一个重要分支——建构主义学习理论在西方逐渐流行。由于多媒体计算机和基于 Internet 的网络通信技术所具有的多种特性特别适合于实现建构主义学习环境，换句话说，多媒体计算机和网络通信技术可以作为建构主义学习环境下的理想认知工具，能有效地促进学生的认知发展，所以，随着多媒体计算机和 Internet 网络教育应用的飞速发展，建构主义学习理论正愈来愈显示出其强大的生命力，并在世界范围内日益扩大其影响。

第一节　建构主义学习理论概述

一、建构主义的学习观

建构主义(constructivism)学习理论强调个体的主动性在建构认知结构过程中的关键作用。利用建构主义可以比较好地说明人类学习过程的认知规律，即能较好地说明学习如何发生，意义如何建构，概念如何形成，以及理想的学习环境应包含哪些主要因素等等(何克抗，1996)。

建构主义学习理论强调以学生为中心，要求学生由外部刺激的被动接受者和知识的灌输对象转变为信息加工的主体知识意义的主动建构者，要求教师要由知识的传授者、灌输者转变为学生主动建构意义的帮助者、促进者。要求教师应当在教学过程中采用全新的教育思想与教学模式，全新的教学方法和教学设计。因此，建构主义的学习理论就成为网络化学习模式的主要理论基础。

建构主义的学习观点可概括为以下几个方面：

1. 学习是一种建构的过程

学习是一种建构知识的过程，而知识可以区分为公共知识和个体知识。

公共知识即在人们长期的交往实践中所达成共识的、约定俗成的一些规定。比如数学中的“十进制”，三角形的内角和为 180 度；比如对一个字的书写和发音；比如对一个物体的命名等等。公共知识是人们建构的产物，它不过是人们按照某一规则约定俗成的结果。如我们说，水零度结冰，这只是人们在摄氏温标下对这一自然现象描述的结果。更确切地说，是瑞典天文学家摄尔修斯(Anders Celsins)规定：在一个标准大气压下，纯水的冰点为零摄氏度，沸点为 100 摄氏度，零摄氏度和 100 摄氏度之间均匀分成 100 份，每份表示 1 摄氏度。如果按照华氏温标“水在零度结冰”这个命题就是错误的。因为按照德国物理学家华兰海特(Gabriel Daniel Fahenheit)所制订的华氏温标，规定在一个标准大气压下，纯水的冰点为零华氏度，沸点为 212 华氏度；32 华氏度至 212 华氏度之间均匀分成 180 份，每份表示 1 华氏度。摄氏温标和华氏温标不过是两种温度的计量体系，没有实质性区别，都是利用数轴的原理来计量温度，只是在原点的确立和单位长度上有所不同。

在“个体知识”这一层面上，“建构知识”的含义是：“知识”不能简单地移植，不能简单地“授受”，而必须经历一个学习主体的自主建构的过程。这个过程是怎样的一个过程呢？建构主义学习理论就是试图揭示这一过程。知识来之于人们与环境的交互作用。学习者在学习新的知识单元时，不是通过教师的传授而获得知识，而是通过个体对知识单元的经验解释将知识转变成了自已的内部表述，知识的获得是学习个体与外部环境交互作用的结果。人们对事物的理解与其先前的经验有关，因而对知识的正误的判断是相对的而不是绝对的。学习者在形成自已对知识的内部表述时，不断对其进行修改和完善，以形成新的表述，因而这一内部表述是一个开放的体系。学习者在对知识单元进行学习时，实际上是形成了一个个知识体，每一个知识体就是一个小的结构，一个新的知识单元的学习是建立在原有的知识结构的基础之上的。也就是说，世界是客观存在的，但是对于世界的理解和意义赋予却是由每个人自已决定的。我们是以自已的经验为基础来建构现实，或者至少说是在解释现实，我们个人的经验世界是用我们自已的头脑创建的，由于我们的经验以及对经验的信念不同，于是我们对外部世界的理解便也迥异。所以，我们要更关注如何以原有的经验、心理结构和信念为基础来建构精神世界。(肖川，2004)

2. 学习是一种活动的过程

人类的学习就其实质来说，是一种个体与环境相互作用而获得经验的文化活动。正是活动提供了促进知识生成与建构的可能性和有效途径，学生主体参与的活动，是构建学生知识、发展学生认知能力的基础。离开了主体自由自觉的活动，这种建构是难以实现的。

学习过程并非是一种机械的接受过程，在知识的传递过程中，学习者是一个极活跃的因素。知识的传递者不仅肩负着“传”的使命，还肩负着调动学习者积极性的使命。对于学习者们的许多开放着的知识结构链，教师要能让其中最适合追加新的知识单元的链活动起来，这样才能确保新的知识单元被建构到原有的知识结构中，形成一个新的开放的结构。

学习是学习者主动地建构内部心理表征的过程，它不仅包括结构性的知识，而且包括大量的非结构性的经验背景。人脑并不是被动地学习和记录输入的信息，而是建构对输入信息的解释，主动地选择一些信息，忽视一些信息，并从中得出推论。学习过程不是先从感觉经验本身开始的，而是从对该感觉经验的选择性注意开始的。

学习的发展是依靠人的经验为基础的。由于每一个学习者对现实世界都有自己的经验解释，因而不同的学习者对知识的理解可能会不完全一样，从而导致有的学习者在学习中所获得的信息与真实世界不相吻合。任何学习和理解都不像在白纸上作画，学习总是涉及学习者原有的认知结构，学习者总是以其自身的经验，包括正规学习前的非正规学习和科学概念学习前的日常概念，来理解和建构新的知识。此时，只有通过社会“协商”，经过一定时间的磨合之后才可能达成共识。

每个学习者并不是空着脑袋走进教室的，在日常生活和学习过程中，人们已经形成了相当的经验，每个人都以自己的方式看待事物。因此，教学不能无视学生的这些经验，而是要把儿童现有的知识经验作为新知识的增长点，引导儿童从原有的知识经验中“生长”出新的知识经验。教学不是知识的传递，而是知识的处理和转换。教师不是知识的呈现者，而是引导学生丰富和调整自己的理解。学习者对问题理解的差异性，在学习者共同体中恰好构成了一种宝贵的学习资源。所以，合作学习受到建构主义者的广泛重视。

既然学习者对于外部世界的理解可以是各异的，教学评价应该侧重于学生的认知过程，而不是行为的产品(学习结果)。

3. 学习必须处于丰富的情境中

学习发生的最佳情境(context)不应是简单抽象的，相反，只有在真实世界的情境中才能使学习变得更为有效。学习的目的不仅是要让学生懂得某些知识，而且是让学生能真正运用所学知识去解决现实世界中的问题。比如词汇的掌握，就是一个音、形、义之间关系的建构过程。“关爱”、“关隘”、“关碍”，这三个词发音完全相同，但含义却相去甚远。如果有人问“guan'ai”是什么意思?那必定要有上下文(context)，即当下的语境，这个发问才有意义。比如说，“万里长城上有哪些关隘?”“那次事故对于学校的声誉大有关碍”。这个上下文，这个语境，就是个体进行知识建构所依据的意义网络的组成部分。因此，教学过程要重视学生对过程的参与、亲历，要关注学生的经验背景和意义网络，要注重情境的创设。

在一些真实世界境态中，学习者的知识结构怎样发挥作用，学习者如何运用自身的知识结构进行思维，是衡量学习是否成功的关键。如果学生在学校教学中对知识记得很“熟”，却不能用它来解决现实生活中的某些具体问题，这种学习应该说是不成功的。

学习情景要为学生提供一个完整、真实的问题背景，以此为支撑物启动教学，使学生产生学习的需要；同时支撑物的表征、视觉本质又促进了学习共同体中成员间的互动、交流，即合作学习，驱动学习者进行自主学习，从而达到主动建构知识的目的。

二、建构主义的教学设计原则

建构主义认为学习者只能根据他们自己的经验解释信息，并且他们的解释在很大程度上是因人各异的，这就对传统的教学设计理论提出严重挑战。行为主义教学理论注重于外部刺激的设计，认知主义着眼于知识结构的建立，建构主义则特别关心学习环境的设计。从建构主义认识论和学习观出发，可以得出如下一系列教学设计原则，并据此指导教学设计和教学环境的设计（高文，1998）。

1. 所有的学习活动都应该与大的任务或问题挂钩

学习活动都应该与大的任务或问题挂钩。设计者或教师要组织以任务或案例为基础的学习，设计问题和探究定向的教学，使学生的学习带有明确的目的性，学以致用。于是，完成任务的目的应成为学生学习从属知识和技能的驱动力，解决问题的实际需要将促使学生主动去建构相关的知识。

2. 支持学习者发掘问题作为学习活动的刺激物

支持学习者发掘问题作为学习活动的刺激物，使学习成为自愿的事，而不是给他们强加学习目标和以通过测试为目的。经引发，学习者在认知疑惑中自己提出问题，或经确认，使学习者将别人提出的问题很快变为自己的问题而接纳，成为学习活动的刺激物。这也应制约学习内容的选择和组织。

3. 设计真实的学习环境

设计真实的学习环境，让学生带着真实任务进行学习。所谓真实的环境并非一定要真正的物理环境，但必须使学生能够经历与实际世界中相类似的认知挑战。所谓学习任务的真实性是指认知要求的真实性，即提供的学习任务应包含与实际问题相类似的认知要求。

4. 设计与实际情境有相近复杂度的学习情境

设计的学习情境应具有与实际情境相近的复杂度，避免降低学习者的认知要求。为此，提供的学习任务和学习环境应具有与现实世界相似的复杂性，否则不但会降低对学习者的认知要求,还会导致他们对问题的认知差距过大。

5. 让学习者拥有学习过程的主动权

教师的作用不是独裁学习过程和规约学习者的思维,而应该为他们提供思维挑战。在教学活动中不要规约、更不要代替学生做任何事情。只有让学习者自己分析问题情境,自己寻求与解决问题有关的知识和技能,自己调控认知策略,才能达到建构他们各自独特的认知结构目的。这样做也有利于培养学生注意什么、理解什么、如何思考、如何运用、如何许价等高层次的认知技能。

6. 为学习者提供有援学习环境

倡导学习者拥有学习过程的主动权并非意味着他们的任何学习活动都是有效的,当他们遇到问题时应给予有效的援助。教师的作用不是提供答案,而是提供咨询、示范、质疑、教练。当然,教师提供的援助不能束缚学习者的思路,更不能告诉现存的答案。

7. 鼓励学习者体验多种情境和检验不同的观点

丰富的信息资源和适当的帮助,有利于学习者探究和整合知识以形成对事物意义的建构,但由于经验基础和社会背景的不同,学习者对事物意义的理解结果难免会有差异,以致形成各种不同的观点。所以,需要创设条件,让学生有兴趣和有可能去检验、积累这些不同的观点,并对这些观点进行分析、综合以形成更为高级的观点。

8. 鼓励学习者相互交流、取长补短

个人理解的质量和深度决定于一定的社会环境,学习者建构的“理解”难免不全面或失之偏颇,这就要经常组织学生相互交换看法,取人之长,补已之短,或通过相互协商、质疑、辩论、使不同观点逐步趋同,从而形成共同的、比较全面而深刻的理解。因此,应该鼓励各种合作学习方法。

9. 采用目标自由的过程评价

评价学习者如何进行知识建构要比评价由此产生的认知结果更为重要，因此必须把评价与教学活动过程整合在一起。为了避免预先确定的目标带来评价时的偏见，评价的目标应该比较自由，而非标准参照的，而且最好是在与教学情境一样丰富和复杂的情境中进行这种评价。如果必须进行结果评价，就应参照学习可能产生的所有结果，采用多种形态和多种评价标准。

第二节　建构主义的网络教学应用模式

前节所述的建构主义教学设计原则被许多计算机辅助教学(CAI)工作者付诸实践，创造了情景化教学、抛锚式教学、认知学徒、基于问题的学习、计算机支持合作学习等新颖教学模式。

建构主义对网络教学的影响，体现在各种网络教学应用模式中。新型的网络化学习模式，是在20世纪90年代以后随着多媒体和网络技术的日益普及，特别是国际互联网在教育中的广泛应用，才逐渐发展起来的。

下面对建构主义在网络教学中应用的几种主要模式进行简要介绍。

一、情景化教学

情景化学习(Situated Learning)是当前盛行的建构主义学习的主要研究内容之一。情境学习的倡导者们认为，知识是具有情境性的，知识是活动、背景和文化产品的一部分，知识正是在活动中，在其丰富的情境中，在文化中不断被运用和发展着。由此，情境性学习主张学习应着眼于解决生活中的实际问题，应在具体情境中进行，应借助于丰富的学习资源，应把所学的知识与一定的真实任务情境挂钩，应让学生合作解决问题。

情景化学习利用多媒体计算机技术创设接近实际的情境进行学习，利用生动、直观的形象有效地激发联想，唤醒长期记忆中的有关知识、经验和表象，从而使学习者能利用自己原有认知结构中的有关知识与经验去同化当前学习到的新知识，赋予新知识以某种意义。

情景化学习模式的主要方法有认知学徒、抛锚式学习等。

1. 认知学徒

情景化学习论者认为，就像一个手艺人不会用预先准备好的稿子教学徒一样，教学环境和教师应该着重于用实际的方法解决真实世界的问题，而不是简单地运用预先准备好的教学顺序。教学者应该是一个指导者，是解决问题的策略的分析者。本着这样的思想，在传统的学徒训练(如观察/模仿，教练，实践/消退等等)的一些主要特性基础上，考林思等人(Collins, Brown, & Newman, 1989)提出了一个“认知学徒”模型，试图将这些传统的学徒训练方法融入当前的学校学习和教学中。他们指出，在正式的学校出现之前，学徒训练是最常见的学习方法，并且学徒训练是嵌入在社会和功能性情境中的。

他们设计的认知学徒模型包括四个模块，分别是内容、方法、顺序和社会化。这一模型的许多部分都不是新的，但是结合在一起，则形成了一个有效的学习环境，在这一学习环境，课堂以及学生和教师的角色都与传统模式有很大的不同。

学校教育常常着重于某一课程中的概念、事实和过程。但是，要使得学习环境是有效的，必须要求学生掌握除了概念、事实和过程之外的其他一些内容：

(1)问题求解策略，是专家由经验获得的策略。

(2)认知管理策略,包括目标的确定、策略安排、自我调节、评估和修正。

(3)学习策略,即知道如何学习,包括探索新的领域、在熟悉的领域获得新的认识并对已获得的知识进行重新整理。

教学的方法应该给学生提供机会,让他们观察、从事创造或发现情境中专家解决问题的策略。“认知学徒”模型中包括一系列方法,能系统地促进学生的探索和独立解决问题。教师进行辅导,给予暗示、反馈和提示;提供“支架”,在学生完成任务的过程中给予支持;然后,逐渐淡出,逐渐将学习过程的控制权移交给学生。

学习应该逐步深入,这样,学习者才能够建立起多种技能,以专家的熟练完成任务,并发现这些技能应用的情境。这就要求学习环境提供逐渐复杂的任务,逐渐多样的问题解决环境,以及逐步深入的学习,这样学生才能够在关注细节之前形成对整个领域的认识。

学习环境应该具备真实社会的特性,包括技术的、社会的、时间的以及动机的特性,因为在学习环境所学的知识和技能是必定要运用到社会环境中去的。而学习环境如何反映真实社会环境的特性呢?它是将课程知识安排在情境之中,反映这些知识将如何、在何处以及怎样运用到其他环境。例如,在真实社会,人们必须与他人合作;这样,学习环境模型就要求学生合作学习解决问题,完成任务。

2. 锚定式教学

所谓锚定教学,其实质是将教学“锚接”于(即安排在)有意义的问题求解环境中,这些有意义的问题求解环境被称作是“大情境”(macro-context),因为它包括复杂的环境要素,要求学生系统地解决一系列相关的问题。每个大情景能够支持学生进行持续的探索,学生能够在几个星期甚至几个月时间内从多种角度对其中的问题进行持续的求解，而且各个“锚点”(及其伴随的教学事件)都能够提供多课程的延伸。

锚定式学习环境的架构，能够促进积极的学习，也能够提供必要的指导。锚定式学习环境提供基于计算机的问题求解环境，其结构包括交互式学习环境、问题情境和工具，这些工具能够帮助学生进行问题求解，问题情境则提供丰富的情境，产生多种问题求解、推理和交流的可能，并能够联结到其他相关领域。而交互式学习环境，则支持学生的建构学习，并支持通用的以及领域特定的思维与问题求解能力的培养。

这一教学模式的一般程序是：

(1)　创设情境。使学习能在与现实情境基本一致或相类似的情境中发生。

(2)　确定问题。在上述情境中，选择与当前学习主题相关的真实性事件或问题作为学习的中心内容。选取出的事件或问题就是“锚”，这一环节的作用就是“抛锚”。

(3)自主学习。由教师向学生提供解决问题的有关线索，让学生通过自主探索解决问题。

(4)协作学习。开展讨论、交流，通过不同观点的交锋、补充、修正，加深学生对当前问题的理解。

(5)效果评价。包括学生个人的自我评价和学习小组对个人学习的评价。

3. 随机通达教学

认知灵活性理论是建构主义的一种，是针对复杂和结构不良领域中学习的本质问题提出来的。认知灵活性理论中，问题可分为结构良好领域的问题与结构不良领域的问题：结构良好领域的问题——问题的解决过程和答案都是很稳定的，可以直接用计算法则或公式来解决；结构不良领域的问题——现实生活里的许多实际问题常常没有规则和稳定性，不能简单套用原来的解决方法，而需要面对新问题，在原有经验的基础上重新分析。

认知灵活性的含义是，学习者在学习复杂和结构不良领域的知识时，要通过多维表征的方式才能完成对知识意义的建构，达到对知识的全面理解。通过多维表征所建构的知识，能够较好地迁移到其他领域。因为在结构不良领域中，从单一视角提出的每一个单独的观点虽不是虚假的或错误的，但却不是充分的，只有超越单一概念维度的多维知识表征，才能完成对复杂和结构不良领域知识的建构。当学习者对知识有了全面的理解之后，就能够在各种不同的情景中灵活地运用知识。

根据以上观点，斯皮罗等人(Spiro, R. J. , et al. , 1992)按照学习达到的深度不同把学习分为初级学习与高级学习两种。初级学习是学习中的低级阶段，教师只要求学生知道一些重要的概念和事实；在测验中只要求他们将所学的按原样再现出来(如背诵、填空、简单的练习题等)，这里所涉及的主要是结构良好领域的问题。而高级学习则要求学生把握概念的复杂联系，并广泛而灵活地运用到具体情境中，因此大量涉及结构不良领域的问题。

根据对高级学习的基本认识，斯皮罗等人在20世纪90年代提出了“随机通达教学”。其核心观点是对同一内容的学习要在不同时间、不同情境，以不同目的、从不同角度多次进行，以达到获得高级知识的目标(Spiro, R. J. , et al. , 1992)。换句话说，学习者可以随意通过不同途径、不同方式进入同样教学内容去学习，从而获得对同一事物或同一问题的多方面的认识与理解。学习者通过多次“进入”同一教学内容可能达到对该知识内容比较全面而深入的掌握。当然，这种多次进入，绝不像传统教学中那样，只是为巩固一般的知识、技能而实施的简单重复。这里的每次进入都有不同的学习目的,都有不同的问题侧重点。因此多次进入的结果,绝不仅仅是对同一知识内容的简单重复和巩固,而是使学习者获得对事物全貌的理解与认识上的飞跃。可见该教学模式遵循这样一条认知原理:理解包括对现有信息的获取和超越。

随机通达教学主要包括以下几个环节:

(1)呈现基本情境——向学生呈现与当前学习主题基本内容相关的情境。

(2)随机进入学习——取决于学生"随机进入"学习所选择的内容,而呈现与当前学习主题不同侧面特性相关联的情境。在此过程中教师应注意发展学生的自主学习能力,使学生逐步学会自己学习。

(3)思维发展训练——由于随机进入学习的内容通常比较复杂,所研究的问题往往涉及许多方面,因此在这类学习中,教师还应特别注意发展学生的思维能力。其方法是:教师与学生之间的交互应在"元认知级"进行(即教师向学生提出的问题,应有利于促进学生认知能力的发展而非纯知识性提问);要注意建立学生的思维模型,即要了解学生思维的特点(例如教师可通过这样一些问题来建立学生的思维模型:"你的意思是指?""你怎么知道这是正确的?""这是为什么?"等等);注意培养学生的发散性思维(这可通过提出这样一些问题来达到:"还有没有其他的含义?""请对 A 与 B 作比较?""请评价某种观点"等等)。

(4)小组协作学习——围绕呈现不同侧面的情境所获得的认识展开小组讨论。在讨论中,每个学生的观点在和其他学生以及教师一起建立的社会协商环境中受到考察、评论,同时每个学生也对别人的观点、看法进行思考并做出反应。

(5)学习效果评价,包括自我评价与小组评价。

由以上介绍可见,从随机通达教学的特点可知,在教学或学习者的自主学习中应给学习者构造一个非线性的网状学习情境。由于符合信息社会知识日趋复杂化的时代特点,随机通达教学要求的超文本形式又与网络上信息呈现的方式相一致,因而认知灵活性理论对基于网络的研究性学习具有很好的指导作用。网络课程提供学习内容的多种表征,从不同角度呈现同一概念的不同材料,或者从不同概念、不同角度反复呈现同样的材料,在具体的情境中形成对知识的多维理解,有助于原有认知结构对新知识的信息获取和重构。

二、在线教育游戏

有一个形象的比喻说,目前的教育与游戏有如一个刻板无趣的书呆子和一个花枝招展的漂亮女子,如何在二者之间找到一个平衡点,将后者的“沉迷”转换为前者的“动力”,也就成了近年来国内外教育界的一个研究热点和焦点。

目前老师厌教、学生厌学现象存在的一个根本原因就在于当前的教育活动内在地缺乏游戏所内含的兴趣性。人们在游戏时,明显是被内在动机所驱动,而非外加的力量。

教育游戏作为学习的一个重要方面,在学习者的心理、社会性和智力发展方面都扮演着重要的角色。

建构主义教育理论是教育游戏设计的基本指导理论。它的在线教育游戏教学设计原则包括:

(1)知识应该是学习者通过游戏、探索并在与他人交流过程中积极归纳、建构而获得。

(2)教育游戏模式的教学设计必须以学习目标为根本。每一个教育游戏都有明确而直接的学习目标,这是教育游戏与其他游戏的本质区别。

(3)教育游戏模式的教学设计必须注意知识的情境化转换。传统的形式化的教育情境与知识是呈惰性的，与现实的生活经验是有差异的。

(4)教育游戏模式的教学设计必须注重直观性与唯理性学习的有机结合。

如下图所示的这个层级结构的在线教育游戏模式设计的概念化框架(OEGM：On-line Educational Game Model，奚晓霞，2007)局部地反映了建构主义教学观念与在线游戏活动之间的一种辩证的关系。

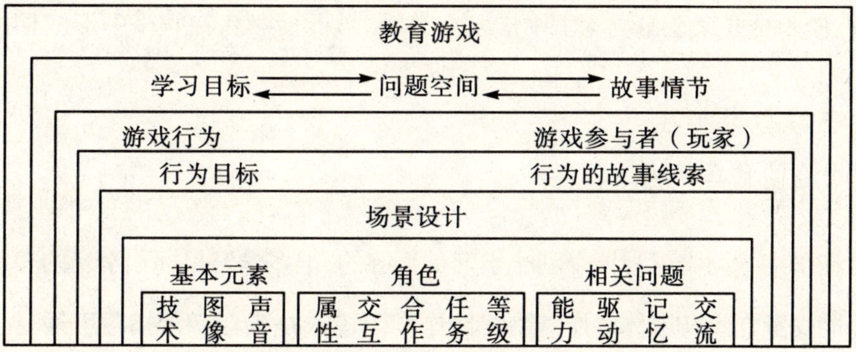

图 2－1　在线教育游戏设计的概念化框架(OEGM)

OEGM 假设游戏的基础是学习目标和故事线索，通过游戏情节中游戏行为的实施，使得由学习目标衍生出来的问题空间的问题得以解决，从而实现学习目标。因此，以 OEGM 为概念框架而设计的教育游戏实际上是由三个相关联的要素组成，即故事、问题(学习目标)以及故事和问题的多媒体实现，这样我们就在教育与游戏之间找到了一个平衡点，并能实现了二者的有机结合。

教学游戏与计算机模拟有密切关系。教学模拟是利用计算机建模和仿真技术来表现某些系统(自然的、物理的、社会的)的结构和动态，为学生提供一种可供他们体验和观测的环境。教学模拟是一种十分有价值的 CAI 模式，在教学上有广泛的应用。例如，可以模拟电子运动、原子裂变、落体运动等，帮助学生加深对原理的理解；可以模拟果蝇的遗传过程，让学生在短时间内“发现”生物的遗传定律；可以模拟构造一个微型公园，让学生通过合理设计和妥善经营形成相关的操作技能和解决问题的能力，等等。

多数教学游戏本质上也是一种模拟程序，只不过在其中刻意加入趣味性、竞争性、参与性的因素，做到“寓教于乐”。在教学游戏中利用多媒体技术，不但可使模拟的现象变得更加逼真，而且可创造在现实世界中难觅的“虚拟现实”情景。例如，在教学游戏中，学生可以扮演某些角色，如作为探险家在蛮荒险地求生存，作为企业家在市场竞争中求发展等等，从而使学生在娱乐中形成相关的能力。

三、网络协作学习模式

在网络学习中仅强调个别化学习是不够的，很多学习目标和学习内容需要更多的交互作用和群体协作。网络协作学习模式是指在教师指导下通过小组或团体组织学习者进行学习的策略，是利用计算机网络以及多媒体技术，由多个学习者针对同一学习内容彼此交互和合作，以达到对教学内容比较深刻理解与掌握的过程。与个别化学习模式相比较，协作学习模式的优势是：有利于高级认知技能、健全人格和情商培养，弥补个别化学习模式的不足；能产生团体氛围，发挥群体动力和集体合作的协同效应；较好地将现代教育技术的功能与传统课堂教学的优势结合起来。“基于问题的学习”、“探究式学习”和“行动学习”等当前十分流行的网络学习模式都属于这个范畴。

网络协作学习充分体现了建构主义学习理论，教师在整个协作学习过程中是学生学习的促进者和教学过程的主导者，是资源设计者、教学指导者和效果评价者。教师分配学习任务和控制学习进度。在基于网络的协作化学习过程中，基本的协作模式有：合作、竞争、伙伴、辩论、设计等。

协作学习可使学生的学习效果大大提高，国内外有大量的实验可以证明。

随着现代信息技术在教学领域中的广泛应用，学习者应学会通过网络获得信息、表达思想、进行交流、展开讨论，学习者将所做的工作制作成个人主页放在互联网上，接受别人的检阅，听取反馈意见，通过网络协作学习。

1.基于问题的学习

基于问题（项目）的学习（Problem-based Learning，以下简称 PBL）就是一种与建构主义学习理论和教学原则非常吻合的教学模式，目前正越来越多地被许多教育和培训领域所采用和重视。

PBL 最早起源于美国 20 世纪 50 年代中期的医学教育，后来经过不断精炼，正越来越多地被其他领域所采用，如商业教育、建筑教育、工程教育、法律教育、社会工作教育，也日益受到中小学教育重视。PBL 模式是以小组的形式进行，由教师提供获取学习资源的途径和学习方法的适当指导，让学生解决拟真情境中的问题。PBL 强调把学习设置到复杂的、有意义的问题情境中，通过让学习者合作解决真实性问题，来学习隐含于问题背后的科学知识，形成解决问题的技能，并形成自主学习的能力。通过 PBL，学生可进行知识的意义建构和发展解决问题的能力。

PBL 模式包含五个关键要素，各个要素相互关联，缺一不可。

（1）问题或项目。PBL 的问题是整个教学环节的焦点，教师对问题设计的好坏直接影响到 PBL 中学生学习的效果。

（2）解决问题所需要的技能和知识。在解决问题过程中，学生必须具备一定的学习技巧与能力，而教师在设计问题过程中也应根据学生所具备的认知结构设计适合学生水平的问题，或在解决问题过程中，为学生适当提供学习所需的技巧与知识。

（3）学习小组。PBL 中的学习小组一般以 4～6 人为宜，小组各成员中应能充分发挥个人的智力水平，共同协作提出解决问题的最佳方案。

(4)问题解决的程序。学生在进行 PBL 前应精心策划好解决问题的程序，并以分工合作的方式共同推进方案向前发展。

(5)学生自主学习的精神。在 PBL 中，学生应充分发挥自主学习的精神，积极参与学习的整个过程，因此，教师在设计问题时就应考虑到如何调动学生学习积极性的各个因素。

PBL 的基本过程是由如图所示的几个基本环节构成的：

组织一个新的小组
(1)相互介绍
(2)营造氛围，PBL 角色介绍(包括教师或输导者)

↓

启动一项新问题
(1)设置问题
(2)认识问题(学生内化问题)
(3)描述所要的产品或操作
(4)分配任务
(5)推敲问题
(6)拟出可能的结果
(7)提炼学习议题，并分派学习议题

↓

新一轮问题解决
(1)讨论所用的资源以及对这些资源的评论
(2)重新评定问题

↓

展示成果

↓

在解决问题之后进行反思
(1)抽象并总结知识
发展定义、图解、列表、概念、要旨以及原则等
(2)自我评价(随之进行小组评价)
推敲问题；使用好的资源，挖掘信息；辅助小组完成任务；获得或精练知识

图 2-2 PBL 基本过程

从上述介绍可以看出，PBL 的突出之处在于：学习者作为自己知识的建构者，在应用知识的情境中，主动参与真实性的活动和任务，在完成任务的过程中进行批判性和创造性的思考，在与小组其他成员协商的过程中不断建构自己的知识，最后，在元认知水平上监视自己对知识的建构。

今天，凭借高新技术的威力，偌大的地球已经成为一个“村落”，原本老死不相往来的人们似乎变得近在咫尺。不同文化、不同观点的碰撞与交融随时发生。科技的高速发展，社会的变化多端，使得置身于其中的每个人在一生中都会遇到各种各样的问题。所以，完全有理由把解决问题视作个人、集体、社会生活中一个重要的、不可或缺的组成部分。

我们在具体应用并实施 PBL 模式时，并不一定要照搬原创性的 PBL 典型模式，而是应当合理认识 PBL 的要素和特点，如问题的作用、同伴合作的重要性、教师的作用以及学生反思的重要性等问题，并结合我国学校教学现状进行适当的调整。例如，抛锚式教学其实也是一种基于逼真情境的问题解决模式，WebQuest 也是因特网上一个基于问题的学习项目。它内含六个子模块：提出问题；细化问题；描述解决问题的步骤；提供信息资源的人口；评估；得出结论。它适用从幼儿园到大学及成人的广泛对象，涉及各领域有关问题，这些问题没有唯一的标准答案。

2. 活动教学

所谓活动教学，简言之，就是以主体活动为基础而展开的教学，它是以马克思主义实践观作为指导思想，吸纳当代活动理论研究的积极成果，将活动有效纳入教育教学视野的一种新型的教学观和教学形式。

活动教学鲜明地提出“以活动促发展”的基本指导思想，将儿童的活动与儿童的发展紧密联系起来，认为活动是人生存和发展的基础。儿童的发展是通过主体实践活动主动实现的，教育、教学的根本任务就在于设计、建构、组织起符合儿童发展需要的各类活动，在儿童主动参与的主体性活动中达成教育教学的各项目标，进而实现儿童的全面发展。

建构主义学习观认为，学习不是知识由外到内的转移和传递，而是学习者主动地建构自己的知识经验的过程，新经验的建构是以学习者已有的经验为背景的，因此丰富学生的经验系统就很有必要。活动主要让学生通过亲身实践，获得“直接经验”，而非书本知识、间接经验。从教学交往论的视角，将活动教学作为一种独特的教学交往方式来对待。

活动教学以“活动理论”为指导，将学生的学习视为任务驱动、全身心参与的团队活动过程。教师以“辅导者”的身份出现。课堂不再局限于教室内，而是以学生为中心的活动情境、活动区域，比如虚拟教室（virtual classroom，简称VC）。虚拟教室是指在计算机网络上利用多媒体通讯技术构造的学习环境，允许身处异地的教师和学生互相听得着、看得见，不但可以利用实时通讯功能实现传统物理教室中所能进行的大多数教学活动，还能利用异步通讯功能实现前所未有的教学活动，如异步辅导、异步讨论等。师生关系主要呈现出以学生自主活动为主导的模式。

网络作为新型学习生态环境中一个有机组成部分，双向交流模式的代表媒体，为互动学习提供了极佳的交互手段、海量的知识资源、庞大的智慧资源；各类灵活便捷的接入手段，为构筑开放、泛在的学习环境提供了可能。教师需要在传统的课堂、网络等方面同时展开教学。学生网上探索活动获得的技能也是非常重要的经验。

老师把结论告诉学生，不如让学生自己去探索；把感受告诉学生，不如让学生获取自己的体验；将技能要点告诉学生，不能代替学生的动手实践。杜威说：

“人们如果发现某种东西,就必须对事物做一点什么事;他们必须改革。这是实验室方法给我们的教训,一切教育都必须学习这个教训。”皮亚杰也说:“认识一个对象并不意味着反映一个对象,而是意味着对一个对象发生动作”,“意味着建立一些以这个对象为依据的转变体系。”听和看虽然可以帮助学生获得一定的信息与学识,但远远不如动手操作给人的印象深刻,不如做中学那样牢固,不如活动教学那样能将有关知识转化为实践行为和能力。所谓听来的忘得快,看到的记得住,动手做才能学得会。

活动教学绝不仅仅是“活动课程”、“综合实践活动”实施的基本途径,也是学科课程实施的一种重要方式。可以预见,随着基础教育课程改革的逐步推进,活动教学在学校教学中所占据的时空将越来越大。但是在实践中,要防止活动教学被扭曲为教师主导下的“表演”、单一的技能训练竞赛,表面上轰轰烈烈,而实质上留于形式,甚至扭曲孩子的个性。

3. 探究性学习

所谓探究学习即从学科领域或现实社会中选择和确定研究主题,在教学中创设一种类似于科学研究的情境,通过学生自主独立地发现问题、实际操作、调查搜集与处理信息等探索活动,获得知识、技能、情感和态度的发展,特别是探索精神与创新能力的发展。网络探究性学习(Inquiry Learning)本质上是数据库系统和情报检索技术的教学应用,能按照学生的提问从学科数据库中检索出有关信息,诸如历史、地理、生物等涉及大量数据的领域。学生利用系统的信息服务功能,通过信息收集和推理之类的智力活动,得出对预设(通常由教师所给)问题的解答。而探究型 MCAI 是为了适应基于多媒体计算机网络环境下开展探究学习的需要而设计的多媒体 CAI 课件,它以多媒体技术为核心,利用多媒体信息为学习者提供友好的学习环境,激发学习者的学习兴趣,帮助学习者形成学习动机，并给予学习者探究学习的最大自由度。

网络是双向交流模式的代表媒体，为互动学习提供了极佳的交互手段，海量的知识资源、庞大的智慧资源，各类灵活便捷的接入手段，为构筑开放、泛在学习环境提供了可能，适合于探究学习。因为探究学习的交互性较强，所需要的学习材料量大，种类多，需要更为开放、灵活的学习环境。

因此，建构主义学习理论在网络教学中愈来愈显示出其巨大的生命力。一些研究者开始尝试着对建构主义进行实证研究，例如，在一项研究中(Koohang, Riley, & Smith,2009)，研究者对以学习者为中心的网上学习模型进行了实证研究。该模型包括两大类元素：学习设计元素(包括基本设计元素和协作元素)和学习评估元素(自我评估、团队评估、教师评估)。另外一项研究(Ruey,2010)探讨了建构主义的教学设计如何有助于成人学习者在网络环境中的学习。结果发现，大多数学习者参与了两个方面的学习。一方面，参与了需要协作和互动的教学活动，大多数学习者都声称从这种同学间的相互交流和支持中受益。另一方面，建构主义的课程帮助许多人成为更负责任和自我导向的学习者。因此，建构主义教学策略不仅有利于改变学习者对网上学习的看法，还能帮助他们以一种更加协作、真实和负责任的方式来学习。

第三章　认知心理学与网络教学

网络教学的设计和研究，必须要有先进的教学理论作指导，所开发的网络课程，必须符合学生的学习心理特点，这样才能显著提高网络教学的效率。本章主要从认知心理学角度探讨网络教学必须遵循的基本原理。先讨论当代认知心理学的教学观，再在操作层面上介绍过程启发式教学方法。

第一节　过程取向的教学观

当代认知心理学的最重要特征是以信息加工的观点来研究认知过程。因此，学习的认知理论是一种过程取向的以学生为中心的学习理论（Mayer，1987）。认知学习理论认为，传统的教学是结果取向的以教材和教师为中心的教学。

我们把认知心理学的教学观归纳为三个主要观点：加工过程论、认知结构论、学生中心论（张庆林，1995）。这三个观点是我们开发网络课程的重要理论根据。

一、加工过程论

当代认知心理学认为,传统的教学受行为主义理论的影响,是以结果为中心的教学。就是说,教师比较注意学生思考的结果(答案和分数)及对结果的反馈与评价,而比较忽视学生思考的过程和方法以及对结果的反馈与评价。当代认知心理学家认为,这种以结果为中心的教学是低效的教学,他们主张以过程为中心的教学思想。

行为主义学习理论认为,教师的教会直接影响学生的学。老师教什么,学生就能学到什么;老师怎么教,学生就怎么学。而认知心理学则认为,教师的教,不能直接决定学生的学习结果,而只能间接地影响学生的学习结果。学生头脑中的认知活动才是决定学习结果的直接因素,因此,教师的"教"必须以学生头脑中的"认知过程"为中介来影响学生学习的结果。

1. 认知过程与反馈效果

知识讲授之后,很难判断学生是否真正理解和掌握了知识。此时,考察学生学习效果的最常用方法是让学生在听讲之后独立完成作业。对于学生的作业,老师最常用的方法是判断对错并标以"钩"或"叉",这就是行为主义所说的"强化"(认知心理学家称之为"反馈")。这种做法,是一种"结果中心"的方法。实验证明,如果不考察"过程",仅凭"结果"很难准确了解学生的学习状况,就不可能给以恰当的强化。

例如,给学生打个"叉",学生不一定知道自己错在什么地方和为什么会产生错误,更不知道如何改进自己的学习方法和思维方法从而防止类似错误重新发生。即使老师纠正了学生的错误,让学生知道了正确的答案是什么,但如果不从思维过程上找毛病,那么错误的根源还存在,习题的形式稍加变化,错误又会出现。

再从打“勾”的习题来看，早在 20 世纪 40 年代，格式塔心理学家沃特海默在研究创造性问题解决时就已发现，学生正确解答了习题，并不等于真正掌握了抽象的概念，很可能只是机械地模仿老师的例题。这时打“勾”所起的强化作用是负面的：强化了学生机械模仿和生搬硬套的习惯，这不是有意义学习的心向，不是积极动脑思索的思维习惯。而且，这样做的结果很可能使学生头脑的知识缺陷得不到及时诊断和弥补，待问题越积越多，就会一朝发现已经“积重难返”，导致学习落后。

由此可见，不管过程，只看结果，练习和反馈都将是低效的，甚至是有害的。

在一个实验中（Howe，1984）让学生听一段记叙文，一个星期以后进行回忆测验，测验后让学生再听一遍原文，一个星期以后再测验、听原文……如此进行了四次阅读和测验。实验结果令人吃惊：四次学习的效果甚差，20 个意义要点从第一次回忆 40％到最后的 60％，而且四次回忆的信息十分相似，前三次能回忆起来的信息第四次能回忆的比率 98％，而前三次未能回忆出来的信息第四次能回忆的比率只有 2％。这说明，在练习和反馈中，教师只告诉学生正确答案还不够，必须要帮助他们从认知过程上寻找错误根源，反思自己的思路，学会有效的认知策略。加涅说过，“重复地听和重复地读一段信息，的确改进了他的学习，不过，这要根据一个时机到另一个时机这个信息的内部加工的不同来决定。”

2. 传统教学中的结果中心偏向

由于头脑中的学习结果是可以通过测验来检测的，比较容易外显出来，容易被人们观察和研究，而头脑中的认知过程（思考过程）不仅是纯个别化的，而且难以外显，不太容易被老师所注意和观察。所以，传统的教学很容易陷入“结果中心”的偏向。

研究还发现，即使是启发式教学，也会有结果中心的偏向。第一，传统的启发式主要是问答式，学生学会了“答问”，却没有学会“提问”，学得被动、消极，没有创新性；第二，课堂上老师的提问过多、过细，一步一步地引导学生走向正确答案，结果容易引起学生对老师“启发”的依赖，学生离开了老师的启发就不知思维的方向，不会自我提问、自我启发。

虽然我们在口头上都强调能力培养的重要性，强调“会学”重于“学会”，“授人鱼”不如“授人渔”，但是，在实际的教学中仍然普遍存在“一手硬、一手软”的现象，就是说，知识的传授比能力的培养更过硬。

这或许不是观念的问题，而是技术的问题。第一，能力比知识更难以测量或考查，我们容易假定“知识考查的分数高，能力必然也强”，视“高分低能”的现象于不见。第二，知识的目标比较容易细分，能明确界定，教学时心中有数，目标明确，而能力的目标往往比较笼统，难以明确细分和具体考查。例如，“提高学生的逻辑思维能力”这一句话在小学各个年级的各科教学目标中都会出现，但就是不能像知识的教学目标那样明确细分，能够针对不同年级提出不同的目标要求。

由于种种原因，在我们的教学中，知识的目标能落到实处，而能力的培养却“顺其自然”。这样，能力的培养自然就只能凭老师的经验来处理，往往效率低下。结果就出现了一个现象，考小学六年级的学生“分数的定义”，几乎100％的学生都会，但考“每小时走5千米，1/5表示什么？”只有52％的六年级学生能正确选择“走1千米需要1/5小时”和“走1千米占1小时所走路程的1/5”。

因此我们不得不借助当代认知心理学的研究成果来寻找能力培养的更有效的操作技术。当代认知心理学家认为，思维策略使用水平是思维能力高低的重要指标。可以假定,只要在传授学科性知识的同时加强学习策略和思维策略的训练,就一定能收到知识教学、能力培养双丰收的效果。而要加强学习和思维策略的训练,首先就要研究成功的学习和思维策略有哪些、怎样分类、怎样传授和训练。

3. 学习和思维成功策略的分析方法

向学生传授哪些成功的学习策略和思维策略呢?当代认知心理学一般采取“专家”(例如优等生)与“新手”(例如中差生)的解题思维过程的比较来研究,并借助于解题过程中出声思维的记录分析手段。一般采取个别测试的方法,要求学生当着研究者的面完成一个学习或思考任务,边想边自言自语(出声思维),然后分析比较优差生的不同思维特点,从而总结归纳出优生的成功的学习或思维策略。

例如,我们曾选择了 4 名数学优等生(他们都多次参加数学竞赛并获奖)和 4 名中等偏差的学生,让他们每个人解决 10 个平面几何题。采取个别测试,要求他们解题时要“出声思维”,每个题只能思考 20 分钟,实验者详细纪录这些学生的解题思维过程(张庆林,曾海田,1993)。

结果表明,这 4 位优生解题的成功率明显优于中等生,优等生平均解出 6.75题,中等生解出 2.25 题,差异显著。经过对比分析,我们发现优等生和中等生相比,具有明显不同的解题思维策略(张庆林,连庸华,1995)。

我们在分析优等生的成功思维策略的基础上,归纳了解决平面几何问题的如下五条一般思维策略。

策略 1,直觉判断题的类型(明确思维大方向)。在准确理解题意的基础上,先直觉判断一下题的类型。可以问自己,这一道题属于哪种类型呢?或问:它和过去解过的哪一种题相类似?必要时可化简求证式或问题,以期和头脑中学过的某些定理或题型挂钩。进行这种直觉判断时最好能多考虑几条思路(发散性思维),然后再直觉判断哪一条思路最值得优先选择(集中性思维)。但是优先考虑的思路走到一定程度仍走不通时,要回过头来重新选择“优先”考虑的思路(灵活性思维)。

策略2,充分利用已知条件(顺向推理)。直觉地判断优先考虑的思路之后,就要充分利用已知条件进行顺向推理。防止在没有充分利用已知条件的情况下,急匆匆乱作辅助线,使图形无谓地变得异常复杂。当感到走投无路时,要问自己:还有哪些已知条件没有用上?如何使用它们?有时为了更好地利用已知条件,可作一些明显的辅助线(主要是连线)。

策略3,使已知和未知取得联系(逆向推理)。不仅要善于运用问题作为思维推理的方向(第1条策略),指引顺向推理(第2条策略),而且要考虑如何将已知条件与未知条件取得联系,要运用逆向推理使已知和未知之间的距离缩短,便于在心理视野范围内找到一条通径。

策略4,使已知未知取得联系(作辅助线)。在双向推理的基础上才能考虑辅助线(便于充分利用已知条件的简单连线除外),辅助线必须有助于使已知和未知取得联系,特别要优先考虑如何使“未充分使用的已知条件”与未知条件取得联系。

策略5,解题后的反思(总结概括思路)。解题之前要考虑眼前问题与过去的哪种类型的习题相似;解题之后就要考虑,这个题和过去学过的习题在什么地方不一样。这一题思路中的“不一般”之处,就是“关键”所在,值得注意和记住,供以后在类似的情景中应用。解题之后的反思主要考虑:自己开始怎么想的,后来怎么走了弯路的,最后如何找到正确方法的。这样的反思有利于总结思路,加强自身思维过程的意识和调节能力(元认知能力)。

4. 策略训练

在总结出成功的学习或思维策略之后，就要研究如何把这些成功的策略教给全体学生。例如，我们在解决几何问题思维策略训练的教学实验中发现（张庆林、刘电芝、连庸华，1997），5课时的训练足以使训练班的学生比对比班的学生几何测验成绩提高一个标准差（10分左右）。

在思维训练的研究中，我们逐步发展出了思维策略训练有效性的如下五条原则。

（1）过程性原则

过程性原则不仅是指前面所说的“教师的提问应指向思维过程和方法”（参看下节关于“过程性启发”的论述），而且是指要让学生有机会反思自己的思维过程并不断改进自己的思考方法。因此，我们在教学中切不可在学生没有独立思考、没有思维体验之前就和盘托出自己的方法。要让学生有机会独立思考并“观察”和“体验”自己的思维过程，然后再让学生把自己的思维方法与“好方法”作比较，在比较中体会，在比较中鉴别。这样才能使学生有意识地改进自己的策略。如果学生不能体验或意识不到自己原先策略的不足之处，就很难改进这些策略，那么认知策略的训练效果也不会好。

（2）分解性原则

思维策略训练的前提是对一个完整的思考过程的分解，即把一个完整的思考过程分解成一个个具体的思维阶段（或步骤），找出每一阶段的具体的思维技巧，然后一个技巧、一个技巧地加以训练。

例如教学生给课文分段时，老师问：“分几段？”这是一个整体的提问，学生往往不知从何下手。其实，分段这个完整的思维任务可以分解成一个一个的思维阶段和技巧，只有把它们分解出来，才可能把这些技巧一个一个地传授给学生。

一般来说,分段大体可以分为以下几个步骤:

第一步,对课文有一个大体的基本理解,知道课文讲了些什么,线索是什么。

第二步,要弄清楚每个自然段讲的是什么。

第三步,依据课文的线索进行自然段之间的连贯性判断(连贯的归为一段,不连贯则是应该分段的地方)。

第四步,根据所分段落的意义列出小标题。

仅仅分段这么一个思维任务,实际上包含了一系列的思维技巧。如果我们不能把一个思维任务所需要的思维技巧分解出来,就无法训练学生怎么去思考,就达不到思维训练的目的。

又例如,作文可以分解为审题、立意、构思、行文、修改五个阶段;解应用题可以分解为理解题意、分析问题、解决问题双向推理、总结思路四个阶段。每个阶段上都有一些具体的思维策略。

相应地,在策略训练刚开始的时候,需要先进行分解训练:训练学生掌握第一阶段的策略之后,再训练他们掌握第二阶段的策略……

这和传统的练习不同。传统的练习,一次写一篇作文,或者解一道应用题,从头到尾各个阶段都经历了。而分解的训练意味着这一次练习第一阶段的各种技巧,下一次练习第二阶段的各种技巧……这样更有利于学生掌握思维方法。

当然,分解练习了各个部件之后,必须让学生有专门的机会练习组装,即综合练习。这一步,是由教师启发提问转向学生自我启发的关键,是学生由"学会"到"会学"的转换。可以设计"自我提问单",使学生按一定的程序自己启发自己。这样，学生就掌握了自我启发的方法，从而极为有效地促进学生思维能力的发展。

（3）准备性原则

思维策略的训练必定涉及一些学科知识。为了使思维训练更加有效，在训练的开始阶段，所涉及的知识基础必须不是太难，是学生已经掌握了的，不能造成思维技巧、习题知识两个难点集中的现象。这样，可以使学生把主要的注意力资源分配到体验、观察、监视和控制自己的思维过程上来，以充分发挥出策略训练的良好作用。

（4）熟练化原则

真正成功的思考应该是把注意力指向问题，而不是指向自己的思考方法，因为把注意力指向自己的思考方法这样会影响问题思考的连续性。对专家思维过程的研究发现，他们在思考问题时，脑力全部集中指向问题，他们关于"思考方法"的策略性知识已经达到了熟练的自动化水平，不需要占用注意资源。只有在问题思考过程中遇到障碍时，他们才会"停下来"，"抬头看路"，审视自己的思维方法，否则他们会一直"埋头拉车"。

因此，仅仅凭一次两次的策略训练，并不足以使学生对思维技巧的掌握达到自动化程度，需要反复进行训练，才能达到理想效果。

（5）过程反馈原则

对于学生的回答，不能仅仅给予"对"或"错"的反馈，而要启发学生反思他们各自思考问题时的思维过程，从中发现自己思维过程中的缺陷。这样，学生能真正发现自己方法的问题所在，从而及时加以校正，避免同样错误的再次发生。

总之，要把认知过程理论作为开发网络课程和优化网络教学的一个指导思想。网络课程设计者要成为思维方法的研究者、启发式问题的设计者、思维方法的传授者，在加工过程论的指导之下，提高网络教学效率（参见本书第四章和第五章）。

二、认知结构论

认知心理学认为，传统的教学是“以教材为中心”的教学。当代认知心理学家认为，研究教材中的知识结构固然重要，但更重要的是研究学科知识在学生头脑中是如何构造、如何储存的（即如何“表征”的），因此主张“以认知结构为中心”的教学。也就是说，一切有效的教学都应以帮助学生在头脑中有效地构造知识为中心任务。

按照奥苏倍尔的观点，有意义的学习就是把新知识和原有知识联系起来，将新知识纳入学习者原有的认知结构之中。所以，他的理论被称为是“认知结构同化论”。他说：“富有意义的新思想是通过把它们归类到一个已经存在着的认知结构（一个互相联系着的知识网）中去才被学会的。”加涅阐述学习的条件时指出，“言语信息是通过结合到一个较大的命题结构中去才被学会的”，“学习者必须具有某些适用的、将那种理解了的刺激转变为‘有组织的网络结构’的信息加工方法”。

1. 认知结构与知识结构的区别

学生头脑中的认知结构不同于教材的知识结构，两者之间至少存在以下五点差异：

第一，信息的表征方式（表达方式或储存方式）不同。教材中的知识主要是以语言文字的方式详细表达的，而头脑中的信息主要是以语义的方式简约表征的，多以直觉的方式储存。正如布鲁纳所说，“详细的资料是靠简化的表达方式保存在记忆里的”。

头脑中知识表征方式是智力活动的结果和认知方式的体现。皮亚杰认为，不同智力水平的儿童具有不同的认知图式；布鲁纳也相应提出了动作表征、形象表征、符号表征的三种认知水平。信息编码的观点则认为，信息在大脑中的编码可以在不同水平上发生。因此，认知结构已经将知识表征和个人智力活动方式融为一体，是两者的有机统一和结合。

第二，信息的构造方式不同。教材中的知识前后顺序性和逻辑性很强，而学生头脑中的知识的顺序性淡化了，以另外的方式构造起来。知识既是累积的（cumulative），又是等级的（hierarchical）。头脑中知识间的联系不应是线性的（只有一条线上的先后联系），而应该有一定的层次构造。因此，认知心理学家主张知识在头脑中的构造应该是一种层次网络结构。

信息在头脑中的构造方式因人而异。例如，研究表明，专家倾向于依据高级规则来组织他们的知识，而新手则依据表面特征以零散孤立的方式储存知识。解决问题时也一样，专家更注意问题的结构，而新手则更注意问题的表面细节。

第三，知识的完备性不同。教材中的知识是完备的、无缺口的、系统的。而头脑中的认知结构由于遗忘规律的作用，常常是有缺口的。书上写了的，老师讲了的，头脑中不一定能保留下来。

第四，知识的熟练特征不同。即使老师讲了的知识保留了下来，在运用时不一定能达到熟练程度，不一定能迁移。而教材中的知识不涉及熟练程度的问题，只是假定学生完成了教材中规定的习题练习任务，知识就能熟练掌握。但是，即使所有的学生都一样地完成了教材中规定的作业，他们对新知识掌握的熟练程度也不会是一样的。

第五，知识的可提取性不同。教材的知识是“死的”，不能自动提取，而头脑中的知识是“活的”，在遇到适当的条件时，可以提取出来，用以解决问题。

正因为教材的知识结构与学生头脑中的认知结构存在着重要的差别，所以我们不仅要研究教材中的知识结构，更要研究学生头脑中的认知结构，研究怎样促进学生对所学的知识更好地浓缩提炼、归纳组织、复习巩固、熟练运用、灵活提取。

当然，在强调认知结构与知识结构差别的同时，并不否认这两者之间的密切关系。只不过，两者的联系已被人们广泛注意，而两者的差别却未能引起应有的足够重视。

2. 认知结构对问题解决的影响

大量的研究证明，认知结构（头脑中知识的组织和构造）是影响问题解决能力的一个重要因素。奇等人（Chi et al. ，1982）认为，新手在解决问题上的缺陷是因为知识构造上的问题，并不是由于缺乏解决这个问题所必须具备的智力水平。他在一个实验中让 8 名专家（物理学博士生）和 8 名新手（刚学了一学期物理的大学本科生）对 24 个物理应用题进行分类。结果专家和新手都划分出 8—9 类，都需要 40 秒左右的时间来决定一个问题属于哪一类。但专家和新手的划分结果差异非常大。例如，新手把所有的斜面问题归为一类，所有的弹簧问题归为一类。专家看问题的方法则不同，他们把有些斜面和弹簧问题归为同一类。当问及原因，专家指出，这一类的斜面和弹簧问题都适合于运用同一条物理定律。

因此，奇等人（1982）认为，新手根据问题的明显的表面特征归类，例如，根据问题中提到的物体（斜面或弹簧）来归类。相反，专家则根据不明显的物理学原理和定律来判断类别（如能量守恒定律、牛顿第二定律）。这些是问题的深层特征。某一领域的专家比新手在该领域看得更深刻,更抽象。如物理学家就习惯于把世界看成是受物理规律支配的系统,而不是物体的集合。

奇等不但研究了专家与新手在问题表征的认知结构上的差异,而且还研究了专家与新手概念组织的认知结构上的差异。他们用20个概念(包括斜面、质量、摩擦力、能量守恒)测试专家和新手的分类过程。研究者向新手和专家逐个呈现这20个概念。每一被试用3分钟说出他对每一概念的认识。被试提及的概念之间的联系能够表明他们的图式之中的概念结构。

图3-1和图3-2是新手和专家关于斜面知识的典型网络结构。新手具有表面化的斜面知识结构,构造的主要依据是表面特征,如斜面所成的夹角、长度、高度以及斜面上是否有一木块。叙述的最后部分,新手才提到了能量守恒。相反,专家一开始就提到了应用于斜面问题的物理定律:能量守恒和牛顿定律。然后,专家阐述了牛顿定律适用的条件:假如有加速度,用$F=ma$(牛顿第二定律);假如没有加速度,系统平衡,合力为零。只有到这一步,专家才提到斜面的表面特征。物理定律和什么时候使用这些定律(条件化知识),才是专家图式的核心内容,表面特征仅处于边缘部分。

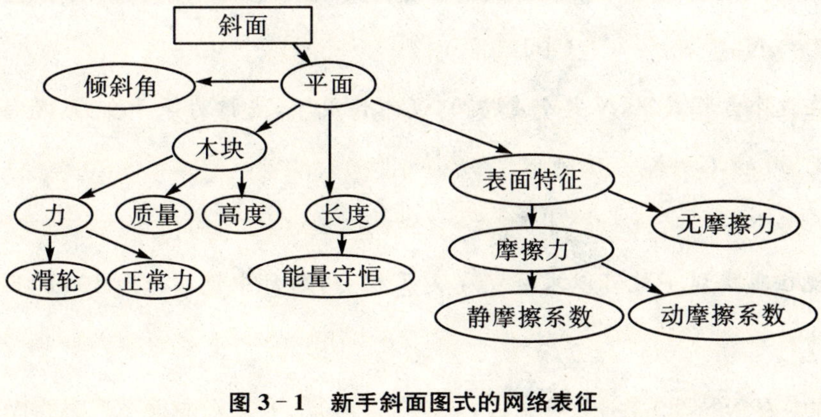

图3-1 新手斜面图式的网络表征

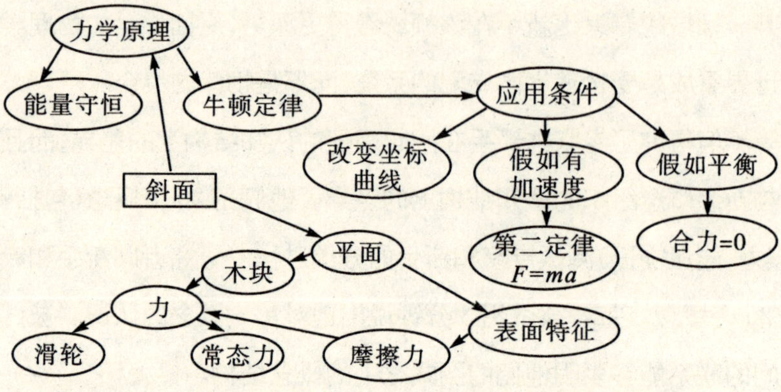

图 3-2 专家图式直接与物理定律及适用条件有关

新手和专家头脑中认知结构上的差别，导致了问题解决方法上的差别，以下面一个物理题为例：

一个小女孩拉着一个雪橇在雪面上匀速运动，拉绳与地面成 30°角，雪橇上坐着小女孩的弟弟，雪橇与小男孩共重 50 磅，如果小女孩以 10 磅的力拉雪橇，则雪橇与雪面之间的摩擦系数 μ 是多少？

以下是一个新手的解题思维过程：

我必须找到 μ，哪一个方程式与 μ 有关？……噢，对了，

$f=\mu N$ （Ⅰ）

在这个方程式里，N 是个支持力，通常情况下，支持力等于重力，题目里说重量为 50 磅，$G=N=50$，所以

$f=\mu\times 50$ （Ⅱ）

现在我找到 f 就可以求解 μ，f 是摩擦力，题目中说拉力为 10 磅，因此可替换为：

$10=\mu\times 50$ （Ⅲ）

现在方程里只有一个未知数 μ，可用代数法求得 μ。

$\mu=1/5$　　　　　　（Ⅳ）

新手解题过程的记录表明，新手意识到目标是找到 μ 值，即摩擦系数。他回忆教科书中的一个含有 μ 的方程式（记录中的Ⅰ），然后替换这个方程式中的值（记录中的Ⅱ和Ⅲ）。新手采用逆向推理策略选择运算步骤：他从未知量开始思考，并且逆向推理到题目中给出的信息，最后用代数方法解得 μ（得到错误答案）。

由于专家头脑里认知结构不同，导致他们的解题思维过程也不同，下面就是专家解题时出声思维的记录：

雪橇是作匀速运动，这就意味着我把雪橇所受的力分解为沿水平方向和垂直方向的分力，合力为 0（画出右图）：$\Sigma F=0$。水平方向，拉力有一个分力 F_{rh}，还有一摩擦力 f，它们是平衡的：$F_{rh}=f$；竖直方向，有一向下重力 W，拉力的另一分力 F_{rv}，支持力 N，他们是平衡的：$N+F_{rv}=W$。f 与支持力和摩擦系数有关：$f=\mu N$。组合所有方程式，根据 f 和 W 解得 μ：

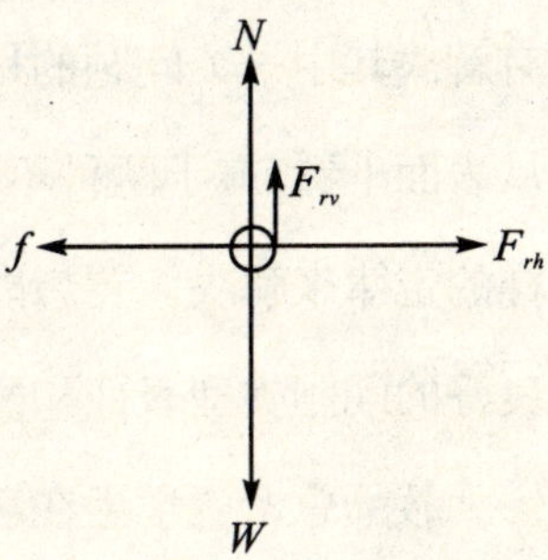

$$\mu=\frac{F_{rh}}{(W-F_{rv})}$$

专家头脑中认知结构良好（是有层次的网络结构），所以能先从抽象的物理思想出发进行分析，然后才在此基础上画出受力图，进行受力分析，最后才考虑具体的求摩擦系数的公式。

从这个例子也可以看到，专家有良好的解题思维策略：第一步是仔细审题，他们能看出问题中隐含的一些信息，例如，雪撬以匀速运动这一关键信息；第二步进行物理分析，例如画受力分析图；第三步充分利用已知信息进行推理，例如，他们推理出如下信息：作用于该系统的合力为 0，拉力可分解为水平与竖直两个方向，平衡力的值可以用等式相连接。

特别要提醒注意的是，新手考虑的第一个公式，几乎是专家最后考虑的。专家只有在对已知条件作了充分的“顺向推理”之后才会引入这一方程。而新手在没有仔细审题、没有进行物理分析、没有进行充分推理的前提下就急于从未知条件出发找公式、列方程，而且他们也缺乏解题后的反思能力，得到错误答案就终止了思考。从这个例子也可以认识前面介绍的解题思维策略训练的重要价值。

3. 良好认知结构与迁移的关系

表面特征不同的两个问题可以具有相同的科学表征。因此，假如一个人具有解决其中一个问题的科学表征的知识，另一个问题即可迎刃而解。就是说，从表面上看，属于两种不同情况的问题，可以具有相同的本质规律，适合于用同样的定律来解决。要想能够举一反三、触类旁通，那么就需要在头脑中有结构良好的问题类型表征和概念体系表征(参见本书第八章)。

教师总希望学生在解答习题时能够举一反三，即能够迁移。这既有利于减少学生习题练习量，减轻负担，又有利于学生抽象概括能力和灵活思维能力的培养。然而，我们的老师却常常发现，大多数学生不能这样高效地学习。老师教过的题，他们就会做(而且必须没有忘记)，老师没有教过的题，越不典型(和老师讲过的例题相差越远)就越可能解决不了。例如，让小学六年级的学生解答下面一个典型的“工程问题”，并没有多少学生感到困难。

师傅完成一项工作需要 20 小时，徒弟去做则要 30 小时，现在两人一起做，需要多少时间？

但是让他们解决下面一个“不典型”的问题，许多学生就感到困难了。

妈妈去商店买布，所带钱刚好可买最好的布 2 米，或次好的布 3 米，妈妈决定两种布买同样多，问最多各能买几米？

面对这样的题，死套“效率×时间＝工作量”公式的学生，就很难用学过的“工程问题”的知识去解答这个习题。为了进一步证实思维策略比死套公式更重要，我们曾请一位工科大学毕业的学生解上面述及的“买布”问题，她的解题思路如下：

设这两种布的单价各为 X,Y，因此有 $2X=1,3Y=1$……题目已知条件未用完……设可买 Z 米布，因此有 $XZ+YZ=1$，3 个未知数，有 3 个方程。解这个联立方程组，得到：

$$Z=1\div(1/2+1/3)=6/5(\text{米})$$

这位大学生已记不起来小学或初中学过哪些类型的应用题，当然也就不知道这个题属于哪一种类型。她之所以能顺利解出这个题，她的思维策略是“我们学习化学时，常遇到总体不知道的情况，在这种情况下，可以设总体为 1，实际上是一种比例关系问题”。

“当总体不知道时，设总体为 1”，“这实际上是一种比例关系”，这些话表达了一种思维策略，而且是一种条件化的策略知识（当……时，则……）。这样的策略性知识就比工程应用题的公式更抽象，更少依靠具体实例，因此更具有远迁移的可能性，更有助于创造性解决问题。

用类型知识来解题，或许是初学者的思维策略，这对于掌握基本数学知识来说是必须的，但初学者在逐步成长为“专家”的过程中，一定要形成一种抽象的“思想”或“策略”。难怪著名心理学家布鲁纳阐述“学科结构”时强调“尽快地使学生理解一门学科的基本思想”，强调“一开始不是学习一种技能，而是学习一个一般观念”，“这个一般观念可以用作认识后继问题的基础，这些后继问题是开始所掌握的观念的特例”。他在阐述迁移原理时指出，学生学到的观念“越是基本，几乎归结为定义，则这些观念对新问题适用性越宽广”。

上面所述的这一简单的例子就足以让我们认识到构造良好的认知结构的重要性。

三、学生中心论

既然只有认知因素才是决定学习效率高低的直接因素，很自然，认知心理学就会十分重视认知的主体(学生)的作用和地位。当代认知教学理论提出了“学生中心”的口号，教师的教是为学生的学服务的。

虽然我们提倡“学生主体，教师主导”的主张，或“教学活动双主体”的说法。但是，有一点我们必须明确：究竟是教为学服务，还是学为教服务？学服从于教，还是教服从于学？在这一点上，传统的教学思想是有误区的。例如，有些老师感觉到，我教了的学生就应该会，我复习了的学生就不应该忘，我纠正了的学生就不应该再错。一旦发现自己教了的学生还不会，我复习了的学生又忘了，我纠正了的学生又错了，就会指责学生。其实，这位老师应该反省自己：为什么自己的教如此低效？如何针对学生的认知特点来改进自己的讲课方法、复习方法、纠错方法？这样的观念才是承认学生主体地位的好思想。有的教师说，学生“启而不发”，是因为我们“启不得法”。有的老师说，“没有教不会的学生，只有不会教的老师”。这样的思想才真正有利于发挥教师的主导作用。

认知心理学的教学理论强调学生的中心作用，对我们是有启发的。

首先，在创造学习的外部条件时，必须以内部的认知规律为前提。加涅在阐述言语信息学习的外部条件时指出，这些条件是指“激活并维持编码、储存和检索过程的那些事件”。从某种意义上说，教师的教重要，仅仅是指教师的教能够影响学生学习的内部认知过程，即引发学生有意义的学习的心向，启发学生进行深刻的思考,帮助学生在知识上查漏补缺,建立良好的认知结构。

其次,应改革传统的教学方法。传统的课堂教学,是由教师主宰的天地,是“一言堂”,主要采用讲演法。有人总结了27个有关研究报告之后指出,讲演法有助于对事实材料的掌握,但集体讨论法有助于激发批判性思维和对学科材料的深入理解,提高对新学知识的解释、推理和运用能力,而且对学生的态度和价值观以及后来的行为表现都有很大的积极影响。在另一个研究中,研究者让一些因创造性工作而成名的心理学家和化学家列举最能促进或阻碍他们成为科学家的教师,结果起促进作用的教师都极力鼓励学生参与集体讨论,而且非常关心学生主动学习和独立学习;起阻碍作用的教师不鼓励集体讨论,不容忍不同意见,强调背诵,贬低独立的学习。

再次,应树立教学目标的新观念。有人(Howe,1984)指出,“没什么教学目标比使学生成为独立的、自主的、高效的学习者更重要。”所谓“独立的”,是指学生离开老师甚至离开学校也能学习。布鲁纳在阐述向学生传授“学科结构”时说过,“适当的学习能造成大量普遍的迁移,甚至达到如此程度,即在最适宜条件下恰当地学习可使人‘学会怎样学习’,这确实是事实。”所谓“自主的”,是指能做学习的主人,变“要我学习”为“我要学习”。培养学生学习的自主性,是教学的重要目标。教师的责任并不仅仅是传授知识,而是要帮助学生日益地能够更多地为自己的学习负责。所谓“高效的”,是指能掌握有效的学习策略和思维策略,提高学习效率,从而既减轻学习负担,又提高学习质量。

最后,应重视内在认知动机的作用。许多实验证明,行为主义所强调的外部强化容易削弱内在的动机。而认知动机是一种内部动机,是指对学习思考过程本身感兴趣。人格的现代认知理论发现,人在“认知需要”上有明显的个性差异。低认知需要者怕动脑筋,不求甚解,缺乏探索兴趣;而高认知需要者则爱动脑筋,好奇心强,常爱问为什么,追求深入理解。这种认知需要对学生的学习有重大的影响,是学生学习的内在动机。

总之,当代认知心理学证明认知过程、认知结构对学习效率具有重要意义,因此,特别重视学生的主体作用和地位,这些认知的观点对于我们研究网络教学的效率具有重要的指导价值。

第二节　过程启发式教学

为了提高网络学习的效率,我们有必要在充分反思传统启发式教学利弊的基础上,不断地发展与完善启发式教学方法。本节先简单回顾启发式教学的历史渊源,其后讨论传统启发式教学实践中存在的误区,最后讨论在当代认知心理学的元认知理论指导之下我们所提出的过程启发式教学方法(张庆林,杨东,2002)。

一、启发式教学渊源

启发式教学是教师依据学习过程的客观规律,引导学生主动、积极、自觉地掌握知识的教学方法。启发式是在对传统的注入式教学方法深刻批判的基础上产生的,启发式与注入式是两种根本对立的教学方法。纵观历史,中外许多教育家都提倡过启发式教学。

在中国,“启发”源于古代孔子的启发式教学精髓“不愤不启,不悱不发”。朱熹解释说:“愤者,心求通而未得之意;悱者,口欲言而未能之貌。启,谓开其意;发,谓达其辞。”《学记》有言:“道而弗牵,强而弗抑,开而弗达。”主张启发学生，引导学生，但不硬牵着他们走；主张增强而不是压抑学生的自主性；主张指明学习的路径，但不代替他们达成结论。

在欧洲，古希腊思想家苏格拉底用“问答法”来启发学生独立思考以探求真理。文艺复兴以后，德国教育家第斯多惠说：“一个坏的教师奉送真理，一个好的教师则教人发现真理。”17 世纪捷克教育家夸美纽斯指责当时流行的注入式教学是迫使学生“用别人的眼睛去看，用别人的脑筋去想”，“结果是大多数人都没有知识”。因此他主张“凡是没有被悟性彻底领会的事项，都不可用熟记的方法去学习”。18 世纪瑞士教育家裴斯泰洛齐反对注入式，强调教学必须“集中地提高智力，而不仅仅是泛泛地增加概念”。

尽管在传统的教学体系中，时有启发式教学方法的倡导，但是未能形成体系，未能有组织地加以实施，启发式成为发展趋势是现代科学进步的结果。现代教学论中启发式的教学思想及教学方法，是在批判地继承过去的教学理论传统，在现代心理学和教育学发展的基础上，应时代的要求进一步完善起来的。其特点是：强调学生是学习的主体，教师以调动学生学习积极性、主动性来体现主导作用；强调学生智能的充分发展，系统知识的学习必须与智能的提高紧密结合，达到知识的有效学习。

二、传统启发式教学的误区

学生不是消极被动地接受知识的“容器”。然而，注入式教学把学生视为被动接受知识的机器，阻碍了学生独立学习能力和独立思考能力的发展。启发式是与注入式根本对立的教学方法，它注重充分调动学生学习的积极性、主动性和创造性，引导学生通过自己的独立思考融会贯通地掌握知识，提高分析问题和解决问题的能力。启发式教学力求营造一种宽松、愉快的课堂气氛，减少学生的学习压力感和枯燥感,对促进学生的心理健康极为重要。

然而,启发式教学的运用中比较普遍地存在着一些误区。

1. 启发式成了简单的问答式

适时设问并指导答疑,是启发式教学的重要体现。但启发式的核心在于启迪学生思维,帮助学生学会思考,点拨思路,引导方法,而不是简单形式上的一问一答。有些教师片面认为启发式教学就是课堂气氛活跃、教师设问和学生回答,因此,启发式就成了一味追求课堂气氛活跃的一问一答模式。在实际教学过程中,教师往往提出一些本来就不具备多大启发意义的简单问题,而学生根本没有深入思考和独立钻研。

不少人认为,课堂教学中,提出问题的多少及学生能回答出问题的多少,是衡量启发式教学运用效果的标准。这就势必造成课堂问题过多、过滥,学生简单应付,把一个完整的思考过程拆解得支离破碎,思路不清。这是对启发式教学的歪曲理解,也是教学实践中最为严重的误区。

弗兰德斯(Flanders,1970)在一项研究中发现,教师在课堂上爱问针对具体事实或知识细节的问题和仅仅只有一种答案的问题,例如,问什么地方、什么时候、是什么、是谁等等书上有确切答案的具体问题,而较少提出鼓励学生思索、推断的问题,较少提出书上没有明确答案的需要对许多知识加以联系或概括的问题。一般情况下,前一类问题要占 2/3。当然,这一类问题对于学生来说易于回答,容易取得成功,不至于因失败挫折而丧失学习信心和兴趣,但这一类问题不利于知识的组织或结构化,不利于培养学生的思维能力、独创性和自我指导的学习习惯。

而且,提出什么问题,就意味着学生选择性地注意什么信息,过于简单的问题容易使学生习惯于只对枝节信息感兴趣,而较少将注意力放到知识的概括和结构上去,形成一种不爱深入思考问题和不爱从复杂的联系中思考问题的不良思维习惯。

2. 以结果为中心的启发

我们的研究发现(张庆林,杨东,2002),传统教学思想影响下的启发式教学,在很大程度上是一种"以结果为中心"的启发。所谓以结果为中心的启发,是指在教学过程中,针对具体的问题,教师头脑中先有了一个结果(答案),而学生头脑中还没有,老师就通过所谓的"启发式"提问,一步一步地提问,一步一步地引导学生逼近答案。教师千方百计地把这个结果问出来。这种以结果为中心的启发式教学,从表面上看,课堂气氛或许很活跃。但是,这样的启发式教学,使学生养成对教师提问的依赖,即老师向他提问他就会回答、离开老师提问他就不会思考。

结果为中心的启发有一个很重要的特点,就是追求一个唯一的"标准答案"。这位老师的提问方法是比较典型的:先在脑子形成一个唯一正确的答案(往往来自于"教参"),然后千方百计地把这个结果问出来。但是,问出了结果,是否就意味着学生掌握了形成这一结果的思考过程和方法呢?例如,当一位语文老师在引导写生分析课文的时候,这篇课文分几段,甚至用什么小标题来概括,都是老师心目中预定了的(而且往往来自于"教参"),老师的启发式提问就是要将这样的"标准答案"给问出来,学生没有自己的独立思考,仅仅是跟着老师的提问亦步亦趋地逼近答案。

这种结果式启发不仅剥夺了学生学习如何思考的机会,造成对老师提问的依赖,形成猜测老师提问意图的思维习惯(从此会丧失独立思考习惯和批判性思维习惯),而且教学效率低下。既然老师想方设法问出来的仅仅只是答案(而不是方法),那么,老师直接呈现答案就比"问"出答案更节约时间。"答案只能问出来，不能直接讲出来”，这也是教学中的一个误区。其实，老师讲出答案比一步一步地“启发”出答案要节约许多时间。与其一步一步地启发使整个思路支离破碎，在许多时候还不如拿出完整答案，然后把节约下来的时间用来讨论“这一答案是怎么来的”。

因此，我们提倡过程启发式的教学方法。在我们看来，提问要指向思考过程和思考方法(策略)。启发式教学法的目标不应该是问出一个标准答案，而应该是教学生如何思考。

三、过程启发式教学方法

过程启发式教学方法以当代认知心理学的最新研究成果为其理论依据，重视教学活动中学生的认知过程(特别是思维过程)，真正体现了学生为主体、发展为主线的指导思想。过程启发式教学无论在理论上，还是在实践上，都具有重要的意义。

教是为了最终不需要教。教学的最终目标是使学生成为一个独立的、自主的、高效的学习者，使学生在离开老师甚至离开学校之后也能继续高效学习。然而，在教学中，老师会发现，学生的独立学习能力、独立解决问题的能力很难培养，学生对老师有很强的依赖性。那么，怎样才能使学生形成独立学习知识、应用知识、创新知识的能力呢？我们认为，过程启发式教学方法能促进这一目标的实现。

1. 过程启发式的定义

过程启发式教学是指向思维过程和思维方法的启发式。它的基本实施步骤是：根据学生学习知识、技能所需要的高效思维方法，按思维流程设计相应的启发式问题，根据所设计的问题启发学生思考，并逐步过渡到让学生自己向自己提问、自我启发。

2. 过程启发式教学实例

过程启发式虽然也采用“提问法”，但“问题”并不指向答案，而是指向方法。以教学生分段列小标题为例，老师的提问应该是指向如何分段、如何列小标题的具体方法。为此，老师首先要自己能掌握分段、列小标题的方法，而不是从现成的“教参”中抄来的分段的结果和所列出的小标题。其次，在教学中要针对方法提问，例如提供如下问题：这篇课文总的讲什么，有一个总的大概印象吗？每一个自然段是讲什么的，心中有数吗？能够对自然段之间的关系进行“连贯性”判断吗？（如果意义上不连贯则可以在此处分段，但要注意启发学生注意按照课文的逻辑“线索”来判断连贯或不连贯）连贯性判断的结果合理吗？（此时要注意让学生依据段落的“完整性”和“单一性”两个标准来进行判断）怎样归纳各段的段意？怎样使段意的归纳更简练、对称、准确？

如果老师坚持按照这样的方式来提问和讲解，那么，学生很快就会领悟到分段、列小标题的具体过程、步骤和方法，就能达到最终不需老师启发（提问）的目的。

下面以关于动量定理应用的一个习题的讲解为例，说明在网络学习中怎样运用过程启发式方法。在网络课程中，一个知识点或一个习题往往要用不止一个页面来讲解，下面的例子中的横线表示一个网页的结束和下一个网页的开始。所有测试题都未列出各个供选答案的反馈内容。为了降低学生的认知负荷（脑力负担），也为了提高学生的审题意识，每一个页面的上端都保存了原题。

例题：重 1 公斤的铁球从空中某一位置竖直下落，1 秒之后落入沙中，0.2 秒后静止。求沙对铁球的阻力。($g=10\ \text{m/s}^2$)

请按照下面的思考步骤逐步地独立思考上面的这个题目。

思考步骤(思维策略)
1. 仔细审题:明确题目的已知条件和未知条件,特别是隐含和定性条件。
2. 物理分析:画图进行受力分析和运动分析。 方法:确定研究过程中各力的冲量值,区分初、末状态的动量值。
3. 充分推理:充分利用以上两步的信息进行顺向(或逆向)推理,找到解题思路。 方法:确定正方向,一般取末速度方向为正方向,使各已知量带上正、负号。
4. 解题反思:列出算式,分步骤、合逻辑地解决问题,并进行解题后反思。

独立思考之后,不管您是不是想出了这个题目的答案,都请往下学。

解这个题的第一个思考步骤是仔细审题。您仔细审题了吗?隐含的条件和定性条件是审题时特别容易忽略的,也是解题时最重要的,您明确了题目中的已知条件和未知条件了吗?如果您确认自己已经仔细审清楚这个题了,那么请完成下面的测试。

测试:通过审题,可以得到的已知条件包括(　　)。

(A)铁球初速度为 0,末速度不为 0

(B)铁球初速度不为 0,末速度为 0

(C)铁球初速度和末速度均为 0

(D)铁球全过程受到重力

(E)铁球只是在落入沙中之前受到重力

(F)铁球在落入沙中之后没有再受到重力

(G)铁球在落入沙中之后受到沙的阻力

注:正确答案为 C、D、G。

解决这一类题的第二步是进行物理分析，一般要画一个图，并进行受力分析和运动分析。请自己画一个图，画了以后，请完成下面的测试。

测试：以下的图解符合题意的（物理分析正确的）有哪些？

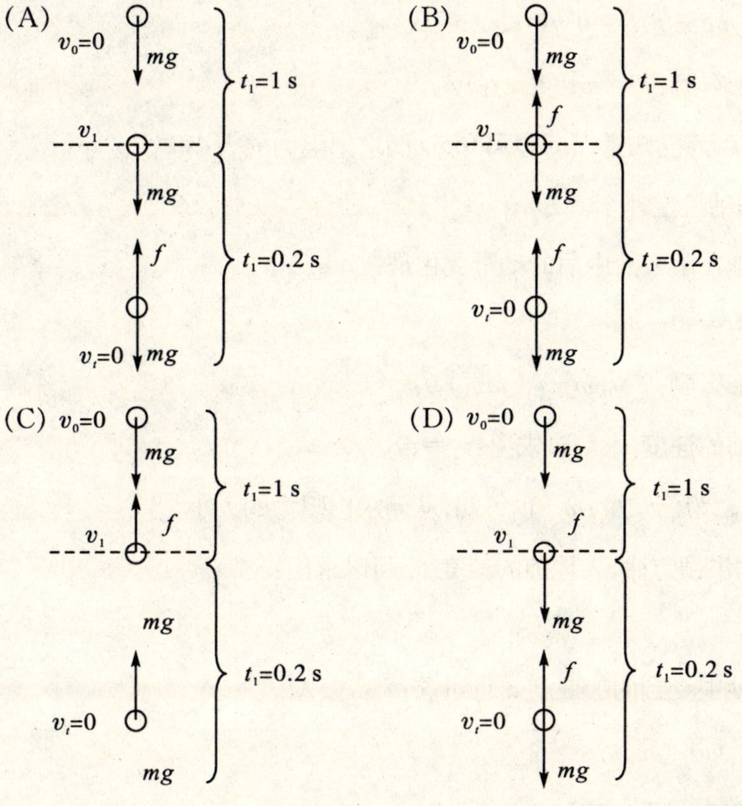

注：正确答案为 B。

解答这一类问题的第三步思考是考虑如何充分运用上面图解来帮助我们进行双向推理。请仔细思考：从图上的已知信息可以推理出哪些新信息（顺向推理）？从未知的条件（求沙对铁球的阻力）可以推理出我们必须要先知道什么（逆向推理）？认为自己已经充分进行了双向推理之后，请完成下面的测试。

测试:经过上面的物理分析,你认为解题思路正确的有(　　)。

(A)根据动量定理 $ft=\Delta mv$

所以铁球在全过程中的动量变化是:

$mgt_1+(mg-f)t_2=0-0$

公式变形得到:$f=mg(t_1+t_2)/t_2$

由于 t_1、t_2 为已知量,mg 也可知,从而求出阻力的大小。

(B)根据动量定理 $ft=\Delta mv$

所以铁球在落入沙中后的动量变化是:

$mgt_1-ft_2=0-mv_1$

公式变形得到:$f=(mgt_1+mv_1)/t_2$

而入地前的速度 v_1 可以求出:$v_1=gt_1$

由于 t_1、t_2 为已知量,mg 也可知,从而求出阻力的大小。

(C)根据牛顿定律,入地前的速度 v_1 可以求出:

$v_1=gt_1$

铁球在沙中受到的加速度 a 也可求:

$a=(v_2-v_1)/t_2$

又因为 $mg-f=ma$

所以 $f=mg-ma$

由于公式右边全部已知,从而求出阻力的大小。

(D)根据动量定理 $ft=\Delta mv$

所以铁球在落入沙中后的动量变化是:

$(mg-f)t_2=0-mv_1$

公式变形得到:$f=(mgt_2+mv_1)/t_2$

而入地前的速度 v_1 可以求出：$v_1=gt_1$

由于 t_1、t_2 为已知量，mg 也可知，从而求出阻力的大小。

注：正确答案为 A、C、D。

最后一个思考步骤是解题并反思。请自己在草稿上列出算式，分步骤、合逻辑地解决这个题目，并进行解题后反思（思考这个题目的解题关键是什么）。然后请完成下面的测试。

测试：以下选项中解题过程和答案都正确并且归纳出了正确思路的有（　　）。

(A) $v_1=gt_1=10\times1\ \text{m/s}=10\ \text{m/s}$

由 $(mg-f)t_2=0-mv_1$ 可得：

$f=(mgt_2+mv_1)/t_2$

$=(1\times10\times0.2+1\times10)/0.2$

$=60(\text{N})$

反思：该题利用动量定理解题的关键是弄清物体在某阶段运动过程中受力变化引起的动量变化，末动量和初动量是相对运动的某个阶段而言的。

(B) 由 $mgt_1-(mg-f)t_2=0-0$ 可得：

$f=mg(t_2-t_1)/t_2$

$=1\times10\times(0.2-1)/0.2$

$=-40(\text{N})$

反思：该题利用动量定理解题的关键是分析物体在整个运动过程中受力的情况，以及末动量和初动量。

(C) 由 $mgt_1+(mg-f)t_2=0-0$ 可得：

$f=mg(t_1+t_2)/t_2$

$=1\times10\times(1+0.2)/0.2$

$=60(\mathrm{N})$

反思:该题利用动量定理解题的关键是分析物体在整个运动过程中受力的情况,以及末动量和初动量。

(D)入地前的速度:$v_1=gt_1=10\times1\ \mathrm{m/s}=10\ \mathrm{m/s}$

$a=(v_2-v_1)/t_2=(0-10)/0.2\ \mathrm{m/s^2}=-50\ \mathrm{m/s^2}$

$mg-f=ma$

$f=mg-ma=1\times(10+60)=60\ (\mathrm{N})$

反思:该题利用牛顿定律解题,关键是分析清楚物体在运动过程中的受力情况后直接套用公式求出加速度和落入沙中时的速度,所以牢固记忆公式很重要。

注:正确答案为 A、C、D。

请注意,这里所提问题不多,但都是指向思考过程的,都是关于怎样仔细审题、怎样进行物理分析、怎样进行双向推理、怎样进行解题后反思的问题。这一方法能有效地教学生学会思维。

当然,在刚开始时,讲解和测试都要更细致一些,思维方法的指导要更具体些。例如,上题的第三步"顺向推理",不是简单地说"请仔细思考从图上的已知信息可以推理出哪些新信息",而是呈现一系列更具体的测试题目,例如问:从铁球"0.2 秒后静止"这个已知条件可以推理出什么?(后面是供选答案)

以上是过程启发式教学的一些实例,从中可以看出,过程启发式最大的特点是教师的提问指向学生的思维过程、思维方法。教师所提的问题不多,学生容易把握老师提问的思路和提问的方法,因此容易学会老师的"启发方法",最终能像老师提问那样自我提问、自我启发。

对于过程启发式在网络教学中的运用,以上只做了一些初步的探讨,还有待于不断发展和完善。

第四章 高效率教学策略在网络教学中的运用

网络教学的生命力在于所开发课程的质量。网络课程的设计应该注重高效率教学原则和方法的运用。本章在阐述高效率教学理论基本观点的同时,讨论如何在网络教学中贯彻和运用高效率教学策略,特别是如何对学生进行高效率学习策略的训练。

第一节 高效率教学概述

要提高网络教学的效率,首先要界定什么是"教学效率",确定一个衡量教学效率的标准,然后才能讨论提高教学效率的途径。

一、教学效率的界定

教学效率不仅仅涉及"产出"(有效学习),而且涉及"投入",具体表现为学生在学习过程中的"有效学习"与"精力投入"之比。这里所说的"有效学习"是指学生所学习到的终生受用的知识、能力和态度;这里所说的"精力投入"是指学生在学习时所投入的时间与脑力(张庆林,杨东,2002)。

因此,教学效率可以用下面的公式表示:

$$教学效率=\frac{学生学到的有用知识、能力、态度}{学生投入的学习时间\times脑力负担}$$

对于这样一个公式,我们有如下几点说明:

第一,教学效率是用学习效率来衡量的。衡量教学效率的指标不是指网络课程设计者的精力投入了多少。设计者和制作者投入的精力越多,网络教学的效率越高。

第二,学生的“有效学习”(学习过程中的“产出”)不是指眼前考了多少分,而是从终身发展的眼光来看,学生掌握了多少终身有用的知识、能力、态度。不能用陈旧过时的、脱离实际的知识去填塞学生的头脑;知识的学习不能是“纸上谈兵”,只会背诵,不会运用;知识的学习离不开“学会学习”和“学会创新”;知识和能力的学习不能离开学习态度教育(涉及动机、兴趣、自信心、坚持力等)。总之,知识有效学习的“时态”是“未来式”。今天教给学生什么,就要看他们未来在实际工作和生活之中需要什么。

第三,减轻学生负担不仅仅是指减轻过重的作业负担、时间负担。学生“精力投入”不仅仅是指时间因素,还要看单位时间内的脑力负担和心理负担。学生有时志愿更加刻苦,多花时间学习,多做练习,这不一定是坏事,或许有助于学生刻苦奋斗精神的培养,这种精神是个人事业成功的必要条件,是许多独生子女所严重欠缺的品质。因此,减轻学生负担更多的是指减轻学生的脑力负担和心理负担。完成相同的学习任务,所付出的脑力却不一定相同。教学过程中,如何减轻学生脑力负担(也叫“认知负荷”或“短时记忆容量”),使学生学得更轻松一些,大有文章可做。

第四,这个公式的分子和分母是不同质的量,没有共同的可计量的单位,因此,实质上是不可精确计算的。我们只是想借这个公式来形象地表述我们的观点。

根据我们对教学效率的界定,高效率教学可以看成是学生用相对较少的精力投入去获取相对较多的学习收获。也就是说,凡是能够有效地减小公式中的分母、增大公式中分子的教学措施,都可以看成是提高教学效率的有效途径。下面的讨论都是围绕着这两个主题(减小分母、增大分子)而展开的。

二、减轻学生负担的有效途径

网络课程的开发应该充分考虑如何有效减轻学生的脑力负担和心理负担,防止学生感到“累”和“厌”。下面讨论一些用于减轻学生负担的具体方法。

1. 传授高效率的学习方法

向学生传授高效率的学习方法和思维策略,不仅能提高学生的学习成绩,也能使学生学得更轻松,降低学习时的脑力负担和心理负担。同时,教学生学会高效率的学习方法,还将使学生更有成就感和自信心,有助于学生的学习动机、意志、习惯、抱负水平等非智力因素的培养和心理健康水平的提高。

2. 激发兴趣

人在做一项自己感兴趣的事情时,就会觉得时间过得很快,自然心理负担也轻,所以,激发兴趣是降低学生负担的重要手段。如果学习过程枯燥无味,必然增加学生的心理负担。

激发兴趣的方法很多,例如,诱发学生的好奇心,恰当运用多媒体手段,讲解深入浅出,举例生动形象,语言富有感染力都是激发学习兴趣的有效方法。

例如,一位老师在讲“负数”这一个新概念时,没有从定义讲起,而是问学生一个挑战性的问题:“今天的气温是 6 度,天气预报说明天气温会下降 10 度,请问照这样计算明天的气温是多少度?”这样就引发了学生的好奇心与求知欲。

一节化学课上老师讲“乙炔”这一课,老师并没有像教材安排的那样先讲乙炔的化学结构、物理性质……最后讲如何制取乙炔,而是一开始便进行乙炔的实验室制取实验,有趣的实验一下子调动起全体学生学习的兴趣和求知欲,然后老师从实验出发提出问题,从制取的过程可以判断出乙炔的化学成分,从制取的过程也可以直观地感受到乙炔的物理特性,此后的内容一步步吸引学生的注意,学生的兴趣很浓,思维也十分活跃。这堂课的效率很高。

一位数学老师在讲“三角函数(正弦)的图象性质”这一课时,为了使学生对正弦函数 $y=A\sin(\omega x+\varphi)+k$ 的四个参数的几何意义有更加深刻的认识,他运用了“几何画板”制作了多媒体课件,向学生演示函数图象如何随着 A、ω、φ、k 这四个参数的改变而动态变化,把抽象的数学公式直观形象地展现出来,学生兴趣盎然,注意力集中,效果自然很好。

一位语文老师讲课时,配合插图播放了课文的配乐朗诵,语调抑扬顿挫,字正腔圆,声情并茂,学生深受感染,自然引起了对学习的兴趣。

这些课堂教学技巧都可以运用到网络课程的设计中去。

3. 把握难度

教学难度是影响学生学习过程中脑力负担和心理负担的一个重要因素。难度太低,不能激发学生的学习兴趣,缺乏智力挑战性,也不利于教学进度;难度太高也不能激发学生的学习兴趣,同样不利于教学进度(欲速不达),同时最大的副作用是增加了学生的脑力和心理负担。所以,把握“最近发展区”是网络课程设计的重要原则。

然而,教学难度是一个相对的概念,相同的教学内容,对于某些学生来说,是很简单容易的,而对于另外的一些同学来说,却相当困难。和传统的课堂教学相比，网络教学最大的优势是能够真正做到个性化教育，因材施教。网络学习应该针对学生的不同程度设立不同的“目标层次”，这样才能更好地把握教学难度。

除此之外，设计网络课程时还要注意努力做到“小步子前进”和“循序渐进”。小步子前进是指一个知识点的教学的步子不能迈得太大，不能带有跳跃性，使学生个别学习时难以理解。循序渐进是指，知识点与知识点之间必须由易到难，对于难题要“提前铺垫”。例如，呈现一个难题之前，可以安排一个或几个对解决这个难题有启发作用的相对更容易的习题。例如如果要求学生用换元法解下面的方程：

$$2X^2+3X+3/X+2/X^2=0$$

那么最好先学习(或复习)下面这个恒等式：

$$(X+1/X)^2=X^2+2+1/X^2$$

这样教学难度一下子就降低了。所以，循序渐进、提前铺垫是十分重要的网络教学原则。

4. 减轻短时记忆的负担

短时记忆是指大脑即刻所保存在意识中的记忆，其容量是有限的。如果短时记忆容量“超载”，就会使人感到大脑负担太重。所以，短时记忆中的“认知负荷”的大小是影响脑力负担的十分重要的因素。它是关系到能否降低学习难度、防止大脑疲倦、提高学习效率的重要问题。

试想如果计算 37×86，心算和笔算谁最费脑筋？当然是心算。因为心算不仅要运用关于乘法法则的知识、九九表知识，而且要记住每一步的计算结果，短时记忆的负担很重，甚至可能“超载”，使人感到难以胜任，望而生畏。

因此，网络教学应该以不超过学生短时记忆容量限制为前提。在多媒体课程制作中要充分注意防止短时记忆容量“超载”。例如，如果一个知识点分为两个页面来讲解（例如一个页面上画有两个三角形，另一个页面上针对这两个三角形来讲解“全等三角形”的知识），那么学生在学习第二个页面时就会因为需要同时记住第一个页面而头昏脑胀，感到认知负荷太重。又例如，如果学生做了一个“多选题”之后，程序系统对学生所选的几个答案都提供了反馈信息，但是如果没有在页面上留下题干和选项，那么学生在看系统自动提供的反馈信息时，他们的短时记忆就负担很重，容易“超载”，容易头昏脑胀。所以，在提供反馈信息时应该将题干和学生所选的几个“选项”同时保留在学习页面上。同样，如果一个困难习题的讲解分成了几个页面，那么每一个页面都应该将这个题目留在上面。

三、确保知识的有效学习

有的学生曾经问：“我每次上课都认真听了，也听得懂，为什么一考试就不行了呢?”其实，这完全是正常现象，因为“听懂了”并不等于“掌握了”。我们认为，死记硬背、生搬硬套、浅尝辄止、胡乱猜测等等，都是无效的学习方式。因此，网络课程要确保学生对所学知识能真正理解、牢固记忆、灵活运用，这才是有效学习（张庆林，1992）。

下面是确保知识有效学习的一些具体措施。

1. 加强学习策略的训练

网络教学应该有效地指导学生掌握和运用高效率学习方法，包括如何深入理解知识、牢固记忆知识、系统整理知识、熟练掌握知识、灵活运用知识等方面的学习策略的指导（本章第二节详细论述）。

第五章介绍的“智能化学习辅导系统”对于每个重要的难度比较大的知识

点,都设立一个名为“学法指导”的“讲解”,供学生自主点击。在“学法指导”这个“讲解”中,既要指出该知识点的“掌握目标要求”,还要指导如何高效率地达到这个目标的学习方法。

2. 重视过程启发

过程启发是教学生“学会学习”的重要手段(参见第三章),网络教学要特别重视这种方法的运用。

我们知道,由于汉字输入和理科符号输入上的困难,和计算机对学生输入的文字、符号的理解、判断、反馈生成上的困难,所以就目前的计算机智能化水平来说,比较现实的解决办法是将“主观题”客观化,也就是用客观题的方式(包括单项选择题、多项选择题、判断题、填空题等)来进行主观题的教学。过程启发也是成功解决“主观题”客观化的重要途径。

第三章中的关于动量定理应用的一个习题的讲解,就是运用过程启发将“主观题”客观化的一个示例。本章第二节也有一个列方程解应用题的思维策略训练的习题实例,它也是运用过程启发式将“主观题”客观化的一个典型。

3. 注重思路积累

高效率网络课程要特别重视促进学生能做到“解一个题就形成一个思路”,从而做到解完一个题就会解一类题,举一反三。要达到这一目的,最重要的是解题之后的反思。

可采用解题反思、读题反思、一题多变等方式高效地积累思路,而且思路还要做到“条件化”。

采用解题反思、读题反思的方式积累思路时,用来进行归纳思路的习题,一般是学生感到比较困难的习题。具体反思方法在本章第二节介绍。

采用一题多变等方式积累思路时,基本的步骤是:先学习一个难题的答案或自己思考出一个难题的答案，然后问“这个题的思路还可以用来解决其他什么问题”，最后呈现一个多项选择题，要求学生判断“下面四个习题中的哪些题能用上题的思路去解决”，这四个题必须既有似是而非的表面相似而思路不同的习题，也有表面不相似而实质思路一致的题。

为了更有效地积累思路，还要注意思路的“条件化”。学生学到的知识有时会不知道在什么情况下使用，因此变成僵死的知识。为了避免知识的“僵化”，有必要使学生将所学知识与该知识使用条件结合起来，形成条件化知识。所学的知识只有做到了条件化，才能在遇到恰当条件时有效地提取出来加以运用。许多学者认为，当人面临问题时，能否在大脑中检索、提取和应用与任务有关的知识，是智力发展水平的一个重要标志。

在网络课程的设计中，应该注意促进学生将所学的知识条件化。例如，关于“极坐标应用”的知识点，教学目标是训练学生在不适宜用“直角坐标系”的条件下转换到“极坐标系”中解题。因此不仅要教学生学会“怎样转换”，更为重要的是，要教会学生学会判断“在哪些情况下适宜用极坐标系解题”。又例如，物理网络课程中，在教“隔离法”与“整体法”解决力学问题时，同样要从条件化的角度帮助学生归纳在什么条件下应优先考虑“隔离法”，什么条件下适宜用“整体法”去解决。这样学生不仅会用这两种方法，而且知道在什么条件下用什么方法，以后遇到适当的条件自然就会运用适当的方法，防止了知识“在什么地方学就只能在什么地方用”的僵化现象。

为了提高知识在解决实际问题中的有效性，有必要让学生研究这些知识在课堂之外的背景中的应用条件。课堂上传授的知识如果不提醒学生去考虑如何在实际情境中加以运用，就很难保持这种知识在实际情境中的有效利用。

在传授条件化的知识时，一定要训练学生能够设想所学知识在尽可能多的情况下使用，特别是在与学习该知识的背景迥然不同的条件下使用，这才是创造性学习的表现。例如，如果学习了“飞流直下三千尺，疑是银河落九天”之后，只知道用这个诗句来描述今后自己看到的瀑布或水电站泄洪，那么其创造性很小。如果用这个诗句来讽刺在高楼窗户上往下乱泼脏水之人，则具有很强的创造性。要训练学生善于在迥然不同的条件下运用所学知识的创造性思维能力。

4. 培养创新思维能力

创新思维能力主要包括信息性思维(确定信息源、收集信息、分析信息、运用信息)、批判性思维(与已有的知识或观点唱反调)、求异性思维(与已有的知识或观点持不同但不一定相反的意见)和探索性思维(观察自然或实验现象、发现问题、提出假设、设计实验、验证假设)。

例如，一位地理老师讲授“国家级自然保护区”的有关内容时，学生问我国有哪些国家级自然保护区？老师也一时答不上来。他因此布置了一道研究题让学生去收集关于我国的国家级自然保护区的资料。学生可通过互联网查找相关知识，进行整理，并将收集资料后整理出来的小论文发到网上和大家交流，还可以做成幻灯片发到网上供别人学习。学生们收集资料的过程实际上锻炼了他们的信息性思维能力，因为他们要知道从哪里获取信息，怎样从大量的信息中挖掘自己想要的信息，怎样分析整理信息，并且利用收集整理的信息解释某些现象或解决某些问题等。

关于这一点，第六章将结合“网上协作研究性学习”进行更细致深入的探讨。

5. 注意考教衔接

所谓考教衔接是指平时的教学要为考试所考察的能力培养服务，要具有明确的方向性和针对性。这就要求按照考纲来精心安排和取舍网络教学内容，尽量与终结性测试相对应，要敢于舍弃一些传统教学中非讲不可而考试却不作要求的内容。有一节关于“两角和与差的三角函数”的数学课，教师把重点放在对两角和的余弦公式的推导证明上，对于公式运用的练习时间明显不够，而实际上公式的推导并不是考试所要求掌握的。所以网络教学的内容安排一定要紧扣“考纲”才行，否则学生学得再辛苦、再详细，也是低效的。

第二节　网络教学中的学习策略训练

学生在学习知识时，必须善于运用高效率学习策略。学生学习时不仅要注意所学习的知识、所解的习题，而且要注意自己如何在学习知识、如何在解答习题。大脑意识要在知识学习和方法调节这两者之间不断来回切换。在学习的过程中，对自己的学习方法进行监控，这被称为元学习能力(张庆林、王永明，1996)。

网络教学应该注意在学科知识的辅导中渗透高效学习策略的指导与训练。高效的学习策略可以分为五类:理解策略、记忆策略、练习策略、组织策略、解题策略(张庆林，杨东，2002)。

一、理解策略

有时候，形式上记住了书上的语句，并不一定真正理解了知识，并不一定就形成了科学的概念。学生记住了“平行四边形的面积等于底乘以高”，并不等于真正形成了这一面积计算的科学概念。早在 20 世纪 40 年代，格式塔心理学家沃特海默就批评传统教育鼓励学生采用死记硬背语句、生搬硬套例题的方式去学习，阻碍了学生创造性思维潜力的发挥，不利于学生创造性思维能力的培养。

要深入理解新学的知识，必须具备三个条件：①具备理解新学知识所必备的感性经验或基础知识；②具有把新学知识与头脑中的已有知识经验联系起来的心向，即爱动脑筋、爱深入理解问题的良好思维习惯，克服浅尝辄止、不求甚解的陋习；③具备把新旧知识联系起来的方法和实际操作。这三个条件缺一不可。只有具备了这些，才有利于学生借助于文字符号在头脑中真正建立别人所表达的知识，才能在概念学习中借助于定义在头脑中真正建立起科学的概念，促进外部知识的内化。

在网络教学中，可以采用如下教学措施来对学生进行"理解策略"的训练。

1. 自问理由法

训练学生习惯于在学习新知识时多问自己"为什么会这样"，有助于学生对知识的深入理解和真正掌握，有利于树立有意义学习的心向。例如，代数中的"平方差"与"差的平方"，如果死记其公式，就会感到容易混淆。如果问自己，为什么 $a^2-b^2=(a+b)(a-b)\neq(a-b)(a-b)$，然后记住，$+b$ 和 $-b$ 与 a 相乘后相互抵消，两个 $-b$ 与 a 相乘就不能抵消。当然，在初学时，需要依靠"为什么"来帮助理解和记忆，等熟练之后，就可甩掉这个"拐杖"。问"为什么"的理解策略适合于任何学科的有意义学习能力的培养。

网络课程在知识点的讲解中，可以设计"隐藏答案"的功能。在设计"自问理由法"的教学时，可以运用这个功能。具体方法是：先设问"为什么"，然后要求学习者自己思考，最后才点击"察看答案"的图标，查看隐藏的答案。当然，在注重理解"认知目标"的知识点讲解之后，也可以用问"为什么"的方式（选择题）测量学生的深入理解程度。

2. 形象比喻法

形象比喻法有助于把抽象的、难以捉摸的新知识与学生熟悉的、形象直观的感性经验联系起来，从而促进学生对新知识的理解和把握。智能化学习辅导系统对关键知识点的讲解往往从“实例引入”开始，很多时候实例引入都采用了形象比喻法，例如，在“合并同类项”的实例引入中，形象地把它比喻成“个体户卖鸡鸭鹅”：“A”是鸡的价钱，“B”是鸭的价钱，“C”是鹅的价钱，他的账上记了一只鸡2.5千克、一只鸭3千克、一只鹅5.5千克、一只鸡4千克、一只鸭3.8千克、一只鹅5.8千克……卖得的总款是$2.5A+3B+5.5C+4A+3.8B+5.8C$……请问怎样算最简便，结果很自然地导出了合并同类项的原理。这样不仅生动形象、易于理解，而且会使学生感到课堂上教的知识很贴近现实生活，提高了知识的价值感。

运用形象比喻法时，要选择和新知识在本质上(或结构上)有共同之处的形象事物作比喻，不能依据表面上的相似性来选择比喻。由于比喻也有副作用，因此，比喻只能在最初接触新知识时使用，一旦理解了新概念，就要抓住概念自身的本质进行思考，防止把比喻物和新概念视为一体。

形象比喻法一般在高度抽象的、困难的知识点的讲解中使用，对于一般难度的知识则不必用这样的方法，并且在知识点的测试中也不提倡用形象比喻法。

3. 异同比较法

将新学的知识与相关的已有旧知识进行异同比较，能促进知识的深入理解。

网络教学中，异同比较可以分为“同中求异”与“异中求同”两类。同中求异是指对表面上相同的两个概念区分出其不同之处，以免混淆；异中求同是指将表面上不同的知识联系起来，找出共同之处，以便于用熟悉的知识来理解新知识。例如，讲异分母分式加减法时，将异分母分式加减法与异分母分数加减法进行比较，使学生很容易就掌握了异分母分式相加减的基本程序。

4. 感性经验积累法

当学生学习一个抽象的概念时，如果不具备必需的感性经验，就很难真正形成这个概念。国外的研究发现，学生在学习科学概念时，头脑中具有三类知识：日常生活体验知识，科学推理知识（科学概念知识），公式计算知识。国外的研究表明，后进生往往具备第一种和第三种知识，因此一方面死记了一些公式、定义，另一方面又具备一些日常生活经验知识（这些知识往往在许多方面是违背科学的），所以在解题时往往根据不科学的日常生活经验去判断“该用什么公式”，从而得出错误答案。因此，学生有必要在科学实验中进行亲身探索，积累起科学实验的感性经验，并在此基础上形成科学概念，而不是死记定义或公式。

网络教学应该十分重视利用多媒体优势帮助学生积累抽象知识的感性经验。例如，在物理、化学的讲解中，应该尽量加入科学实验的演示，以丰富学生的感性经验，加深对科学概念和原理的理解。

5. 拓展运用法

加深理解的另一个方式是让学生灵活地运用所学的概念解决似乎不可能解决的习题。例如，让只学过 9 以内乘法运算和 100 以内加减法运算的小学二年级学生计算：$25\times3=?$，如果学生能够把 25×3 变换成 $25+25+25$ 来进行计算，则说明学生真正理解了乘法的概念。新学习的概念只有真正深入理解了，才能灵活地加以运用。

总之，为了促进学生深入理解和真正掌握所学知识，网络教学在知识点的讲解和习题练习中，应该尽量帮助学生将新学知识和已有知识经验建立起内在的联系，并在此进程中提高学生深入理解知识的心向和能力。

二、记忆策略

我们把“记忆策略”看成是克服遗忘、促进知识在大脑中牢固储存的一般认知方法。记忆策略很多，此处只讨论重复策略、联想策略、归纳策略。

1. 重复策略

这是如何根据遗忘规律进行复习的策略。关于这一策略的使用主要注意两点。

第一，复习时间的安排。首先，要指导学生及时复习，越是意义性不强的难记的学习材料，越应及时复习。其次，要根据遗忘曲线（“先快后慢”）来安排复习时间。一般来讲，一个知识点要复习 3—5 次（意义性越不强的学习材料，记忆力越差的学生，复习的次数就应越多）。复习时，重复的次数越多，那么复习间隔的时间越长，每次复习的时间越少。例如，当天学习了 10 个英语单词，第二天就复习第一次（20 分钟），第三天再复习一次（5 分钟），第五天再复习 2 分钟，这样就能战胜遗忘。最后，要限定完成记忆的时间。知识学习不能在时间上“负债”，要具体规定完成记忆任务的时间。例如，做到当天的知识当天消化，当天记住；本周的知识，本周复习。

第二，运用背读结合的方法进行记忆。一遍又一遍地读，容易边读边思想开小差。读一读，背一背，不仅能维持注意，而且能抓住未记住的难点，并增强记忆进展状况的自我监控。

为了促进学生更有效地综合运用上述两种复习策略，在网络教学中可以采用卡片复习法：由系统自动呈现一些卡片要求学生进行记忆。卡片上呈现要求学生及时记忆的知识点（卡片分为左右两边，分别写上中文词和英文词，或者字母符号和字母符号的中文意义，公式名称和公式的字母符号表达式等）。要求学生运用“看左边回忆右边、看右边回忆左边”的方法进行记忆。当学生自己认为已经完成记忆之后，就由系统提供记忆测试，例如呈现右边要求学生选择左边。一张卡片测试之后，隔一天程序系统会自动再测试一次，然后隔三天再测试第三次。一般经过三次复习就不容易遗忘了。卡片复习方法不仅可以防止时间上欠账（完成记忆任务上的拖延），防止知识记忆上出现漏缺（遗忘），而且有利于培养学生的自我负责精神和元认知能力。

2. 联想策略

学生在学习中经常遇到一些本身意义性不强的内容，很难用“深入理解”的策略来应付它们，此时，如果借助联想来帮助记忆，不仅会提高记忆效果，提高学生的记忆兴趣和记忆自信心，还能使枯燥的记忆过程变得生动有趣，也有助于培养学生创造性想象能力。

网络教学中最常用的联想记忆策略主要有两种。

第一，形象联想法。依据所学材料的形象展开丰富而有益的联想，能提高记忆效果。例如，有位教师在教第 1 号化学元素时，巧妙地将数字 1、元素氢与字母 H 结合起来，让学生想象：一个单杠（H）上拴着一个氢气球（氢），同学们把它当作靶子，用标枪（1）投它。这也不失为一个很好的例子。

第二，谐音联想法。针对所学材料的发音来展开想象，也是提高记忆的好方法。比如，一位老师在讲化学上金属元素按活动性高低所排的顺序（钾钙钠镁铝锌铁锡铅铜汞银铂金）时，让学生记“加个那美丽新的锡铅，统共一百斤”，学生很快记住了。当然，谐音只是“拐杖”，一旦记住所学的知识之后，就不能再依靠这个拐杖。也就是说，在后来的复习中，只能背“钾钙钠镁铝锌铁锡铅铜汞银铂金”，而不能背“加个那美丽新的锡铅，统共一百斤”，只有在遗忘时，才再次依靠谐音这个“拐杖”来帮助回忆。

在网络教学中，对于意义性不强的而又必须记忆的知识点都应该尽量给以联想记忆方法的建议和指导。

3. 归纳策略

知识的学习是累积的，但不应该是堆积的，要做到结构化。所谓结构化是指将一节课一节课地逐渐积累起来的知识，加以归纳整理，使之条理化、纲领化，做到纲举目张。如果知识是堆积的，那么，堆积的知识越多，越不利于运用所学知识去解决问题。

心理学研究发现，优生和差生的知识组织是不一样的，差生头脑中的知识是零散和孤立的。如果你问他，某一章讲了什么时，他会罗列出一二三四五来，呈现水平排列方式、列举方式。而优生头脑中的知识则是有组织的、系统的，知识点按层次排列，而且知识点有内在联系。如果把优生头脑中的知识结构画成一张图的话，那么就会是一个层次网络系统。

智能化学习辅导系统常用的归纳法有以下四种。

第一，分类归纳法。如果要记的是一大堆学习材料，若让其任意堆积在一起，令人眼花缭乱；若加以分类整理归纳，就一目了然，记忆起来线索分明。例如，在学习英语时，有时候在名词前加定冠词 the，有时又不能加，如果一个词、一个词地记，就会很困难，我们可以进行归类概括，总结出哪些情况下必须加定冠词的几条原则，记这几条原则就容易多了，然后只须记少数例外的情况就行了。

第二，简语归纳法。用简单明了的几个字（词）来归纳概括一段文字，可以大大地减轻记忆负担，使记忆的效果更好。例如，“原始社会的生产关系”，主要是生产资料、生活资料的公有制和劳动中社会成员的平等互助。用简语归纳法将原始社会的生产关系表述为“一公二平”。这样一来既简单明了，又便于记忆。再比如:解高次方程的思路可以概括为“四化一换元”:多元化少元、高次化低次、分式化整式、无理化有理和设辅助未知数的换元法。

第三,诗谣归纳法。用琅琅上口的富于韵味的诗、谣、口诀等归纳知识,也有助于记忆。这一方法应用广泛,几乎在所有学科中都可以加以应用。例如:掌握物质的溶解性,就能顺利判断置换反应、复分解反应能否发生,从而正确地写出化学方程式。主要碱盐的溶解性可以编成口诀:

钾钠铵硝全能溶,盐酸除开银亚汞,

硫酸不溶有钡铅,溶碱钾纳钡钙铵。

第四,图表归纳法。运用图表归纳知识,具有形象、直观、生动、易记的特点,这是大家常用的一个方法。例如,《物理》中关于浮力的公式有很多,很容易使人混淆,如果老师引导学生制作一个如下的流程图就会一目了然。

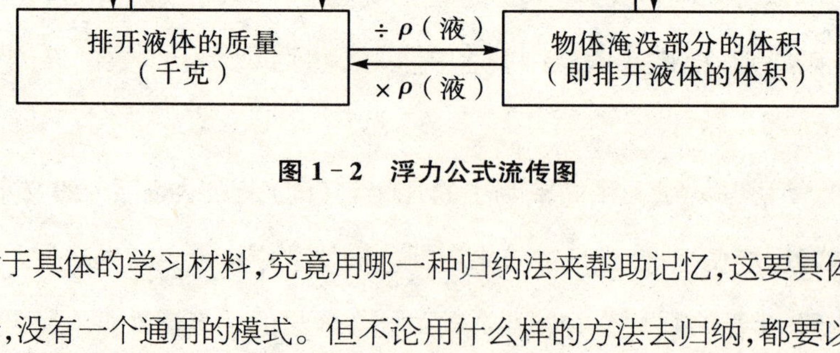

图 1-2 浮力公式流传图

对于具体的学习材料,究竟用哪一种归纳法来帮助记忆,这要具体问题具体分析,没有一个通用的模式。但不论用什么样的方法去归纳,都要以有利于学生对已学的知识点加以系统整理、把握知识与知识之间的内在联系、能清楚准确地记住所学的内容材料为标准。

网络教学应该充分利用上述四种归纳策略来加强学生所学知识的结构化。例如用填空练习来加强结构化训练：要求学生填写所学知识的目录（多层次的主题纲要）中的空缺，或填写一个知识结构图中的空缺。更详细的内容请见第八章。

三、练习策略

知识的学习只有经过多次练习，达到了熟练（自动化）程度，才能运用自如。俗话说："熟能生巧。"熟练了就能灵活自如，不熟练时就显得反应迟钝。学生在学习时，如果字词的辨认没有达到自动化的程度，就很难读懂课文。句型的辨认没有达到熟练程度，就很难理解一个句子的意义。学生对合数的分解（分解成几个质数的积）如果没有达到熟练程度时，就很难灵活地做乘除法，随之而来的是通分、约分反应也不快，甚至会影响到中学阶段因式分解和分式运算的学习。基本知识没有达到十分熟练的程度，在解题时绝对不可能得心应手，反应敏捷，往往会表现出顾此失彼的现象，结果出现最常见的也最令人头疼的"粗心"的现象。

学习落后学生的特点之一是基本知识不熟练，因此，解决问题速度很慢，错误多，更重要的是不灵活，十分死板。例如，学习落后的学生往往不知如何用换元法解下面的方程：

$2X^2+3X+3/X+2/X^2=0$

问题的关键在于他们不熟悉下面的恒等式：

$(X+1/X)2=X^2+2+1/X^2$

如果这个恒等式在学生头脑中很熟悉，那么，他们就比较可能熟能生"巧"

地看出应该用 $Y=X+1/X$ 来换元。

为了促进关键知识的熟练自动化，网络课程的"测试"可以分为两大类：Ⅰ类测试和Ⅱ类测试。Ⅰ类测试以"对错"为评价和记分标准；Ⅱ类测试则是以"既对又快"为评价和记分标准，主要用于一些最基本、最常用的知识点(如常用公式)的熟练程度的测试(关于两类测试的更细致的介绍参见第五章)。

练习是知识自动化的重要途径。因此，我们提倡"做中学"，学生的能力只有在"做"的过程中提高。但是，加强练习并不是等于"题海战"，而是应该设法提高练习的效率。我们认为，高效率练习策略的主要原则是在单位时间内增加练习的密度，而不是一味追求增加练习时间。练习密度可以用如下公式来计算：

练习密度＝练习中使用所学知识的次数÷练习时间

智能化学习辅导系统采用如下措施来提高练习密度。

1. 循序渐进，提前铺垫

在练习的初期，应该少做难题，等基本练习达到自动化程度时再解难题，便水到渠成。过早练难题，不仅妨碍基本知识的自动化，不利于知识的掌握，而且容易使学生产生畏难情绪而降低自信心，不利于非智力因素的培养。当然，简单题应该充分利用"变式"进行练习。

2. 增加阅读题练习方式

运用"解答好的习题"(worked examples)进行练习被称为"样例教学"，有的教师称为"阅读题练习"。其基本方法是将解答好的习题给学生阅读学习，并要求学生在读懂之后进行解题思路的总结。

国外一项研究表明(Sweller，1989)，运用"解答好的习题"进行练习具有许多优点。第一，传统教学中只能练习数量有限的习题，不足以使所学新知识达到巩固和熟练水平,而学习一个解答好的习题比自己亲自去解答一个习题更节约时间,所以能提高练习密度。第二,许多学生抱怨,放学回家之后,遇到习题上的困难时没有人能提供帮助。而解答好的习题实际上给学生提供了答案,这本身就是一种辅导或帮助,有利于降低学习上的无助感和自卑感。第三,解答好的习题还有利于培养学生的自主精神和探索归纳能力。荷兰的两位研究者的实验证明(Paas & Merrienboer,1994),运用解答好的习题进行学习比传统的练习方式(让学生自己解答)不仅节约一半以上的学习时间,而且学生感到脑力负担降低了四分之一左右;更令人信服的是,学习之后的迁移测验表明,正确率几乎提高了一倍。

当然,运用解答好的习题,还存在许多值得进一步研究的问题,运用“解答好的习题”时,我们应该注意:

第一,最好要求学生先独立思考几分钟,并注意自己的思考方式,然后再看解答好的习题,并对照自己的思路,从中得到启发。

第二,在思路学习阶段和综合复习阶段(需大量积累解题经验和解题思维之时),样例学习特别有效。

第三,经常复习这些习题,回忆这些题的解题思路,防止遗忘,以确保自己头脑中的思路越积累越多。

关于在网络教学中如何更有效地运用“解答好的习题”(样例学习),本书第七章将有更详细的讨论。

3. 在理解和归纳的基础上练习

当然,“多练”并不意味着“蛮干”和“题海战术”,要讲究科学性,讲求高效率。例如,初中物理中关于物体“三态”的变化,什么时候吸热,什么时候放熟,一些学生老是学了就忘,混淆不清。对此,有位老师用“反复练”的方式来解决这一问题，既练填空题、判断题，又练简答题、选择题，结果有学生还是“屡教不改”，一错再错。其实，知识归纳得不好，头绪不清，再多的练习也无益处，倒不如花些时间把基本概念归纳清楚后再练习。以物体的三态为例，学生之所以屡练屡忘，主要是教材中用等边三角形的图解来归纳这一知识（见下面的左图），学生容易混淆。智能化学习辅导系统采用下面的右图来归纳这个知识点，学生就不会混淆或遗忘了。在右图中，三种形态越往上走，形态越不固定，分子运动越激烈，越需要能量，所以向上转化是吸热，向下转化是放热。学生还会感到转化时为什么会“放热”或者“吸热”难以想象，此时只要让学生想一想下面两个现象就不难理解了：“冰箱里水成冰时冰箱后盖会发热”、“冰化成水的时候加热就化得更快”。

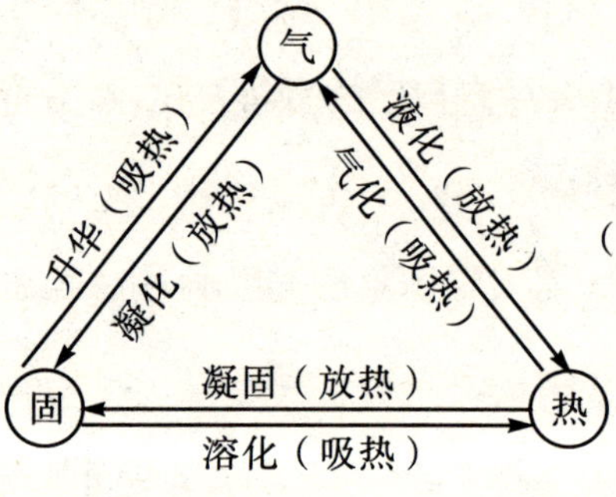

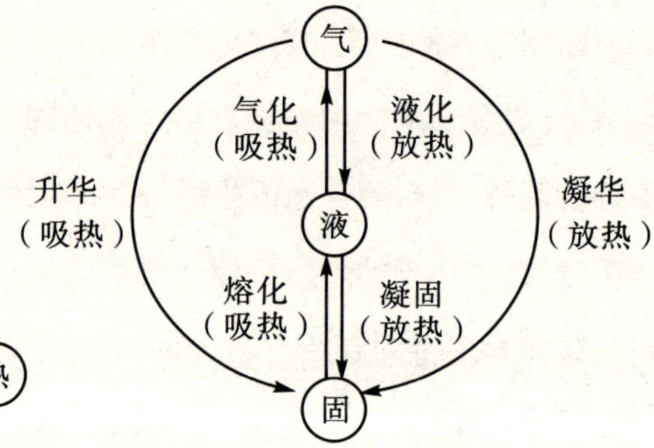

四、组织策略

知识组织的好坏，对运用知识解决问题的思维过程有很大的影响，与学习的成败有着密切的联系。对中小学生来说，最重要而又有效的组织策略是结构纲要法。结构纲要法，也可以叫做提纲挈领法，就是在头脑中有序地构建知识体系的高效学习策略。

在网络教学中，加强纲要法的使用和传授纲要法技巧是十分重要的。

在网络教学中使用纲要法时，应注意以下三条原则。

1. 提要性原则

由于人的短时记忆容量有限，不能同时考虑许多知识及其内在联系，所以学生在学习时必须善于浓缩知识，去掉“水分”。浓缩后的知识也便于记忆和复习，同时也有利于学生在运用知识思考问题时“轻装上阵”。

制作层次网络图，要学会区分重点内容与非重点内容。制作层次网络图时，如果对课文中什么是重要的，什么是次要的区分不清，就很难制作出一个高水平的网络图。阅读时，区分重要和不重要的句子，是一种重要的提要能力。

事实上，有的学生往往分不清知识的主次轻重，在记忆知识时就只好“眉毛胡子一把抓”。对此，网络课程应向学生传授提炼知识的方法并随时注意加强这方面的训练（这种训练必须采取循序渐进的方式）。例如，对于小学中低年级儿童，可以先训练他们找出一个句子中最重要的词，进而可让他们找出一段文章中最重要的一个句子，最后训练他们给一个小段拟小标题或找出课文中最重要的段落；对于小学高年级的学生和初中学生，为了提高他们区分重要信息的能力，教师可教给他们一些文章结构的知识。

2. 层次性原则

组织策略的核心是把握知识之间的内在联系，因此，对教材内容进行浓缩提炼之后，必需以恰当的方式来表示这些浓缩了的知识点之间的内在联系。所谓“提纲挈领”，其实质就是以分层次的方法表示知识点之间的关系。

3. 掌握性原则

掌握性原则有两重含义：

第一，充分利用纲要来促进知识的掌握。不要以为纲要拟定出来了，教学目的就达到了。由于遗忘规律的作用，纲要本身也会遗忘，所以要指导和要求学生“复习”纲要，默写纲要。记住了纲要不等于发挥了纲要的作用，还要充分利用纲要的统帅作用来帮助理解和记忆课文。例如，可采用看纲要回忆课文内容的办法。回忆不起来的地方还要再看教材。

第二，充分利用纲要拟定过程来促进学生对组织策略的掌握。这涉及一个问题：是把纲要拟定好以后交给学生好，还是在教师指导下让学生自己拟定好？两种方法各有优点。前一种方法有利于节约时间和精力，提高学习效率；后一种方法有利于培养学生的能力，长远效果较好。因此，两种方法要结合使用，特别要重视后一种方法的使用。其实，只要引导得好，后一种方法对知识的高效掌握也会具有促进作用。

在网络教学中，一方面网络课程本身要对知识进行良好的概括与组织，每一个章、节的最后一个知识点应该是对本章、节所讲内容的归纳，而且要有专门的练习来促使学生学会运用纲要在头脑中组织自己已经学到的知识；另一方面要加强学生自己概括与组织知识的能力的培养，可以用测试的方式来促进学生自己对一个章、节内容的整理和归纳，例如第八章第二节介绍的概念图就既是一种很有效的教学策略，也是一种有效的测试和评价手段。

五、解题思维策略

有些学生在解答习题时，自己百思不解，去问别人时，经别人一讲，结果恍然大悟。这样的学生具备解决问题的知识，却不能成功地运用知识。最重要的原因在于缺乏分析问题、解决问题的思维策略的有效指引。我们在数学、物理、化学等学科中的一系列研究证明（张庆林，邱江，2003），对这样的学生进行分析问题、解决问题的思维策略训练，就能在短时间内使这些学生解决问题的成功率显著提高。

下面主要介绍我们在列方程解应用题思维策略训练方面的一些研究。

1. 列方程解应用题的思维策略

在一项研究中，我们运用自编的7课时《应用题解题思维策略训练教程》在初一年级对实验组进行教学实验。对比组在相同时间内以不同次序讲授同样习题，除不讲策略外，其他条件均与实验组相同。结果表明，实验组成绩明显优于对比组成绩，尤其是对中、差生来说，其训练效果特别显著（毛明山，张庆林，1998）。

依据网络教学的特点，我们设想对于初学者需要传授如下7种相互联系的思维策略。其中，策略1－3是分析问题阶段上的思维策略，策略4－6是解答问题阶段上的思维策略，策略7是思路总结阶段上的思维策略。

策略1，看清字句，把握题意。在着手解题之前，先仔细看清应用题的每一个字句，把握题目中的已知条件（包括隐含的已知条件）和未知条件。

策略2，把握整体数量关系（必要时画个图）。即使是仔细地读了题，也不能立即开始假设未知数、列方程，而应该从整体上把握题目的数量关系，避免解题的盲目性。同时，在必要的时候，用图示来表达题目的数量关系。

策略3，巧设未知数。未知数的选择直接影响到后面列方程和解方程的难易程度，因此，设未知数一定要慎重，要"择优录取"。

策略4，依据推理寻找恒等关系，并列出方程。设立未知数之后，不能急于列方程，要根据题意进行充分推理，必要时还要借助所画的图。在推理的基础上寻找恒等关系，列出方程。

策略5，对方程式的检验。列出方程之后，就要对方程式进行严格的检验：看方程左右两边的意义是否一致或两边的名数是否对等。若发现方程有误，则要从审题重新开始。

策略6,如何解方程。解方程也是解答应用题的重要一步。解方程的步骤是否简捷、清晰直接影响到解题的质量(速度和正确性)。在着手解方程前,首先要整体观察方程式的特点。例如,在分式方程中,如果分母是多项式,则首先要看能否分解因式,然后再找公分母;或者看能否用换元法解。在分析和理解题意之后,就可以着手设未知数了。

策略7,总结反思。总结反思主要包括以下三个方面:(1)验根;(2)思考自己是否已经把握与问题有关的基础知识;(3)归纳思路。

2. 列方程解应用题思维策略训练的实例

在网络教学中,为便于学习者操作简便,一般采用标准化习题方式(不用掌握数学符号的输入方法)。而思维策略训练的"分解性原则"(见第三章)恰好有利于我们将"主观题"客观化。下面仅仅举一个例子,说明如何用客观题来实现网上的解题思维策略训练。

请注意,下面的所有实例都省略了各个"供选答案""反馈"的内容,标有T字母的供选答案是正确的答案。在网络课程中,一个习题的讲解往往要用不止一个页面来讲解,下面的例子中的横线表示网页之间的间隔。为了降低认知负荷,每个网页都要附原题,必要时还要附上一步的思考结果。

[例] **甲、乙两人分别从A、B两地同时出发,甲每小时走5公里,乙每小时走3.5公里,他们在离中点1.875公里的地方相遇,相遇时他们各走了多少公里?**

在着手解题之前,先仔细看清应用题的每一个字句。然后问自己:题目中的已知条件和未知条件有哪些?隐含的已知条件是什么?

【先独立思考这两个问题,然后点击此处】

测试:从题目中可以看出哪些已知条件、未知条件和隐含的已知条件:(多

选题）

①已知条件是：甲、乙两人的速度。T

②未知条件是：相遇时甲和乙各走了多少公里。T

③隐含的已知条件是：他们同时出发，相遇时走的时间相同。T

④“离中点 1.875 公里的地方相遇”隐含甲比乙多走了 1.875 公里。

即使是仔细地读了题，也不能立即开始假设未知数和列方程，而应该从整体上把握题目的数量关系，避免解题的盲目性。必要的时候，用图示来表达题目的数量关系。

【先思考是否需要画一个图示，然后点击此处】

测试：为了从整体上把握数量关系，这个题目需要画图。请判断下面的哪一个图最符合题意？

①
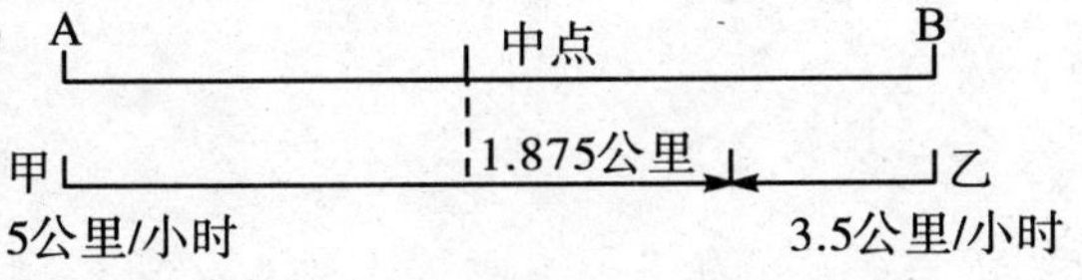

②
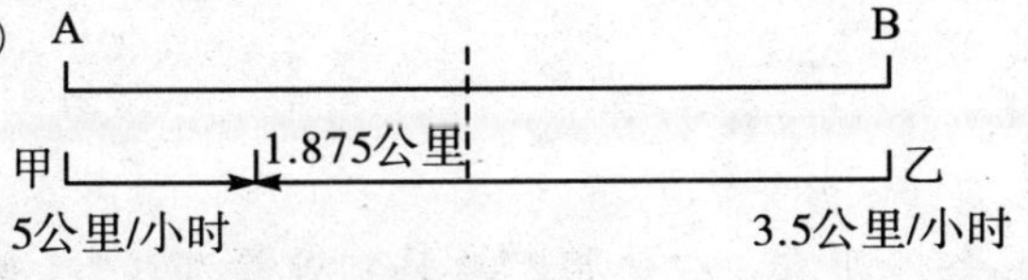

在分析和把握了题目的数量关系之后，就可以着手设未知数了。但是值得注意的是，对未知数的选择直接影响到后面列方程和解方程的难易程度，因此，设未知数一定要慎重。

【先思考设哪个未知数最好，然后点击此处】

测试：对于这个题，设立哪一个未知数最恰当？

①设甲走了 x 公里。

②设乙走了 x 公里

③设 A、B 之间的距离是 x 公里。

④设两人各走了 x 小时。T

（说明：虽然这个题目可以设立两个未知数，“设甲走了 x 公里，乙走了 y 公里”，但是目前的习题是在学生只学了一元一次方程之后的思维训练，所以只考虑设一个未知数。）

设立未知数之后，不能急于列方程，要根据题意进行充分推理，然后再寻找等式关系。

“充分推理”的技巧之一：

如果一个公式涉及三个量，并且其中二个量是已知的数量或已设立的未知数，那么就可以推理出另一个量。

测试：我们依据公式“距离＝速度×时间”，可以推理出哪些未知的信息？

①相遇时甲走了 $5x$ 公里。T

②相遇时乙走了 $3.5x$ 公里。T

③甲的速度是每小时走 $5x$ 公里。

④乙的速度是每小时走 $3.5x$ 公里。

“充分推理”技巧之二：

问自己：“还有哪些已知条件没有充分使用？”要特别注意那些“隐含的”数量关系。

【独立思考以后点击此处】

测试：结合下图思考，还有哪个已知条件或未知条件未用上？

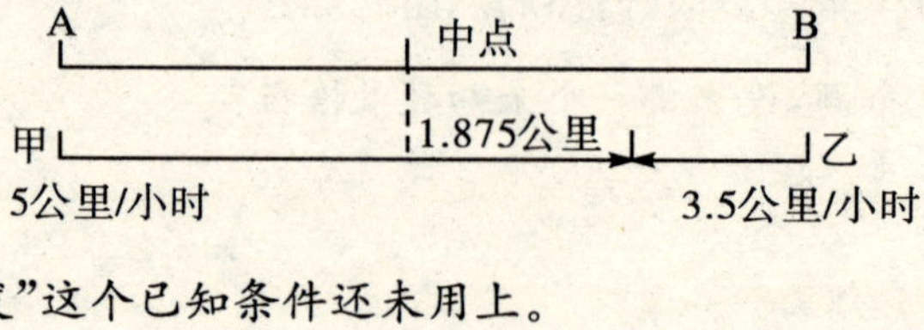

①“同时出发”这个已知条件还未用上。

②“相遇时他们各走了多少公里”这个未知条件还未用上。

③“离中点 1.875 公里”这个已知条件还未用上。T

④两人的速度是已知的，这个已知条件还未用上。

注意，第②个的反馈内容可以用如下方式：

如果在左边也找一个离中点 1.875 公里的地点，那么甲走到这一点时，和乙走的路程就相同了。从此图可以推理出，甲比乙多走了 2 个 1.875 公里。

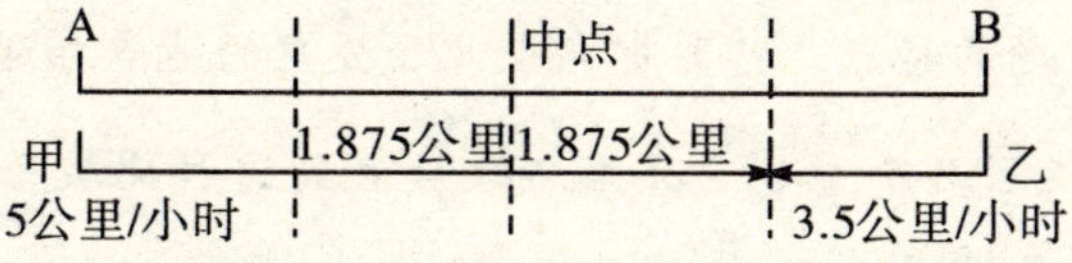

推理时，应该在草稿纸上进行记录，此时，我们应该从草稿纸上看到这些推理结果：①甲和乙走了相同时间，x 小时；②甲走了 $5x$ 公里，乙走了 $3.5x$ 公里；③甲比乙多走了(1.875×2)公里。再根据这些推理列方程，就不难了。

在充分推理的基础上就可以列出方程了。列出方程之后，就要对方程式进行检验。检验方程是否正确的基本方法是：看方程左右两边的意义是否一致。若发现方程有误，则要从审题开始重新思考。

【先在草稿上列出方程，然后点击此处】

测试：下面的哪个方程是对的？

①$5x-3.5x=1.875\times2$　　T

②$5x+3.5x=1.875\times2$

③$5x=1.875$

确保方程无误的时候，就可以着手解方程。

【请在草稿上解方程，然后点击此处】

测试：这个方程的解是：

①$x=3.75$

②$x=1.875$

③$x=1.25$

④$x=2.5$　　T

解题以后，不能马上结束您的思考。要记住：解题的目的不是为了找题目的答案，而是为了学习运用知识的方法，解一个题，是为了学习一种思路。

【先思考这个题的特点是什么，然后点击此处】

提示：这个习题的特点是："离中点 1.875 公里的地点相遇"比较含混，不容易想到甲比乙多走了 2 个 1.875 公里。今后遇到这种比较含混不清的习题就要运用一个图示来帮助自己理清思路，从而找出数量关系。

上面这个习题的思维策略训练采取的是"单题全程训练"，就是说，一个个题的练习包括了解题思维的全过程。其实，在刚开始进行解题思维策略训练的时候，有必要先采取"分解集中训练"的方式。"分解集中训练"是指，一次只训练一个特定思考步骤的一个思维策略(可以看成是一个"知识点")，且包括若干个习题(但只练这一个策略)。

下面只简要介绍了解数学应用题一个思维步骤的策略训练，而且只包含了训练中的 2 个例子，实际训练的例题要多得多。

在充分推理的基础上列出方程之后，就要对方程式进行严格的检验。可以问一下自己：我所列的方程符合题意吗？检验的基本方法是：看自己所列方程的左边是什么意义，然后看右边是什么意义，看两边意义是否一致。

[例 1]　一桶油连油带桶共重 8 千克，用去一半油之后，还剩 4.5 千克，问桶内的油重多少？

若设桶内油重 x 千克，那么下面的方程对不对，为什么？

$x \div 2=8-4.5$

测试："$x\div2$"的意思很明确(油的一半重量)，那么，8－4.5是什么意思呢？是不是也是油的一半？

①是的。②不是。③不一定。④不知道。

［**例**2］　某工厂今年总收入比总支出多30000元，计划明年总收入比总支出多69600元，已知计划明年总收入比今年增加20％，总支出比今年减少8％，求计划的明年总收入和总支出。

请看下面所列方程对不对。为什么对或错？

设明年计划总收入x元，总支出y元。

$$\begin{cases}x-y=69600 & (1)\\ x(1+20\%)-y(1-8\%)=30000 & (2)\end{cases}$$

测试：上面这个方程组中，错误的方程有：

①方程(1)错了。　　②方程(2)错了。

③方程(1)和(2)都错了。　　④方程(1)和(2)都没有错。

下面是供编写反馈用的参考内容：

看方程左右两边的意义是否一致。方程(1)显然是对的。再看方程(2)就出问题了。方程右边是已知的今年总收入比总支出多的数，而方程左边呢？$x(1+20\%)$的意义是在明年计划总收入的基础上再加20％，$y(1-8\%)$是指在明年总支出数的基础上再减8％，显然和方程右边的意思不同。这一方程不符合题意：题目中的百分比是和今年比的，而不是和明年比的。再仔细想一想：

"计划明年总收入比今年增加20％"

明年总收入＝今年总收入×(1＋20％)，所以：今年总收入＝$x\div(1+20\%)$

"总支出比今年减少8％"

明年总支出＝今年总支出×(1－8%)，所以：今年总支出＝y÷(1－8%)

因此，方程(2)应该是：$x\div(1+20\%)-y\div(1-8\%)=30000$

再以解题后的反思为例，练习的方式可以是：直觉判断答案是不是符合题意；直觉判断或实际检验有无“增根”或“失根”的可能；判断一个已经解答好的习题所用的思维策略最重要的是哪一条；描述一个解题思维过程后要求学生判断在这个思维过程中用到了哪些思维策略；判断一个已经解答好的习题的思路特点以及这个思路还可以用来解决什么样的问题(条件化)；判断三个应用题的解答方法的共同的思路特点；判断四个没有解答的习题中哪些题和一个已经解答好的习题的思路一致；判断一个已经解答好的习题在基本思路不变的情况下题目中的哪些条件可以变化(一题多变)，等等。

这些练习方式都很容易用客观题(选择题)的方式进行练习，而且对学生的思路归纳能力和迁移能力的培养肯定会十分有益。

关于在网络教学中进行思维策略训练的实证研究，参见第九章。

第五章 “远林智能化学习辅导系统”

全国教育科学“十五”规划重点项目“运用现代教育技术促进学生创造性发展”课题组在加强基础性实验研究和理论研究的同时，研发了“远林智能化学习辅导系统”(Online Teacher)和“网上协作研究性学习系统”(Online Project Learning System)。“远林智能化学习辅导系统”供学生上网学习和网络学习辅导管理人员进行教学管理；“网上协作研究性学习系统”供学习者在网上进行协作研究性学习和研究指导教师进行在线指导、管理人员进行在线管理。

这两个系统形成一个完整的体系，是先进教育思想和现代信息技术的良好结合，是基础性研究成果转化的一个成功范例，是网络教育研究的一个新突破。本章介绍“远林智能化网络学习辅导系统”，下一章介绍“网上协作研究性学习系统”。

第一节 智能化网络教学的新突破

“远林智能化学习辅导系统”在贯彻先进的教育观念、提高软件的智能化水平、实行过程性定量评估、有效开发学生的非智力因素等方面都取得了新的突破(Zhang,Q. L. et al. ,2003;Xu,Z. ,Zhang,Q. L. et al. ,2003)。

一、贯彻教育新理念上的突破

教育部2001年颁发的《基础教育课程改革纲要(试行)》指出:大力推进信息技术在教学过程中的普遍应用,促进信息技术与学科课程的整合,逐步实现教学内容的呈现方式、学习者的学习方式、教师的教学方式和师生互动方式的变革,充分发挥信息技术的优势,为学习者的学习和发展提供丰富多彩的教育环境和有力的学习工具。

要实现《纲要》指出的一系列"变革",首先需要在教学理念上的一系列转变,"远林智能化学习辅导系统"在贯彻教育新观念上,取得了重要的突破。

1. 关于个性化教学理念的贯彻

传统的教学理念强调"统一":统一的大纲(或课程标准),统一的课程设置,统一的教材,统一的教学进度和要求,统一考试和评价标准,甚至连布置的作业也是统一的。学生没有选择的余地,没有自主的权利,没有发展个人的特长和兴趣的空间。

网络技术为解决教学个性化的问题提供了现代科学技术上的支持。因此,如何更好地发挥网络技术的优势,成功贯彻个性化教育理念,是迫切需要研究的问题。

"远林智能化学习辅导系统"在教学理念上强调差异性、适合性、自主性、独立性,能够针对不同知识基础的学生有不同的教学目标、不同的教学内容、不同的教学进度、不同的评测方式和评价标准、不同的补救措施,而且这一切都由计算机自动实现动态调整变化。这就使得每一个学生的学习过程都可能不同,实现真正意义上的个性化教育和因材施教。

个性化的学习理论最早源于行为主义的学习理论。由 Skinner 倡导的程序教学主要措施包括确定目标、确定步幅、实时反馈、机器控制等(Skinner,1954)。研究表明,程序教学与传统教学相比花费的时间更少,更受学生欢迎。

美国心理学家布鲁姆(Bloom,1973)在掌握学习理论中指出,“许多学习者在学习中未能取得优异成绩,主要问题不是学习者智慧能力欠缺,而是由于未得到适当的教学条件和合理的帮助造成的”,“如果提供适当的学习条件,大多数学习者在学习能力、学习速度、进一步学习动机等多方面就会变得十分相似”。布鲁姆所说的学习条件是指:学习者学习并掌握所学内容的必需的学习时间,给予个别指导和全新的学习机会等。网络教学就是要最大限度地为不同层次的学习者提供这种“学习条件”和“必要的全新的学习机会”。

“远林智能化学习辅导系统”运用并发展了程序教学的思想:信息以知识点的形式呈现给学生,每个知识点都包括知识的讲解、练习、反馈、评价和强化;每个知识点都必须被学习者掌握之后才能进入下一个内容,确保学习的循序渐进;每个知识点中,在知识点的讲解之后,紧接着就会有相关的测试,提高学生的自我评价意识,有利于提高学生的学习自主性、自觉性和自我监控能力;如果知识点的测试没有通过,程序将给以及时的反馈和补充练习,并建议学生退回到先前学习过的相关知识点去复习,这样就起到了“查漏补缺、温故知新”的功效,能够确保每个学生对该掌握的不留下任何缺陷。该系统还设立了学习的不同“奋斗目标层次”,不同目标层次的学生在学习内容、学习难度、认知目标上,都是不相同的。

因此,“远林智能化学习辅导系统”很好地贯彻了个性化教学思想,很好地实施了差异性教学。

2. 关于高效率教学理念的贯彻

传统的教学是注重教师讲解的教学，教师讲的多，学生练的少，学生的主体性没有得到充分发挥，在知识和技能的内化上效率不高。

斯金纳最早提出用程序教学来提高教学的效率。在论述程序教学思想的时候他指出，程序教学效率的关键在于设计出恰当的程序化教材。斯金纳总结了程序教学的基本原则：

①小步子呈现。按照知识内在逻辑性，编写出一系列“问题—答案”的框面，从易到难。从一个框面到另一个框面的步子不能迈得太大，要小步子前进。

②积极反应。学生要对程序中的每个框面做出主动、积极的回答。

③及时反馈。对学生的回答及时提供标准答案。

⑤自定步调。让学生自已确定适合自己的学习速度和进度。

⑥提高效果。对问题的安排要尽量做到使学生能够作出正确反应，错误率降到最低程度。对学习勤奋而效果好的学生，提供表扬、奖励。

虽然斯金纳总结的程序教学的基本原则对我们今天的网络教学依然具有指导价值，但是，继行为主义之后，新近发展起来的认知心理学的理论和研究成果成为高效率网络教学的新理念。认知心理学将学习看作是由外部刺激和认知主体内部心理过程相互作用的结果，学习内容的呈现应该符合学习者的认知规律。认知心理学关于认知策略、认知图式、认知结构、认知动机及有意义学习等理论应该成为高效率网络教学课程开发的指导。

高效率教学理论认为(张庆林，杨东，2002)，学生的“有效学习”不是指眼前考了多少分，而是从终身发展的眼光来看，学生掌握了多少终身有用的知识、能力、态度。知识的学习不能是“纸上谈兵”，只会背诵，不会运用；知识的学习离不开“学会学习”和“学会创新”；知识和能力的学习不能离开情感教育(涉及动机、兴趣、自信心等)。总之,知识有效学习的“时态”是“未来式”:今天教给学生什么,取决于他们未来在实际工作和生活之中需要什么。

“远林智能化学习辅导系统”注重运用并发展认知心理学的学习理论,强调高效率教学理论的运用,采取一系列措施降低学生的认知负担和心理负担,同时促进知识的有效学习。例如该系统特别强调策略性知识的传授。能力培养的“策略性知识转化理论”(张庆林,杨东,2003)认为:策略性知识是知识,所以能够表达,能够有效地传递;同时由于策略性知识是关于如何学习、如何思考的方法性知识,所以,如果这些策略性知识能够被学生真正理解、熟练掌握、自觉运用、广泛迁移,那么,策略性知识就转化成了思维能力。所以,为了提高网络学习的效率,“远林智能化学习辅导系统”在网络课程中加强了高效率学习策略的指导和运用,有意识地在传授学科知识的同时加强学习策略和思维策略的训练,努力做到不仅提高学生的学习成绩而且提高学生高效率学习的能力。

3. 关于学生主动发展理念的贯彻

在传统的教学中,学生的学习主要是接受型的学习,一切由教师统一安排,学生没有选择的余地,没有独立自主权,也就没有主动发展的机会。

建构主义学习理论认为,学习是学习者通过个人的经验构建知识和理解事物的一个主动过程。因为个体在遇到新的经验时通过同化或顺应来调整自己的知识结构,所以建构主义认为知识是在认知主体与客观环境的相互作用中获得的,而不是仅仅靠教师的传授得到的,学习者的认知发展是通过意义建构的途径而形成的(Piaget,1954)。该理论坚持以任务驱动教学,围绕问题展开有意义的学习;设计真实问题情境,让学生通过经历与现实世界类似的挑战来学习知识(Perkins,1991)。建构主义学习理论特别强调学生对学习过程的自我控制,强调学习者要更多地对自己的学习负责,教师的主要作用是指导与咨询。

建构主义学习理论已逐渐成为指导网络教学的重要理论，是促进学生主动发展的重要理论基础。

“远林智能化学习辅导系统”很好地贯彻了建构主义学习理论的新理念。例如，远林网络课程的每一个章、节的开始，都有一个“引例”，即一个与本章、节所学内容密切联系的实际问题。通过这样一个“引例”来帮助学生在学习的过程中加强“意义建构”。而且，每一个章、节的末尾，都有“拓展性知识点”，向学生提供丰富的信息源，供他们自主地选择学习，主动建构自己的知识结构。

二、程序智能化水平上的突破

“远林智能化学习辅导系统”能够像优秀教师对学生进行个别辅导一样，对学生进行个别诊断和有针对性的帮助。这样的系统实际上是一个人工智能的“专家系统”。

从国际国内现有的网络教育平台来看，智能化水平都很低，不能满足学生独立在线高效率学习的要求。以对学生网上学习的测量、评价、反馈为例，国际国内现有的网络教育平台虽然一般都设有容量较大的题库，能根据一定的属性抽取题库中的试题组成试卷，对学习者进行测试，并能自动记分、统分，但这是一种终结性评价，不能在学生学习的过程中进行及时反馈，既不能及时地对学生“目前的学习进度和质量状况与自己奋斗目标的差距”进行定量反馈，也不能在学习者遇到眼前学习困难时及时地指出他们的学习困难的原因究竟在哪儿和如何解决。而且目前现有的网络教学系统还存在着一个共同的问题：不能对学习基础不同的学习者自动地提供不同的教学方式和不同的建议、指导，不能使不同学习能力、不同学习目标、不同学习起点的所有学习者都能得到最有效的帮助。

“远林智能化学习辅导系统”能够测量学生当前的学习水平并确定其适合的“奋斗目标层次”，能够对学生的“目前的学习进度、质量状况与自己奋斗目标的差距”进行及时的定量反馈，能够对学生的眼前学习困难自动进行分析判断，并随时告诉学生目前的知识点掌握不好是什么原因：是因为相关的先前必须掌握的某些相关的知识点没有掌握，还是因为眼前的新学知识点没有真正理解，还是因为眼前的新学知识点虽然理解了但没有牢固记忆，还是因为眼前的新学知识点理解了、牢固记忆了但运用上没有达到熟练的程度，还是因为眼前的新学知识点虽然理解了并且能熟练运用了但没有条件化因此不能迁移，还是因为上述要求都达到了但缺乏灵活运用所学知识的思维策略。同时，该系统还能够自动地依据原因分析采取有针对性的教学对策或向学生提供学习建议。

“远林智能化学习辅导系统”还能够在学习的进程中对学生的“奋斗目标层次”的适合性进行评估和反馈。例如，对一个暂时还不具备“考重点大学”知识基础的但又想考重点大学的学习者说：您确定的奋斗目标从您目前的学习状况来说是偏高了，这样容易使您遭受过多的学习困难和挫折，容易使您感受过多的学习焦虑，建议您把您的奋斗目标层次从“考上重点大学”暂时调整为“考上一般本科大学”，如果您在“考一般本科”的学习内容上有了很大的进步，到时候我们会自动建议您把奋斗目标调整为考重点大学，并且到时候计算机会负责帮助您补上考重点大学所必须的一切知识和技能。

总之，“远林智能化学习辅导系统”能够像一个优秀教师那样对学生进行个别诊断和个别辅导。这样的体系能够引导、启发学习者选择适合自己的学习目标、学习内容、学习路线、学习速度和进度，对学习者的学习活动进行及时的监察、记录、反馈、调节、修正和控制，并同时引导学习者对自己的学习活动进行监察和调控，以更好地采取最适合自己的学习方式，在自己的基础上得到最佳的发展,提高学习质量,使得个人的潜力得到最大的发挥。

三、过程性定量评估技术上的突破

过程性定量评估是提高程序系统智能化水平的关键技术。网络课程如果附有过程性定量评估功能,那么在提高智能化水平、增强网上学习的互动性、激励学习者的学习动机等方面就会有显著的改善。然而,目前国际国内的网络教学系统都还没有比较完善的过程性定量评估体系,导致学习者较少自我控制,学习效果甚差。"远林智能化学习辅导系统"在过程性定量评估技术方面也取得了突破。

下面拟从过程性定量评估的原则、系统自动实现的过程性定量评估等方面,对智能化网络教学中的过程性定量评估的设计与实现进行探讨。

1. 过程性定量评估的原则

我们所说的过程性定量评估是指,在学习者的学习过程中,系统能自动地随时对学生的"目前的学习进度、质量状况与自己奋斗的目标差距"进行及时的定量反馈,并能像一个优秀的教师对学生进行个别辅导那样对学生的眼前学习困难进行自动的分析判断,能随时告诉学生目前的知识点掌握不好的原因是什么,能自动地采取有针对性的教学对策或向学生提供积极的学习建议,能对学生的"奋斗目标层次"的适合性进行动态的评价和反馈。

因此我们认为,过程性定量评估方案的设计应该遵循以下原则:

(1)过程性原则

传统的考试性质的评估,总是在一个阶段结束的时候才会进行,这样往往"积重难返"。过程性定量评估,应该是伴随着学习过程随时进行的,对学生在学习过程中出现的问题能够及时给以反馈,并及时采取补救措施。

过程性定量评估需要学习者在学习过程中不断依据网络教学系统所提供的反馈信息自主地调整自己的学习,逐步向目标接近或适当调节自己的学习目标。

(2)目标性原则

美国著名管理学家泰勒认为,评价的过程就是衡量目标的实现程度。在过程性定量评估体系中,学习目标是非常重要的。明确的目标会成为学习的内在动力,正如 Lewin(2003)指出的,有了确定的目标后,才会存在一个张力系统。认知心理学家托尔曼认为,目标引导着人的行为(Tolman,1948)。加涅(Gange,1988)论证了学习目标在提高学习成绩中的重要意义。

“远林智能化学习辅导系统”所设计的过程性定量评估方案,具有二级目标体系:第一级目标称之为学生学习的“奋斗目标层次”,第二级目标称之为知识点掌握的“认知目标层次”。

第一级目标“学生的奋斗目标层次”,就是指网络课程将按照多少种层次水平来设计,对学习者有哪几种层次水平的要求。例如,可以将“高考上线”、“高考上一般本科线”、“高考上重点本科线”作为高中阶段学习的三个不同目标层次。

第二级目标“知识点掌握的认知目标层次”,是指知识点掌握程度的认知上的要求。布鲁姆将学习认知目标分为识记、领会、运用、分析、综合和评价六个水平(Bloom,1973)。“远林智能化学习辅导系统”对布鲁姆目标分类学加以改进,根据现代认知心理学的研究成果,制订了知识点学习的一套新的认知目标体系。该认知目标体系包括:了解、理解(简单运用)、记忆、熟练运用、创造性综合运用等五个目标层次;对不同的知识点在概念化、自动化、条件化、结构化、策略化等方面提出了不同的评价标准。

(3)及时反馈原则

“远林智能化学习辅导系统”所设计的过程性定量评估的及时反馈包括两个方面:一是学习的“奋斗目标层次”方面的反馈,二是知识点学习的“认知目标”方面的反馈。

“奋斗目标层次”方面的反馈包括:①在学习过程中,系统能够以进度分、质量分的方式随时对学生的“目前的学习进度、质量状况与自己奋斗的目标差距”进行及时的定量反馈;②在每一章学习结束的时候,对学生的奋斗目标层次的适合性进行一次评价和反馈。

“认知目标”方面的反馈包括:①以得分率的方式对当前章节的知识点的学习状况进行反馈;②对眼前知识点的学习困难进行自动的分析判断,能随时告诉学生目前的知识点掌握不好的原因是什么(在哪一个认知目标层次上没有达到要求或可能是哪些先学的知识点没有掌握),能自动地建议学习者应采取哪些补救措施(例如通过哪些先前的知识点的复习来进行补救)等等。

(4)激励性原则

过程性定量评估还应该能够及时发现每位学习者的点滴进步,随时给以鼓励性反馈,有效地保护学习者的自尊,树立学习者的自信,锻炼学习者的自强,并激励学习者获得成功,使他们的潜力得到充分发挥。过程性反馈不仅对学生的正确反应进行强化,而且能向学生提供该怎样学习才能取得更大进步的指导或建议。学习结果的反馈只能提供对与错的信息,而过程性的反馈可提供关于学习过程和学习方法的信息,这样可有效帮助学生改进学习方法,提高学习技能。

“远林智能化学习辅导系统”遵循上述五条原则设计并实现了有效的过程性定量评估功能。该系统的过程性定量评估方案,是在个性化教学思想的指导下，针对现有的网络教学在过程性定量评估方面的不足而精心设计的，目的是使每一个学习者的潜能都得到充分的发挥。

2. 网上学习的过程性定量评估的实施

“远林智能化学习辅导系统”中设有“自主选择学习”和“全面系统学习”两种学习方式。而过程性定量评估只有在“全面系统学习”这一种学习方式中才能得以体现。

(1)自主选择学习

“自主选择学习”也称为自主管理学习，是指学生自己根据自己所确认的奋斗目标层次来寻找和确定所要学习的知识点，自己确定学习路径和方法，自我管理学习过程。学习者可以从任何级别的目录中选择学习内容，如选择学习某一章或某一节，也可以选择具体的某个知识点进行学习。

这种学习方式的局限性是必须以学生的很高的学习自觉性和很强的元认知能力为前提。

由于学生所学习的知识点是自由选择的，是离散的，计算机就难以统计进度分和质量分，所以难以自动实施功能完善的过程性定量评估，只能给出当前章所学知识点的平均得分率。

(2)全面系统学习

“全面系统学习”的评价方式是由系统自动控制与实现的过程性定量评估。

学生第一次进入该系统进行学习的时候，由该系统自动测试学习者自己提出的学习起点和“奋斗目标层次”的恰当性，并针对测试结果提出“奋斗目标层次”和“学习起点”的建议(学习者可以不接受系统提出的建议)，然后根据学习者自己的最后决定，全面系统地向学习者逐个呈现所有需要学习的知识点，并强行要求学习者必须逐个通过每一个知识点的测试，依据每一个知识点的测试结果来进行动态记分和给以反馈，对学习者的成功进行鼓励，对学习者的失败进行补救。

全面系统学习的过程性定量评估不同于传统的单纯的"百分制"记分方法，而是采用"三种分数"的记分方法。这三种分数包括进度分、质量分和得分率。

进度分和质量分都采用"累积计分法"。进度分的计算方法是每通过一个测试题目就加 1 分，这样学习者就可以根据自己的"奋斗目标层次"之下的测试题目的总数（进度总分）来估计自己离奋斗目标还有多远（系统会以图和表的方式让学习者直观地看到自己的进度与奋斗目标的距离）。

质量分的计算方法是（以选择题为例）：一次性通过一个测试得 4 分；如果第一次反应错误，经过系统提供的反馈之后才答对只记 2 分；如果经过第三次尝试才答对则只能得 1 分，第三次失败则记 0 分（同时该系统自动呈现正确答案的反馈内容）。这样的记分方法可以防止学习者胡乱猜测题目的答案（因为胡乱猜测的质量分将会很低），有助于培养学生的学习自觉性和认真负责的精神。同样，学习者也可以根据自己的"奋斗目标层次"的质量总分来估计自己离奋斗目标还有多远（系统也会以图和表的方式让学习者直观地看到自己的质量分和相应的质量总分的差距）。

得分率是指从本章开始到目前测试题目为止的质量分的平均得分率，这类似于传统的"百分制"的记分方法，只不过它不是一次考试结果的最终分数，而是伴随学习过程的不断动态变化的分数。

对于每一个测试的每一次选择，程序系统都会自动给出是否正确的详细讲解；每一个测试题目最后一次选择之后，程序系统都会自动给出本题所得到的进度分和质量分，并分别对进度分和质量分进行累加，还会给出从本章开始到目前测试题目为止的平均得分率。

这种评价方式可以弥补某些学习困难学生的学习目标不明确、自我监控能力不强、学习动力不足的缺陷。

为了防止先前学习的质量分过低而影响后面学习的积极性(消极悲观情绪的出现),或者因为先前学习的质量分很高而影响后面学习的持续努力(骄傲自满情绪的出现),从第三章开始,每一章学习结束时系统会自动进行一次质量分的动态调整,根据当前连续两章的学习效果来调整先前学习的所得到的质量分。具体计算方法是:

当前所得到的质量分=到当前章为止的质量总分×最近两章质量分的平均得分率

这样,会使学习者的质量分随着学习进程中学习质量的波动而大起大落,具有很强的刺激作用,使评分更具有激励性。这也使以前成绩不好的学习者不会背负历史的包袱,从而体验到成功,以促进学习者的内部动机和培养自我效能感。班杜拉认为,人对各种活动的内在动机是后天学习而来的,只有当人们胜任某些活动,认为自己在这些方面是有能力的,才产生对这些活动的内在动机。

“远林智能化学习辅导系统”中的过程性定量评估还具有依据学习者所得到的质量分来评估他的“奋斗目标层次”的恰当性的功能。当学习者的学习过程到达一定的阶段(系统默认为每一章学习结束)时,系统会自动统计学习者的质量分得分率,如果系统发现当前的“奋斗目标层次”并不恰当,会相应提出提高或降低目标的建议(为提高学生的自主性,学生可以不接受系统的建议)。如果学生同意提升奋斗目标层次,系统会自动向学习者呈现高一级目标中先前未学习的所有的知识点,待补上了这些知识点之后,系统才会让学习者正常学习其后的内容。如果学习者同意将奋斗目标层次下降,系统则会按照低一级目标层次的要求来安排该学生的学习内容和认知目标。

四、促进非智力因素培养的突破

对非智力因素的研究使我们充分认识到了兴趣、动机、意志、习惯等非智力因素对学习状况的影响,但很多人因此忽视了学习状况对非智力因素培养的反作用。在我们看来,“远林智能化学习辅导系统”能极大地推动学生的非智力因素的发展。

“远林智能化学习辅导系统”所贯彻的个性化教学理念、高效率教学理念和学生主动发展的理念,有利于促进学生自觉地承担独立、自主、高效学习的责任,提高自我负责精神和自我奋斗精神;“远林智能化学习辅导系统”的智能化判断与有针对性的辅导,有利于学生在学习中体验到学习上能够得到强有力的支持,能提高战胜学习困难的勇气和信心,有效克服“习得性无助感”,增强自我效能感;“远林智能化学习辅导系统”的过程性定量评估,有利于学生在学习中体验到付出努力之后的点滴的进步和逐步的成功,对“努力”的这种及时强化,非常有利于“习得性勤奋”的培养。

总之,“远林智能化学习辅导系统”有利于使学生成为独立、自主、高效的学习者,因此也有利于学生非智力因素的培养。

下面我们进一步分析为什么该系统有助于学生的非智力因素的培养。

1. 有利于学习动机的激发

当代认知心理学家爱用认知不协调(Cognitive Dissonance)的理论来解释学习动机。人总是力图使自己的思想协调一致,不自相矛盾。当学习者发现某种新知识与自己已有知识发生矛盾时,就会产生“认知不协调”。例如,在学习“负数”概念的时候,先呈现一个问题:“昨天的气温是摄氏 5 度,今晨寒流来临,气温下降了 7 度,今晨的气温是多少度?”此时学生头脑中产生了认知不协调:

怎么从小数中减去大数呢?

因为人有保持认知协调的倾向,所以认知不协调导致一种“紧张感”,为了解除这种紧张的不舒服感受,因此产生认知动机,努力求知。一旦学习者的问题得到了解答,或者说,在旧知识的基础上原有的知识结构得到了扩展,使之包含能解释当前现象的原理,那么新旧知识保持了协调一致,不再相互矛盾。此时,认知不协调引起的紧张感得以解除,由此产生一种轻松、愉悦、满足的情绪体验。这种积极的情绪体验对认知动机起到了一种强化作用。因此我们可以看到,知识的获得能加强学习动机,知识越多的人越求知,学有所得,学而不厌。

相反,若总是学不懂新知识,此时认知不协调引起的“紧张感”不仅得不到解除,而且逐渐加剧,因此引发困惑、苦恼、失望的消极情绪。这种消极情绪对认知动机起着“惩罚”作用。最终学习者会采取自我保护措施:为防止紧张感持续过久而采取放弃思考的态度。学而无得,越发怕学、厌学。加之知识的系统性和积累性,更容易形成越学不懂越缺乏动机、越缺乏动机则越学不懂的恶性循环。

心理学认为,帮助学习落后、缺乏学习动机的学生,最好的办法是帮助他们克服学习困难并在学习上取得进步,使他们学有所得,学有进步,从中受到学习动机的正强化作用。

“远林智能化学习辅导系统”由于针对不同程度的学生提出不同的“奋斗目标层次”和知识点掌握的不同“认知目标”,其难度恰当,容易学懂。而且如果遇到学习困难,会得到有针对性的反馈和辅导(例如提醒复习相应的先前学习过的有关知识),所以学生能战胜学习中的困难,最容易产生学有所得的体验,产生“付出努力必有收获”的体验,因此其学习热情和动力很容易得到激发。

2. 有助于提高学生的抱负水平

抱负水平是很重要的一种非智力因素,心理学的研究表明,抱负水平同人的成功与失败的经验有关。一般而言，成功经验能提高抱负水平，而失败经验会降低抱负水平。就学生而言，学习是他们主要的角色任务，学习成败，对他们的抱负水平的影响很大。一个不善于学习，学业上一直失败的学生，会产生过低的抱负水平，最终将引起回避和退缩反应，以至丧失学习的信心。因此，帮助学生在学习上克服困难并体验到学习进步的"成功感"，对于抱负水平的影响是不可忽视的。

如上所说，"远林智能化学习辅导系统"有利于学生战胜学习中的困难，容易产生学习进步和成功的体验，因此也有利于学生抱负水平的提高。

3. 有助于学习兴趣和意志品质的培养

学习兴趣和意志品质，在概念上和理论上是可以区分的，但在教学实践中这两者却混合在一起，难以分解。当我们发现优生比差生在学习上更具有坚持性时，就会认为优生比差生具有更良好的意志品质。其实，我们忽视了一个事实：优生较熟练地掌握了基础知识，他们在学习新知识和解答练习题时，付出的脑力代价小得多，学习兴趣也大得多，因而学习同样难度的材料或完成同样数量的作业，所付出的意志努力也少得多，由此表面上看坚持性也必然强得多。

在一个测验中（张庆林，曾海田，1993），我们让某个省属重点中学初三年级的四名数学"尖子"（全国或省市数学竞赛获奖者）和四名中等偏差学生，每人解答 10 个平面几何题，以个别方式测验，每个题只给 18 分钟思考。事先告诉学生，若未到截止时间而他们不想再解下去了，可以中途停止。结果，四名尖子生放弃不解的题数平均为 1 题，而四名中差生放弃的题数平均为 2.75 题。显然，优生与中差生的差异较大。但是，考虑这样一个事实：10 个题中有些题对于优等生来说是不费多大力气很快就解出来的，那么就谈不上放弃不解。如果我们用放弃的题数与解不出来的题数的百分比来比较，四名优等的放弃率平均为

0.33,四名中差生的放弃率平均为0.37。优生与中差生的放弃率的差异上不具备统计上的意义。

总之,由于优等生学习能力强,在学习时所遇到的困难更小、所需的意志努力更低、学习兴趣相对更浓,所以坚持性更好。换句话说,帮助差生发展意志力和培养学习兴趣必须和对他们的学习辅导相结合。否则,一味片面强调“意志力”,是难以凑效的,甚至会引起逆反心理。正如布鲁姆所说:“我们发现,如果一个儿童感到他有能力进行学习,那么他的学习兴趣和态度就会提高。如果他感到自己无能为力,他就会对学习不感兴趣,甚至开始厌恶自己。”

国外关于“掌握学习”的实验也证明,学习失败容易使人失去继续努力的信心。在一个实验中(Covington & Omelich,1981),故意让参加实验的大学生体验到失败,结果失败的体验导致对自己能力的过低评价,大学生们变得更不愉快,更加自惭,对下次实验更缺乏自信。随着接连的失败,他们越来越变得烦恼,变得焦虑,越来越感到无助。这个实验的对象是大学生,他们的自我意识能力比较强,尚且容易因失败而失望,那么对于了解自己能力更低的中小学生来说,更易因失败而产生自卑。而且,此实验的时间虽然不算短(几个星期时间),但比学校中的失败所持续的时间短得多。因此可以预料,学校中的学习失败对学生的学习努力的不良影响更大。

而“远林智能化学习辅导系统”有利于学生战胜学习中的困难,最容易产生“付出努力必有收获”的体验,因此也有利于学生学习意志力和坚持性的提高。

4. 有利于提高健康水平

某些学生的人格适应不良与他们学业成败具有密切关系,这两者是互为因果的。不仅人格适应影响学业成就,同时,学业成就也会影响人格适应。

对学生来说,没有哪样东西会像学业的失败和挫折那样对学生的人格适应产生如此大的不良影响。一系列的研究表明，学生人格适应状况与他们在学校中的学习成绩或等级呈中等程度的相关。学业成绩高的学生较少有人格适应的问题，通常表现出诸如高度自我整合、高独立性、成熟等特性。

人格适应不良的学生往往产生一系列不利于学习的“症状”：多动、分心、情绪波动、易怒、爱寻衅闹事、易产生敌对情绪、抱负水平低等。这样的学生缺乏自信，感到焦虑，有退缩反应（回避那些他们自认为可能使他们受到批评或嘲笑的学习任务，常常逃避困难的学习情景），挫折容忍力低。这些学生的人格不成熟，常表现为缺乏责任感、独立感和长远的目标，不能控制自己的冲动，不能延迟享乐需要的满足，对复杂的学习任务缺乏坚持性。所有这些特点又反过来影响学习，形成恶性循环。

既然“远林智能化学习辅导系统”有利于学生战胜学习中的困难，最容易产生“付出努力必有收获”的体验，最容易产生“习得性勤奋”，最有利于克服“习得性无助”，因此也最有利于学生心理健康水平的提高。

总之，“远林智能化学习辅导系统”在贯彻教育新理念、提升程序智能化水平、建全过程性定量评估技术、促进非智力因素培养等方面都取得了重要突破。尽管该系统力图按照学习者的学习心理特点来设计智能化的、高效率的网络教学模式，但也不能够保证智能化网络教学的有效实施，因为学生对有关操作技术的掌握与适应、教师对自主学习的组织与监控、家长和学校对网络学习的理解与支持等等方面的准备工作对网络教学效果的影响也不可忽视。一项研究（Abb, Masoud, & Ali, 2011）调查了技术、组织和社会方面的准备工作对E-Learning的影响。样本来自德黑兰高中的老师，总共收集到 96 份问卷。研究结果证明了准备在 E-Learning 因素与 E-Learning 结果的关系中起到了调节作用，组织准备对 E-Learning 的影响最大，教师的动机和培训在 E-Learning 中也是很重要的因素。该研究结果有助于提醒我们在网络教学实施过程中需要提前做好各项有关准备。另一项研究(Matteucci, et al, 2010)提出,依据知识契约(epistemic-engagement)理论,学习发生于人际互动的过程中,许多潜在因素会影响这种互动过程,例如,网络辅导者的信念和经验等因素是计算机辅助合作学习课程的设计和管理所必须考虑的。该项研究考察了计算机辅助合作学习中网络辅导者是怎样以及什么时候支持在线合作的,结果发现,那些重要的人际互动因素(例如,互动状态、合作反馈等)仍然会被网络辅导者忽略。

第二节 “远林智能化学习辅导系统”的功能

“远林智能化学习辅导系统”具有强大的学习辅导和学习管理两大方面的功能。各项功能详细介绍于下。

一、智能化学习辅导功能

学生通过登陆、注册、选课等一系列程序之后,可以在任何时候正式进入某一门辅导课程的学习。

“远林智能化学习辅导系统”包含两种学习方式“自主选择学习”和“全面系统学习”。当学生进入一门课程学习的时候,需要首先选择其中一种学习方式。

由于“自主选择学习”是学生自己选择所要学习的知识,自己确定学习路径和方法,所以系统的智能化辅导功能和过程性定量评估功能就不能够全部发挥出来,所以学习者最好采用“全面系统学习”方式。

下面依据学生的学习过程来逐步介绍“全面系统学习方式”的智能化学习

辅导功能。

1. 确定学习起点和奋斗目标层次

在确定学习起点和奋斗目标层次的时候，第一步是让学生自己选择一个学习起点（某一章）和一个“奋斗目标层次”。这是学生的一个十分主观的选择，系统需要对此进行恰当性诊断测试和评估。

如果学生选择的学习起点是第一章，则免除恰当性诊断测试；如果不是，那么需要评价。

对学生自己选择的学习起点和“奋斗目标层次”进行“恰当性”的诊断测试的方法是：

首先确定一个得分率的下限（系统默认 60%，课程设计专家可以修改）和一个上限（系统默认 90%，课程设计专家可以修改）；然后在该学生所选择的起点之前一章的第一层次的最后 10 个测试题中随机选取 N 个试题（系统默认为 5 个，课程设计专家可以修改这个数字），在第二层次的最后 10 个题目中也随机选择 N 个题目，这样就形成一个“起点诊断测试题”。

然后，在学生完成“起点诊断测试题”之后，根据其两个层次的得分率来确定其起点的恰当性和层次的恰当性。具体方法是：如果第一层次得分率低于下限，则认为该学生的基础不牢，因此他自己确定的学习起点不合适，给出建议“××同学，从目前的测试来看，你选择的起点可能不太适宜，建议您在前面的章节里重新选择起点，并重新进行恰当性诊断测试”；如果第一层次得分率介于下限和上限之间，那么给出建议“×××同学，从测试的结果来看，您选择的起点是合适的，建议您选择第一层次的奋斗目标”；如果高于第一层次上限，那么认为起点合适、目标适合提高一个层次（第二层次）。用同样方法评价第二层次的得分率，具体方法是：如果第二层次得分率低于评价下限，那么认为起点合适、目标适合选择第一层次;如果第二层次得分率介于下限和上限之间,那么认为起点合适、目标适合第二层次;如果高于第二层次上限,那么认为起点合适、目标适合提高一个层次(第三层次)。如果两个层次的测试结果相互矛盾,例如,第一层次得分率高于上限,而第二层次得分率低于下限,那么,采用“就高不就低”的原则来处理。

学生接受建议后,即按照系统建议的学习起点和奋斗目标,进入正式学习阶段。程序系统给出指导:“×××同学,你已经确定了学习起点和奋斗目标,现在请开始学习吧!”课程设计专家可以自定这一段文字。

对于程序系统的建议,学习者可以不采纳,而坚持自己的选择。不过,刚开始进行网络学习的时候,由于存在学习方式上的适应问题,所以宁愿起点低一些,难度小一些,以便于提高网络学习的信心和兴趣。

2. 知识点的学习过程

正式开始学习之后,学生可以依次学习网络课程的每一个知识点。同时,学生可以在知识点目录层次中找到自己当前所在位置。

在“远林智能化学习辅导系统”中,学习的最小单元是“知识点”,它不同于传统意义上的知识点概念,它比一般所说的知识点划分更细,显得更小。每一个“知识点”都包括“讲解”(一个或多个)和“测试”(一个或多个)两个部分。

在学习一个知识点时,必须按照系统自动呈现的顺序来学习。一般来讲,首先是观看这个知识点的多媒体讲解,然后完成这个知识点的测试。每一个知识点的讲解之后都有多个测试题目,其内容和难度体现了该知识点的认知目标的要求。

为了增加知识点“讲解”的启发性,促进学生在知识点学习过程中积极主动地思考(而不是仅仅像“读一遍”一样被动地接受),“远林智能化学习辅导系统”

具有讲解内容的逐步呈现功能。例如，对于知识内容的讲解，会在讲解中插入一系列设问，每一个设问的后面都要求学生先自己思考一下，然后再点击图标，这样才会看到这个设问的答案。知识内容的讲解就是由若干个这样的设问及其答案构成。这样知识点的"讲解"就像传统课堂上老师通过不断的提问来激发学生思考，从而大大加强了"教"和"学"之间的互动性，提高了辅导课程的启发性。

做测试题时，所有题目逐题呈现，学生逐题作出反应。对于每一个题目，如果做对了，会出现鼓励性的引导语，例如，"恭喜你，你的答案完全正确。做的不错，继续努力！"同时也会呈现出学生选择的正确答案和"详细解释"按钮(点击该按钮就可以看到所有选项是否该选的详细解释)；如果学生做错了，将会出现反馈语句(例如，"对不起，你的答案不正确。不要灰心，要加油哦！"该指导语也允许课程设计专家修改)，同时也会出现"详细解释"按钮(点击该按钮就可以看到为什么选错的详细解释)。程序还会自动提醒学生可能需要复习的与该题目密切相关的先前知识或习题。系统默认的提示为："××同学，看来你在这个知识点的学习上遇到了麻烦，建议你复习以下知识，这将有助于你正确解答现在的这个题目。"在此时，如果学生认为有必要，可以点击该链接按钮从而查看先前的相关知识或习题。由于这些先前学过的知识或习题是当前难题的基础，所以，复习这些知识或习题不仅仅有利于顺利解决当前问题，降低学习难度，提高学生的自信心，而且能够起到对先前知识查漏补缺、温故知新的功效。

因此，这里的学习绝对不是平常意义上的单一的线性的教学流程。这里的教学资源已经按照先进的个性化教学思想整合成了一个更加灵活的智能化的教学流程，它是一个多层次、多环路、多联系的网状结构。

3. 习题的及时反馈功能

在每一个知识点的学习中，在多媒体讲解之后，总是有一些相应的测试题来检测该知识点的掌握情况，并针对学生的反应及时向学生提供反馈信息。

“及时反馈”不仅可以防止错误的知识由于没有及时得到矫正而在学生头脑中“根深蒂固”难以挽回，甚至影响后续知识的理解与掌握，而且可以大大减低学生学习过程中的挫折感、困惑感、畏难感和无助感。

对于填空题，学生第一、二次答错时，分别给以不同程度的提示（第二次反馈的提示更充分些），但不告诉正确答案。第三次选错时，则给以正确答案的讲解。

对于单选题，每次只提供所选的那一个选项的反馈。

对于多选择题，如果学生没有对所有选项都选，则给以所选的“选项”的反馈信息，如果对所有选项都选，则给以“选择无效、不能全部都选”的反馈，以防止学生用“都选”的方法套取所有选项反馈信息（“都选”的方法能保证第二次必然选对）。

对于任何一种习题，在学生发生错误的时候，都不仅仅给以为什么错的讲解，而且会给以“复习相关知识”的提示。该程序系统的反馈还有一个教师们很难以做到的特点：有充分的“耐心”和“爱心”，对于学生的错误永远都是给以热情的鼓励，而从来不会批评甚至“歧视”学生。

4. 自动记分功能和学习动机激励功能

学生在学习每一个知识点的时候，系统能自动计算学生的进度分、质量分和得分率，让学生能明确地看到自己的进步，并能够十分直观、明确地看到自己目前的学习状况，系统不仅以十分直观的条状图展现“三种分数”的现状，而且提供了详细的“三种分数”表格供学生查看。

进度分的计算方法是每通过一个测试题目就得 1 分，系统会以图和表的方式让学习者直观地看到自己的进度与自己的奋斗目标（进度总分）的距离。

质量分的计算方法是:如果一个测试题目一次性通过则得 4 分;如果第一次反应错误,经过系统提供的反馈之后才答对就只记 2 分;如果经过第三次尝试才答对的则只能得 1 分,第三次答错记 0 分(同时给以正确答案的反馈和所有选项是否该选的详细讲解)。同样,系统也会以图和表的方式让学习者直观地看到自己的质量分和自己的奋斗目标(质量总分)的距离。

得分率是指当前章的质量分的得分率,是一个百分数,相当于平时的百分制的得分。

为了鼓励学生的持续努力,从第三章学习结束时开始,每一章学习结束时系统还会自动根据学生的当前学习状况进行质量分的动态调整。调整以后的质量分(S)是最近两章平均得分率(R)与课程到目前为止的质量总分(M)的乘积,其计算公式:$S=R\times M$。

对于选择了"自主选择学习"的学生,不进行进度总分和质量总分的统计,只给出学生实际学习的知识点列表和得到的质量分的得分率。例如,一个学生在当前章已完成了 10 个测试题目,这些题目的满分是 40 分,而他总共只得了 32 分,那么他的质量分的得分率是 80%。

就起始分数而言,对于选择了"全面系统学习"的学生,如果学习起点是第一章,其"三种分数"都是从 0 开始计算;如果不是从第一章开始,那么,其原始的进度分与学习的起点对应(等于学习起点之前的进度分的总和)。然而质量分暂时为 0,然后学一点就累加一点,直到学完两章内容的时候,进行分数的正常的"动态调整"。此时自然会补上前面的进度分(从课程开始补起),并按照当前的学习情况(当前两章的平均得分率)补上前面的质量分。

5. 反应计时功能和熟练程度的评价功能

有些最基本、最常用的知识技能,是需要学生熟练掌握的。"熟"才能生巧,

“熟”才不会反应迟钝。这些知识技能所对应的“测试”就要求既对又快。在“远林智能化学习辅导系统”中,这样的“测试”(Ⅱ类测试)具有反应快慢的计时功能。

为了防止偶然因素和猜测因素对Ⅱ类测试题的正确性与速度的影响,Ⅱ类测试题总是以一组题(最基本的几个简单练习题)的方式呈现给学习者(在 M 个练习题目中随机抽取 N 个题目形成一组题,$M>N$)。系统会根据课程设计者设定的正确率标准(系统默认为 100%)和反应时间标准来判断给“一组题”的测试结果以什么样的反馈和怎样记分。

Ⅱ类测试和Ⅰ类测试的反馈方式是不同的。在Ⅱ类测试的反馈中,对于又对又快的答案给以肯定的反馈;对于答案正确但速度达不到要求的则给以相应的鼓励性反馈并补充类似的练习,直到练习达标方结束;对于回答错误或回答又慢又错的,则按照单选题的反馈方式给以错误原因的反馈,同时给以继续加强练习的建议并进行补充练习,直到练习达标时为止。

Ⅱ类测试的记分方法如下:

进度分:测试中包含多少题就计多少进度分。比如说测试中有 6 题,该测试的进度分就计 6 分。当然,如果学生第一次没通过,就得不到进度分,系统会继续抽题,直到达到“通过标准”时候才给以进度分。

质量分:用“失败折半”方式计算,即:一次通过该测试则计满分(系统默认 8 分,课程设计专家可以修改),通不过则继续随机抽题,此时通过则“折半”计分,如果还通不过则继续随机抽题,这样直到通过为止,分数的“折半”直到 1 分为止(至少得 1 分)。

6. 学习目标与教学内容的自适应功能

这是该系统的核心部分,充分体现了该系统智能化的特色。虽然是在同一个学习辅导系统之中，但每个学生所见、所听和所做的各不相同，就像是一对一的个别辅导。

首先，该系统在“摸底”考试基础上学生自己确定了学习起点和“奋斗目标层次”之后，系统便能够自动确定适合该学生奋斗目标层次的学习内容，不仅难易程度恰当而且认知目标的要求也恰当。

其次，学生每学完一章以后，程序系统都会自动对学生的“奋斗目标层次”进行一次适合性评价，并自动提供一个是否调整学习“奋斗目标层次”的建议。

系统在进行“学习目标层次适合性”评价的时候，主要依据学生刚刚学习的一章的得分率来进行判断。判断的标准分为下限和上限。系统默认的下限和上限分别为60％和90％(课程设计者可以修改这两个比例)。如果当前章的质量分等于或低于下限，则建议减低目标层次；如果介于下限和上限之间，则判断为目标合适；如果达到或高于上限，则建议提升目标层次。

对于系统建议的是否调整目标层次的建议，学生可以接受，也可以不接受。但是，一旦学生调整了学习的“奋斗目标层次”，系统将根据学生的新目标层次对其教学内容进行自适应调整，会立即生成一个新的学习序列，但学习历史记录不变。例如，如果学生提高了奋斗目标层次，在新的学习序列中，系统会自动地先呈现高一级目标所要求掌握的先前未学习的相关知识点(这一部分知识点是低层次目标所没有要求的)。一旦学生补学了这一部分知识点，以后就可以按照新的目标层次的要求正常进行学习了。

如果学生同意降低奋斗目标层次，则此后的学习直接进入低一级目标所要求掌握的相关知识点的学习。此时的进度分、质量分、得分率则按照新的目标层次进行调整，一般而言，进度分和质量分会降低，而得分率则会提高。

当学生选择了自己的奋斗目标后，系统会出现“××同学，在今后学习的过程中你还可以重新调整自己的奋斗目标”的说明性语言。

程序系统对是否提高、维持、降低目标层次提出建议之后，如果学生选择“维持”，即没有改变目标，那么没有必要再调整三个分数。如果学生选择了改变目标，那么分两种情况：

(1)如果目标降低，那么就按照新目标层次来统计“三分”。此时，学生就会丢掉原来的高目标层次的进度分和质量分，但是得分率却会因此提高。

(2)如果目标提升，那么，学生的进度分和质量分，先加上“高层次中原来得到过的进度分和质量分(针对原先本来就是从高层次目标降下来的学生已经学过的内容而言)，然后在学生“补学高层次中未学内容”的时候再累加上补学过程中所得到的进度分和质量分，此时的得分率按照“补学高层次中未学内容”时候所做测试的质量分的得分比例来计算。这样直到补学“高层次中原来已经学过的内容”结束的时候，进入新一章的正常学习。

7. 其他辅助性教学功能

(1)在线提问

学生在学习的过程当中遇到困难或者不明白的问题，可以随时到在线辅导室提出自己的问题(不必停止当时的学习)，网络教师可以通过互联网对异地的学生进行面对面、一对一的辅导；学生也可以选择在线查询先前的在线辅导的“问题解答库”。

在线教室中，教师可以存储所有的问题解答或者辅导讲解，供以后学生遇到相同问题时查阅或供教师在以后的回答中调用、转发。

(2)网络作业和网络考试

教师可以通过网络向学生布置作业，学生可以在网上完成作业并交给教师。

程序系统可以按照网络教师的指令自动生成一份综合性的试卷，对学生进行网上的在线考试。这样的考试由系统自动记分，能够迅速、准确地评判学生的考试结果，同时也能够让学生及时知道考试成绩，教师可以随时查询学生的考试成绩。

(3)在线辅导讲座

网络教师会根据当年的升学考试(高考或中考)的动态情况，提供一些在线辅导讲座。

学生可以自己查询在线辅导的开课时间。

(4)学习资料查询复习和学习小工具

学生在学习的过程中，可以随时查询或复习已经学习过的资料，保证牢固地掌握每一个知识点。同时，程序系统还提供了若干用JAVA程序编写的供学生使用的学习小工具，例如，简易计算器、电子笔记本、学习参考小资料等。

(5)题库建立和数据挖掘功能

题库中的测试题目可以是任何形式，知识点中的“测试”也可以进入该题库。测试题在输入题库的时候，必须按照要求确定每一个测试题的有关“属性”，包括形式(单选题、多选题、填空题、问答题、计算题等)、所属章节(包括最后一章之后的总复习)、难度系数(1－10，共分为10级，对应于从90%以上的学生能正确完成到10%以下的学生能够正确完成)、认知目标等级(了解、理解、记忆、熟练运用、灵活综合运用)、学习奋斗目标层次(如高中的高考上专科线、上本科线、上重点线)等。一旦测试题有了这些“属性”，系统就可以按照一定的指令自动生成一套考试卷，包括生成用以帮助学生确定网络课程学习起点和奋斗目标层次的诊断性测验。

在大量的学生进入该系统学习的时候，也就积累了大量的测试数据。这些数据将成为程序系统的智能化水平不断提高的宝贵资料，对其进行深入的挖掘和统计分析是进一步提高系统智能化判断水平的依据。

8. 教学管理功能

(1)教学报表统计与查询

所有报表的数据，都是通过强大的统计功能进行精确的统计后得到的。

学生(和家长)可以查阅个人学习历史的统计报表。个人学习历史的统计报表包括个人上网学习的各个时间段的记录以及各个时间段中所学课程的时间分布、各个时间段中所得到的各门所学课程的“三种分数”，除了历史记录之外，统计报表还包括当前的“三种分数”现状及其在排行榜上的名次等信息。所有的这些个人信息必要时可以每天自动地通过电子邮件(或手机短消息)发布给家长。

学籍管理员可以查询学生情况表，了解所有学生的情况，可以按周、月、学期、年来查看整体教学情况的报表，以便掌握全局。教师可以按照事先设定的权限查阅本年级(仅限于年级组长)、本班(仅限于班主任)、本学科(仅限于本学科教研组长)的学生学习情况的统计报表。

以上所说的所有可以查看的报表都可以打印。

(2)名次和等级认定

“学习排行榜系统”会根据学生的进度分和质量分，自动对各个学科的所有的学生进行排名，将前 N 名(按一定的比例来设定)的学生名单公布在网上，目的是鼓励学生努力学习。

还可以设置等级评定制度，依据学生的质量分和(或)进度分设 N 个等级，一旦学生的分数达到规定的指标，就可以由系统自动向学生、有关教师和家长在网上发布“等级认定证书”，就像运动员的等级认定或下棋的段级认定一样。

(3)成绩单与账单的自动生成功能

系统可以在管理员的一个命令之后,自动生成某一个或某一群学生的成绩单,并通过电子邮件发给学生家长或学生本人。

(4)校长意见箱

任何人,可以通过该系统直接给校长提出自己的一些看法、建议或意见。

(5)家长参与管理的功能

学生注册完成以后,系统将自动生成家长的账号信息和密码,并通过电子邮件通知家长。家长收到后,可以通过该账号登陆网站,查询、督促学生的学习情况,包括学习时间、科目、进度、质量、排行榜的名次等信息,有助于家长了解学生的学习状况。家长密码一开始由系统自动生成,为了安全与好记,家长可以更改自己的密码。

家长可以在网站上直接与校方交流,例如,提出建议或意见,咨询不明白的问题等等。

第六章　网上协作研究性学习

“网上协作研究性学习”是指学习者带着对某一领域的浓厚兴趣，主动地在该领域提出研究课题和基本构想，在网上发布，征求合作伙伴，形成网上协作研究小组，通过在网上的交流和分工合作来共同制订研究方案，查寻、收集资料（包括通过自己的实验和调查所积累的数据资料），对收集的资料进行加工、处理，最终完成一个项目并发布一个研究报告的学习过程。

网上协作研究性学习在国际国内都是一个崭新的课题，都处于刚起步的阶段。我们承担的全国教育科学“十五”规划教育部重点课题“运用现代教育技术促进学生创造性发展”，在基础性理论和实验研究的同时，研发了“网上协作研究性学习系统”（Online Project Learning System）。本章先阐述网上协作研究性学习的性质和特点，然后讨论网上协作研究性学习的目标，最后结合实例讨论网上协作研究性学习的操作。

第一节　网上协作研究性学习概述

研究性学习，国外称项目学习、主题研究、专题研究等，是 20 世纪 80 年代以来国际教育界普遍推崇和实施的一种新学习形式。教育部《普通高中"研究性学习"实施指南》(试行)中指出:"研究性学习是在教师指导下,学生以个人或小组的形式从自然、社会和生活中选择和确定专题进行研究,并在研究过程中主动地获取知识、应用知识、解决问题的学习活动。"

但是,网上协作研究性学习和一般意义上的研究性学习相比,在基本方式上、主要特点上都有一定的差异。

一、网上协作研究性学习的特点

网上协作研究性学习毕竟是一种形式的研究性学习,所以它和一般意义上的研究性学习具有许多共同特点。下面先简述研究性学习的基本特点,然后讨论网上协作研究性学习的独特性。

1. 研究性学习的基本特点

在传统的课堂上,讲解式的教、接受式的学占主导地位,学生很少独立学习和研究,不接触实际,缺少实践经验。这种学习方式缺乏活力,不利于学生创新能力的培养。

而在研究性学习中,教师教的方式和学生学的方式发生了巨大的变化。没有现成的知识可灌输,教师主要是在如何提出研究课题、如何查资料、如何收集和分析数据、如何解决问题、如何与人合作等方面给予指导和帮助,教师更多的时候是顾问、是指导者。学生也不再是被动地接受知识,而是通过自己的探索、实践,通过模拟科学研究的真实情境与过程,从中发现知识,掌握技能,增强研究意识。

因此,在研究性学习中,学生的学习方式是自主的、参与式的、活动式的。当然,研究性学习与传统课堂学习又各有优势,他们相互补充,相辅相成。要充分认识这两类课程各自的价值，在实践中要处理好二者之间的关系。

我国每年一次的“大学生数学建模”比赛，集中体现了研究性学习的基本特点。

我国1992年开始举办大学生数学建模比赛，每年有数百所学校的六七千名大学生参赛。数学建模就是建立教学模型来解决各种实际问题的过程，它要求参赛者根据题目的要求，完成一篇包括模型的假设、建立和求解、计算机方法的设计和计算机实现、结果的分析和检验、模型的改进等方面的论文。比赛时，每3人组成一队，宣布比赛开始时，他们拆开一个密封袋，在两个试题中自选一题，并在72小时内完成。在这72小时中，3个人日夜并肩作战，分工协作，查阅资料，建立模型，测试和修改模型。参赛的选手都认为这72小时的锻炼非常大，学到了许多书本上和课堂里学不到的东西，对终身发展有极大的影响。

这种竞赛对参加者而言，是一种综合的训练，在相当程度上模拟了大学生毕业以后的工作环境。要靠参赛者自己动脑子，自己查找文献资料，同队成员讨论研究，齐心协力完成论文。因此，它对学生的能力培养是多方面的，可以归纳如下：应用数学进行分析、推理、证明和计算的能力；用数学语言表达实际问题、用普通人能理解的语言表达数学结果的能力；应用计算机及相应数学软件的能力；独立查找、消化和应用文献的能力；组织、协调、管理特别是及时妥协的能力；交流表达的能力；写作的能力；创造性、想象力、联想力和洞察力。它还可以培养学生坚强的意志力，培养自律、“慎独”的优秀品质。因此，可以说，数学建模比赛实质上就是数学领域内研究性学习能力的比赛。

学生所确立的每个研究专题，都不可能是绝对意义上的某个学科的专题，它必然会涉及多个相关学科的知识，体现个人、社会、自然的内在整合，体现科学、艺术、道德的内在整合，因此，学生对每一专题的研究都将是对多种学科的知识进行综合的结果。这也有利于学生素质的综合发展。它可以使学生的交往能力、研究创新能力、实践能力、表达能力、合作精神、社会责任感等得到全面的锻炼和提高。

2. 网上协作研究性学习的特点

网上协作研究性学习是研究性学习的一种表现形式，所以具备研究性学习的所有共同特点。但是，网上协作研究性学习还具有以下一些新特性。

(1)更高的开放性

网上协作研究性学习是充分开放的学习。

网上协作研究型学习主要是课余学习，网上协作研究性学习的“研究小组”成员可能不在一个班级或同一所学校，甚至不在同一座城市、同一个国家。这种形式的协作就不受时空的限制，可以在最广大的范围内寻求合作者，可以充分整合不同地域不同特长的学习者的资源优势和智力优势，充分利用网络时代的技术优势，导致最有成效的合作成果。

网上协作研究性学习没有现成的教科书，没有见面的指导教师，而且学习的方式、时间和地点都是由研究小组自行决定，没有任何外部限制。

(2)更高的合作性

在网上协作研究性学习过程中，学生能逐步学会与人合作和交往，学会理解他人、说服他人、尊重他人，学会借助网络在最广大的范围内与各种各样的人交往，而不是只愿与自己身边最合得来的少数人交往。

(3)更高的书面表达锻炼

由于网上协作研究性学习的合作者主要借助网络进行交流和合作，所以对书面表达的技巧和思想沟通、相互理解的技巧有更大的锻炼。

以上阐述了网上协作研究性学习的优势。当然,它也有局限性,例如,它的成功依赖学习者的基本研究素养,比如独立研究的能力和动力。在缺乏这些基础的时候,教师直接指导之下的研究性学习就表现出很强的优势。因此,网上协作研究性学习和一般研究性学习,各有优势,它们也是相互补充、相辅相成的。我们要充分认识这两类研究性学习的各自价值,处理好二者之间的关系。

二、网上协作研究性学习的可能性与必要性

虽然网上协作研究性学习主要是独立自主的学习,但它离不开成人的支持、鼓励与指导。所以,作为教师、家长、学校领导,都要充分认识到学生参与网上协作研究性学习的可能性和必要性。

1. 可能性:中小学生具有巨大的研究潜力

中小学生具有从事研究巨大的潜力。

第一,自古人才出少年。有许多杰出的青少年,他们在 20 岁左右就表现出来突出的才能,取得了令人惊讶的成就,许多科学家 20 岁就能在国际著名刊物上发表著名文章。例如,一些诺贝尔奖得主在 20 岁左右就以平均每年 13.1 篇的速度发表论文,而一般人才平均每年发表 3.5 篇。他们在 20 岁左右所发表的论文创新性、前沿性都很强,30 年之后仍在被人们引用。

这些杰出的青少年为什么会有这样的天才表现?大量研究表明,他们的早期教育和训练开发了他们的潜能。早期教育和训练既培养了学生对某个领域的浓厚兴趣,又促进他们对专门领域知识和技能的学习和创造性人格的发展。

第二,我们要注意区分科学家的研究性学习和学生的研究性学习在本质上的区别。科学家的研究也离不开学习,但是他们的“学习”是在某个领域内的人类知识的前沿上学习最新的知识和技术,因此他们的成果具有真正的创新意义

和价值。学生在学习中需要参与“研究”，但他们的研究是在继承人类已有知识的过程中重新探索的研究。学生的研究活动的价值不在于成果的真正创新意义和价值，其价值在于学生的素质提高与潜能开发。对于学生的研究性学习而言，凡是学生自己产生新的思想、新的概念、新的作品，都可以看成是创新思维的结果。例如，学生自己创作的一首诗、一首曲、一幅画，甚至一个“造句”，如果有创意，也可以看成是创新思维的表现，尽管这样的“新”对于科学家而言只是一种肤浅或重复。如果我们用这样的观点来看学生的“研究”，那么我们就会肯定学生的研究能力。

2. 必要性：传统教育不利于学生创造潜能的发挥

中小学生的研究性学习的潜力是无比巨大的，但是，由于我们经常低估学生的研究能力，所以往往压制了他们的创造潜能的发挥。

没有哪个教师会承认自己压抑了学生的创造潜能，但是，事实上压抑学生创造潜能的现象却广泛存在，并不被我们觉察。在传统的课堂教学中，教育者过分强调纪律和整齐划一，恰恰是在扼杀学生的创造性。比如，创造是一种冒险，但多数学校却不鼓励冒险。儿童很早就知道：要成功就要有好分数，就得在狭窄的范围内学习，分数好才能进入好学生的行列，才能进入大学，之后才能得到进一步的训练或找到好工作。教师不鼓励冒险也不难理解，教师在有限的时间内要完成教学计划，学生脱离轨道会使一节课脱轨，完不成教学任务。如果我们认为冒险就意味着出轨，那么学生就会变成害怕创造性思考。

我们现在很怀疑传统课堂教学中所使用的“发现法”是否真的能培养学生的创新思维能力。例如，请考虑下面的三个数之间有什么关系？

5　　4　　3

如果我们说，这三个数之间的关系和 6、8、10 之间的关系一样，那么你又会怎么想？如果我们说，下面三组数具有共同的数量关系，那么你能“发现”吗？

5	4	3
10	8	6
13	12	5

在一节数学课上，老师讲勾股定理，也是让学生发现这三组数所服从的共同规律，居然许多同学3秒钟之内就“发现”了三个数之间的平方和关系。这是真的发现吗？这么容易的发现也能算是发现吗？

因此我们认为，不能用教材中有明确答案的问题作为学生发现学习的课题，因为只要学生事先预习了，或猜对了老师的意图然后埋头看一下书本，就很容易“发现”问题的答案。因此我们主张：用教材以外的或教材中没有明确答案的知识内容作为发现式教学或研究性学习的内容；让学生独立自主地进行研究，而不是在老师的“启发”、限制之下进行研究或“发现”。

希尔伯曼(Silberman，1970)认为，开放课堂是一种教学模式，包括空间上的灵活性、学生对活动的选择、学习材料的丰富性、课程内容的综合性、更多的个人或小组学习，而不是分等级的或权威的教学和考试、大班教学、课程单一、集体的阅读和练习。

哈登和林顿(Haddon & Lytton，1968)对开放课堂与儿童创造性的关系进行了研究，结果发现，开放课堂里的儿童各种创造性测验成绩始终更好。以后的跟踪研究也显示，开放课堂出来的儿童，在他们小学毕业四年以后，发散性思维成绩仍较好。葛约尔(Goyal，1973)发现，开放课堂中儿童流畅性、灵活性和独创性，比传统课堂里的儿童得分要高，最有趣的是儿童进入开放课堂仅8个月，就在解谜测验中表现出差异。苏利文(Sulluvan)也发现，在两个吉尔福特测验中，开放课堂的儿童比传统课堂的儿童得分高。而且在讲故事的活动中，开放课堂的儿童使用较生动的语言，句子结构变化较大。在自我评价问卷中，两种课堂的儿童所报告的工作方式有显著差异。开放课堂的儿童认为他们更愿意独立做家庭作业，独立制作东西，希望学习不要有什么固定计划，喜欢见机行事。

大量的研究表明，不正规的开放式的课堂环境要比传统的限制性的课堂环境更有利于创造性的发展，在开放课堂里由于较少外部限制，使持有内部动机的儿童不去关心如何取悦教师，如何学得比其他学生更好，如何得到高分或避免留级，而是把自己的注意力放在如何运用材料或观念进行富有创新精神的探索上面。

网上协作研究性学习就是这样的一种开放式课堂，它能为培养大批有创造性的专门人才提供教育改革的经验和思考。

三、网上协作研究性学习的基本过程

学生刚开始在网上进行研究性学习时，会感到举步维艰，需要给以适当的指导。因此，了解网上研究性学习的基本过程，认识到各个步骤的注意事项，是十分必要的。

在“网上协作研究性学习系统”中进行网上协作研究性学习，其基本过程可以划分为八个步骤。

1. 发现兴趣

“网上协作研究性学习系统”中有大量的别人的研究过程资料可供浏览。与这些研究过程资料相关的可供浏览的栏目包括：“研究课题指南”、“正在征集合作伙伴的课题”、“正在研究的课题”、“已经完成的研究课题”等栏目。此外，该系统还有各种带有启发性问题的“课题指南”和“参考资源库”（包括文字、图片、录像、动画、表格等媒体形式)可供浏览。而且每个栏目都带有检索功能、发表评论的功能、下载存储信息的功能。

学生(包括已经注册的和还未注册的用户)在开始研究之前,应该首先充分利用好这些宝贵的资料和资源,系统浏览这个系统中的已有资料和资源,以便对网上协作研究性学习有一个初步的了解,并发现自己的研究兴趣。

2. 提出课题

学生在浏览"网上协作研究性学习系统"并发现了自己感兴趣的研究领域之后,就可以初步拟定自己的研究课题,在"申请课题"栏目中进行登记、发布。系统在此时会自动审查该用户是不是本系统的注册用户(只有注册用户才能申请课题)。如果不是注册用户,则通知该用户尽快注册。

填写《课题立项申请表》时需要在"课题名称"、"所涉及的主要学科"、"关键词"、"课题简单描述""课题密码"、"公告"、"在线讨论"等栏目中输入相关内容。"课题名称"栏目不超过20个字,要能概括研究的主要任务;"课题简单描述"栏目只是要求对课题研究内容、目标、意义的简单表述,并不是详细的研究方案,一般不超过400字;"所涉及的主要学科"栏目可以填1—5个本课题所涉及的相关学科;"关键词"栏目要输入2—6个能体现本课题特性的关键词,以便于系统检索;"课题密码"栏目要输入只有课题组成员才会知道的密码,以防止课题研究的过程性资料被无关的人员删改。

3. 申请立项

初步拟定自己的研究课题的学生,一旦填写了课题登记表,就可以点击"提交申请",系统会自动将这个《课题立项申请表》发送给"所涉及的主要学科"栏目中所选定的排列第一位的学科的"学科负责人"。该"学科负责人"就会将该课题分配给某一个适合指导该课题的"指导教师"。该"指导教师"负责该课题的立项审查和立项以后的研究指导、结题审核。

如果“指导教师”认为该课题尚不符合立项标准，则发出“不同意立项”的通知，并对课题存在的问题提出具体的意见和建议。此时，申请立项的学生就应该重新考虑自己的研究课题的内容、目标等项内容，根据“指导教师”的意见和建议修改自己的申请报告表或重新选题，然后再次提交申请。

如果“指导教师”认为学生初步拟定的研究课题已达到立项的标准，则发出“同意立项”的通知，并给以该课题一个初始分数的承诺，即该课题如果完成将最少能够得到的分数(类似于国家级科研课题同意立项时所给的科研经费的数额)，同时也可以对课题的开展提出具体的意见和建议。

一旦发出“同意立项”的通知，申请该课题的学生就自动成为该课题的“课题负责人”(也就是课题组长)，可以着手在网上征集合作伙伴。

4. 征集合作伙伴

“课题负责人”首先需要在该课题的专门网页的“公告”栏目中输入需要向外发布的信息，例如对合作者的要求，课题发起人的联系办法(电子信箱的地址)，其后就需要在该课题的专门网页的“在线讨论(课题论坛)”栏目中与来访者进行在线讨论或通过电子邮件联系。必要的时候，也可以在“在线讨论(课题论坛)”栏目中输入约定的每周在线讨论时间。

在征集合作伙伴的过程中，课题组长可以和有合作意向的学生讨论该学生应该尽的义务和如果项目完成可以得到的分数的讨论、交流。当然，课题组长也要审核申请加入该课题的学生的资格和条件。一旦课题组长同意某个学生加入该课题，就会在一个通知表格中填写有关内容(包括每个学生应该承担的责任和应该完成的任务，也包括如果该课题成功之后分给他们多少分数的承诺，课题组长所承诺付出的分数不能大于指导教师所承诺的给整个课题组的分数，课题组长将来所得到的分数是扣除给所有课题组员分数的余额）。一旦课题组长发出这个通知表格，系统就会自动将这些学生的身份标志为该课题组的成员。系统还会同时审查这些学生是不是该系统的注册用户（只有注册用户才能成为课题组的组员）。如果不是注册用户，则通知该用户尽快注册，并同时将这个通知抄送课题组长。

"正在征集合作伙伴的课题"栏目中的内容一直保存到课题组形成为止。一旦课题发起人认为已经有足够的合作伙伴，就可以点击"正式立题"键，该课题就会自动列入"正在研究的课题"的目录之中，并且保留了先前输入的"课题名称"、"课题简单描述"、"所涉及的主要学科"、"关键词"、"课题密码"、"公告"、"在线讨论"等栏目。

5. 拟定并申报研究方案

进入"正在研究的课题"之后，课题组成员就可以在本小组的网上讨论研究方案。可以由课题组长提出一个初步方案，请大家发表意见，修改定稿；也可以每个组员都发布一个自己的方案，并由课题组长整合大家的意见，提出一个比较完整的方案（包括研究任务及其分工和时间限制），课题组成员可以提出修改意见，直到意见比较一致的时候，该方案就正式确定下来。

方案一旦确定，就由课题组长点击"提交方案"键，此时，系统会自动将该方案发送给该课题的指导教师审查。在通过该课题的指导教师的审查之前，只有课题组长才有资格修改方案（加有密码），直到课题通过审查并正式立项时为止。

当然，如果该课题在课题组长的审查中没有得到通过，就会收到指导教师的审查意见和具体的修改建议。此后，课题组继续进行资料查阅和方案修改，定稿后再次提交给指导教师审查。如果指导教师审查通过，该课题就可以进入下一阶段的研究。

6. 收集和整理资料

课题小组成员在课题组长的领导下分工协作，收集资料。

这里所说的资料包括文字、图片、影视等媒体形式的资料，当然也包括数字资料，就是说，包括实验的数据和调查的数据。因此，收集资料的阶段是课题研究的实施阶段。

收集的资料毕竟是一些素材，还要加以整理，包括去伪存真、去粗取精、归类、提炼观点、寻找规律、发现内在联系、列表、绘图、列提纲等等。

在这个阶段，课题小组成员可以通过小组的“课题论坛”栏目中进行讨论和交流，并在组长的领导下分工、协作，共同完成资料收集和整理的任务。

7. 写作和发布论文

资料收集整理之后，就可以着手写作论文。在写作时，可以是课题组长写出初稿，发布到“课题论坛”中，请课题组成员发表评论或提出修改意见，最后由课题组长定稿；也可以先由课题组长发布论文写作的协作要求，然后请课题组成员分工各自写出初稿(部分或全部)，发布到发表“课题论坛”中，再由课题组长加以整合，写出论文，并请课题组成员发表评论或提出修改意见，最后由课题组长定稿。

论文一旦定稿，就可以在线递交给指导教师，等待结题鉴定。在递交论文之后、得到结题鉴定之前，课题组还可以对论文进行修改，但一旦通过结题鉴定，所有的研究资料都不能进行任何修改。

8. 结题鉴定

课题指导教师接到最后定稿的研究论文(及课题研究过程中成员之间的所有对话资料)之后，就会进行审查、鉴定。

如果该课题能够结题，指导教师就会给一个鉴定评语，并视论文质量的高低给一个奖励分数一并发布给课题组长。课题组长根据要求将奖励分数分配给自己的组员(所分配的分数不能大于指导教师所通知的奖励分数)，一旦课题组长向组员分配了奖励分数，网络系统就会自动在个人研究性学习档案之中记录该课题所有成员(包括组长)的奖励分数和该课题的有关内容。此时，在立项阶段指导教师所承诺的给该课题的初始分数和课题组长在征集合作伙伴阶段所承诺的给课题组员的初始分数，均同时自动兑现，当然课题组长所得到的分数是扣除给所有课题组员分数的余额。

通过审查鉴定的课题的论文和所有过程性资料就会进入网络的资料库的“已经完成的研究课题”栏目之中，供其他研究人员查阅、参考。

如果该课题没有达到结题的要求，指导教师就会给一个具体的反馈意见，请课题组继续研究。课题组在继续研究之后，认为条件成熟的时候再递交论文和所有过程性研究资料，请求结题。

如果指导教师给出具体的反馈意见之后，一定时间内(例如两个月内)，这个课题组没有开展任何活动，那么系统就会将这个课题的所有信息和资料自动删除(或冻结，或排序靠后)。这一点适合于任何课题的任何研究阶段，也就是说，在任何阶段一个课题如果在两个月中没有开展任何实质性活动，那么系统就会将这个课题的所有信息和资料自动删除(或冻结，或排序靠后)。这样做的目的在于三点：①有利于节约硬件的空间资源；②可以防止太多的无用域名占据系统；③减少资料搜索时候垃圾数据的干扰，防止搜索到太多的无用信息。

第二节　网上协作研究性学习的目标

明确研究性学习的目标，对于指导教师来说，是十分重要的，因为项目指南的编制、立项课题的审查、结题项目的鉴定和反馈（包括分数的评定和评语的措词），都必须以研究性学习的目标为依据，这样才能起到积极的导向作用。对于广大教师来说，明确研究性学习的目标同样重要，因为学生从事网上研究性学习时，离不开老师的鼓励和指导；而老师在评价和指导学生的时候，也必须以研究性学习的目标为依据。

我们认为，网上协作研究性学习的根本目标在于培养学生的创造性，具体来说，可以分为四个子目标：知识技能方面的特长形成、特定领域的研究兴趣发展、创造性思维能力和创造精神的培养。

一、专门领域的知识积累

现代认知心理学研究发现，专门领域的知识对于一个领域的专家的创造性成果的取得，是十分重要的，是一个必备的条件。因此，我们认为，专门领域的知识积累是网上协作研究性学习的重要目标之一。

1. 知识和创造性关系的地基观

创新不是凭空产生的，只有在一定的知识基础上才能产生创新。关于知识和创造性关系的“地基观”认为，知识越丰富，创造性就越强。知识就如同地基一样，地基越扎实，建起的高楼大厦就越牢固。威斯伯格（Weisberg，1999）和希克森特米哈伊（Csikszentmihalyi，1996）等人是地基观的积极支持者。他们对几个需要创造性的领域进行了研究，结果提出了达到专家级水平所应遵循的“十年定律”的观点：从接触某个领域，到第一件有意义的成果问世，个体在该领域需要投入大量的学习时间——十年。并由此间接说明要想在某个领域有所成就，就要掌握该领域的大量知识。

其他学者的研究也得到一致的结论，例如，格鲁伯(Gruber，1981)在一项创造性个案研究中，研究了达尔文的生物进化论的由来和发展；布鲁姆等(Bloom & Sosniak，1985)对各种领域内达到了世界级水平的个体进行了访谈研究，结果都支持“十年定律”的观点。另外，加德纳(H Gardner，1993)研究了七个需要创造性的领域，每个领域选一位著名人士为代表，如爱因斯坦(Albert Einstein，逻辑数学)、毕加索(Picasso，绘画)、格雷厄姆(Martha Graham，动觉协调)、斯特拉文斯基(Igor Stravinsky，音乐)、甘地(Mahatma Gandhi，人际关系)、弗洛伊德(Sigmund Freud，精神分析)和艾略特(T. S. Eliot，语言学)。其研究的主要结论是，个体在成名之前要在该领域有相当长的发展期。也就是说，这些著名人士的职业生涯同样遵循“十年定律”。

领域知识和专门技能是科学创新的基础，而网上协作研究性学习的研究目的就是为了促进学生的领域知识和专门技能的尽早积累。

2. 专门领域知识的早期积累

有特长的专门人才的培养，必须从小抓起。虽然早期教育并非一个人最终取得杰出成就的保证，但研究表明它有助于这种可能性。

青少年时期的爱因斯坦所读的书、所表达的思想，表明了他在那个年龄已具备了特别的科学理解力和天赋，虽然他那时的学习成绩(考试分数)并不优秀。大多数小说家报告说，他们在童年花了许多时间阅读。从这一点上说，学习的机会越多，就越能拓宽知识面和获得新技巧，创造性发展就越充分。这也证明研究专门人才早期教育的必要性。

由于科学技术的高速发展,创造性的培养不仅仅表现在专门知识的积累上,还表现在技术的早期学习和掌握上。现代发明需要发明者掌握多门学科的实验或操作技术,进行跨学科的研究与开发,所以如果不尽早学习和掌握一些技术就很难在人生发明创造的最佳年龄到来的时候做好技术掌握上的准备。

很显然,开展网上协作研究性学习的目的就是为了促进学生的专门领域知识和技能的早期积累。人的时间和精力是有限的,不可能精通所有的学科,所以,在全面学好各门基础学科的同时,要使学生能在某个领域发展特长,打下更扎实的知识基础,形成很强的独立钻研能力。

二、专门领域研究兴趣的培养

爱因斯坦曾经说过:“兴趣是最好的老师。”不少名人的成才经历也能说明这一点。达尔文的成长就是一个典型的例子。学生时代的达尔文学业成绩中等,在学校没得过奖,但是他对收藏昆虫特别感兴趣,同时也是一个热情的鸟类观察者。收集活动使他具有丰富的自然历史知识,他观察敏锐,擅长辨认东西。他 16 岁离开学校时,已对自然史有了强烈的兴趣,并已成为一个敏锐的业余收藏家,这种兴趣从童年一直持续到青春期。到了青春末期,儿童时的爱好开始变成一种生活方式,他把这种爱好作为自然史课题来有意识地加以研究,最终成为伟大的生物学家。达尔文受他兄长的影响很大,当他 13 岁时,他的长兄(在剑桥上学)建起了一个简单的化学实验室,表面上哥哥负责此事,实际上达尔文天天安排每一件事并操纵实验。

达尔文的例子证明,一个有创造性的人在儿童时代学业成绩不一定优秀,但必须对某个领域产生浓厚的兴趣,这种浓厚兴趣有利于在相关领域中奠定宽厚的知识基础、掌握必要的专门技能。早期的学业成绩对成年以后的发明创造并没有决定的作用，而某一领域的兴趣、知识、技能，才是决定一个人能否在这个领域做出杰出成就的决定因素。

学习者如果对某一领域产生了浓厚兴趣，就会对该领域进行忘我的探索研究。爱迪生凭着自己对物理的兴趣，产生了无穷的动力，一生中的发明专利达一千多项，从 18 岁到 80 多岁，平均每 15 天就有一项发明问世。达尔文正是对生物有特殊兴趣，才使他终身沉湎于生物学的研究工作，为生物学的发展竖立了新的里程碑。美国发明飞机的莱特兄弟，幼年时父亲送他们一架玩具飞机，他俩对此产生了极大兴趣，后来一致协作，长期醉心于发明飞机的研究工作，才取得了辉煌的成就。

相反，如果没有领域兴趣，学习者就会什么都想学，结果什么都学不好。什么都想学，往往造成知识肤浅、“蜻蜓点水”的局面，难以在某个领域做出创造性的业绩。由此可见，领域兴趣与事业成功有着密切的关系。

丁肇中教授曾经说过：“任何科学研究最重要的是要看对自己所从事的工作有没有兴趣，我可以两天两夜甚至三天三夜呆在实验室里，守在仪器旁，我迫切地需要我所探索的东西。”这就是说，当一个人对某一事物有兴趣时，就会全神贯注，提高效率。研究发现，一个人如果对一项工作有兴趣，就能发挥他全部才能的 80%－90%，并且长期保持高效率不感到疲劳；而对工作没有兴趣的人，只能发挥全部才能的 20%－30%，并且容易感到疲劳，效率低下。

三、研究能力的培养

对网上协作研究性学习来说，研究能力的培养目标主要表现为创造性思维能力、信息收集和处理能力、论文写作能力的培养。

1. 创造性思维能力

创造性思维能力包括哪些具体方面，目前并没有一致的看法。我们认为，网上研究性合作学习的创造性思维能力的培养目标主要体现为以下几个方面。

(1)批判性思维

批判性思维主要表现为对传统观念的质疑和敏感地发现问题。

有创造性的人常对人的广为接受的假设提出质疑。正是创造者的大胆质疑，才使文化、技术和社会等许多方面不断取得进步。批判性思维就是指这种对已有的知识或观念持批评态度的一种思维策略。

有时哪怕是写一篇短文，发表一个评论，提出一个意见，都可以体现出批判性思维，都是培养批判性思维的有效形式。为此，网上协作研究性学习的网络课题管理人员在制订《课题指南》的时候，可以列出一些引导和鼓励学生积极发扬批判性思维的题目。例如，传统的观念认为，“乌鸦和狐狸”的故事是批评“狐狸狡猾”，请在合作研究的基础上写出一篇短文，反对这样的观点(例如认为狐狸在生存竞争中能够“知己知彼”，利用乌鸦的“虚荣心”和“缺乏自知之明”战胜对方)。

(2)发现问题的能力

发现问题、提出问题是研究问题的前提。只有善于从习以为常的现象中发现问题，才能超越前人的成就，取得创造性的业绩。苏格拉底认为，“问题是接生婆，它能帮助新思想的诞生。”我国古代伟大诗人屈原在《天问》中一口气问了170多个问题来“问天”，例如，关于远古的开头，谁能够传授？那时天地未分，能根据什么来考究？那时是浑浑沌沌，谁能够弄清？穹窿的天盖共有九层，是谁动手建造？九重天盖的边缘放在什么东西上面？阴阳二气渗合而生，它们从何而来？太阳和月亮何以不坠，星宿何以嵌得很稳？……相传这首诗是屈原被放逐以后看到神庙里的壁画产生了许多疑问，从而提出这些问题来“问天”。从中可以看出屈原大胆质疑、敢于提问的素质。

“远林网上协作研究性学习系统”大力提倡“学贵有疑”，培养学生善疑好问。具体表现为：鼓励学生在搜索和浏览资源库、课题指南的基础上，自己独立提出问题（即研究的课题内容和标题）；鼓励学生在查阅别人的研究资料时在该课题的“课题论坛”中发表自己的评价和见解；鼓励学生在参与自己的研究课题时，不断进行在线讨论，发表自己的独立见解，敢于标新立异。

在传统的教学中，老师布置给学生的习题往往是“结构良好的”，就是说已知条件是明确给定的，不多也不少，未知条件也是明确给定的，不用学生自己发现问题，提出问题。这样的习题对学生理解知识和熟练掌握知识是有益的，但对学生的创新思维能力的培养没有多大的作用。创新思维能力的培养需要使用“结构不良的”问题，即问题没有明确提出来、已知条件不充分的题目。这一类问题需要学生独立地提出问题，主动地寻求解决问题的信息和方法。因此，网络管理人员在制订《课题指南》时要多罗列这一类型的问题引导学生开展研究。例如，提供的已知条件多于要用到的条件。让学生自己去鉴别哪些是有关的或必要的，哪些是无关的或多余的。或者，提供的已知条件不足，让学生去补充。或者，只提出一个题目，不给任何资料，让学生自己去查找信息，解决问题。又例如，不是明确提出问题，而是创造一个问题情境，它包含问题，但没有明确表示出问题，让学生自己提出问题。

传统课堂上的实验具有“封闭性”，学生做什么，怎么做，用哪些材料，都是老师事先确定好的，学生只要依照老师的要求一步一步地去做就行了，不需要进行创新思考。这对于掌握基本实验技术是有好处的，但对创新思维能力的培养没有多大的好处。在研究性学习中，要鼓励学生自己发现问题，提出问题，并大胆地设想问题的解决办法(提出假设),然后鼓励学生独立地设计实验去检验自己的假设。当然,指导教师在课题立项审查中,要对实验是否可行和有没有生命财产安全问题进行严格把关。

2. 信息收集和处理能力

古今中外的历史上借助图书馆最终成为大学问家的大有人在。马克思在大英博物院图书馆留下了永恒的脚印;列宁在流亡中到过欧洲的许多图书馆;毛泽东在学生时代利用图书馆读了很多书;著名数学家华罗庚、陈景润也都是利用图书馆学习成才的。用现代的眼光来看,收集和处理信息的能力是创造发明的必不可少的基础条件。

网上协作研究性学习主要是一种独立学习活动,它需要学习者根据自己的领域兴趣,查阅大量的相关资料,因此,培养收集与处理信息的能力是网上协作研究性学习的重要目标之一。

(1)收集资料能力的培养

对特定领域产生兴趣之后,就会产生许多疑问,即问题。一旦问题产生后,学生往往急于了解其中的奥秘。但是,网上协作研究性学习中的问题,不像教材中的问题,往往是无现成答案可循、无现成教科书可查的,这就要求学生必须围绕问题查找相关的资料,有效地利用学习资源来帮助自己解决问题。所以说,查找资料的能力也是一种很重要的学习能力。

首先,要学会使用网络搜索的方法。“远林网上协作研究性学习系统”向学生提供了丰富的参考资料(教师和学生都可以往这个资源库中上传资料,经过管理人员的审查就可以入库),“研究课题指南”、“正在征集合作伙伴的课题”、“正在研究的课题”、“已经完成的研究课题”、“研究性学习资源库”等栏目,都带有检索功能。此外,学生也可以在因特网上进行搜索。

其次,学生要学会使用社区和学校的图书馆,而且还要学会利用工具书。工具书的种类很多,除了词典还有字典、百科全书、年鉴、手册、传记资料、地理资料、年表等。善于使用工具书,就可以排除许多在学习过程中遇到的疑难。

再次,这里所说的资料,也包括学生在研究中得到的数据资料。

最后,学生要学会使用"活"资料。孔子说过,"三人行,必有我师"。要鼓励学生和有研究成果的人接触,学习他们的资料收集方法和治学方法。而且,探索和发现的兴趣是有感染力的,多和有创造发明的人接触,通过范例和气氛,可以促进学生的创造性。

(2)处理资料能力的培养

收集资料之后,需要对有价值的信息进行处理,使零散的资料概括化,复杂的资料简约化,隐含的资料明朗化,庞杂的资料条理化。学生资料的处理能力应包括如下几点:

第一,取舍资料的能力。当学生查阅大量资料以后,就会感到头绪太多,无从着手,此时学生要学会依据自己的研究目标和兴趣,来对庞杂的资料进行取舍。对所收集到的资料要进行圈点勾画,把握要点,浓缩资料。学生要学会对不同价值的资料,采用不同的阅读方式:有些资料只读标题;有些资料只进行"快速阅读";有些资料需要仔细阅读某些部分并作摘录;有些资料需要全文仔细阅读,反复体会,反复思考。

第二,对所收集的资料进行分类归纳的能力。当学生从收集到的大量资料中筛选出了有价值的资料,就要对手上的资料进行分类归档,并一类一类地加以研究。此时,要有从多种角度看问题的系统思维方法,把握住不同类型资料之间的联系,从整体上把握这些资料。

第三,处理收集到的资料与个人研究资料之间关系的能力。一方面,要考虑自己的研究资料和他人资料的相同之处,相互印证,进一步证实自己观点的正确性;另一方面,要考虑自己的研究资料和他人资料的不同之处,发现自己资料的创新价值,必要时提出自己的新观点,并在以后的研究中进一步验证自己的新观点、发展自己的新观点。

3. 论文写作能力的培养

如何将自己的研究结果写成思路清晰、结构严谨、语言流畅的小论文,是很重要的能力素质。撰写小论文并非是一件容易的事,它需要学生有一定的理论修养以及写作能力。

"网上协作研究性学习系统"也很重视学生写作能力的培养,不仅学生需要撰写结题报告,需要相互之间不断进行书面交流,而且也可以评论、批评其他人的作文,有利于在相互批评中提高写作水平。同时,指导教师在审查结题报告时,主要的依据也是学生最终递交的书面论文(当然也要审查过程性资料以确定结果的真实性),在结题鉴定中还要对论文的写作技巧进行评价和指导。

四、创造精神的培养

要十分重视培养学生的创造精神,主要包括:献身科学的精神、严谨求实的精神、合作共事的精神。

1. 献身科学的精神

法国微生物家巴斯德 18 岁时写下一句名言:"立志是事业的大门。"高尔基常说:"一个人追求的目标越高,他的才能就发展得越快,对社会就越有益。"德国的席勒说:"人有了大目标才会自然而然地伟大起来。"荀子在《劝学》中说:"无冥冥之志者,无昭昭之明。"

大学问家和科学发明创造者都有献身科学的精神,对所从事的创造工具具有浓厚的兴趣,甚至达到迷恋的程度,废寝忘食,忘掉了周围的一切,甚至忘掉了自己。牛顿专心思考,竟把怀表当鸡蛋放入锅中;陈景润在街上边走边演算,碰在电杆上还以为是别人撞了他。创造者们有着极高的事业心,积极的人生观,创造就是生活目的。爱迪生说:“我的人生哲学是工作,我要揭示大自然的奥秘,并以此为人类造福。在我们短暂的一生中,我不知道还有什么比这种服务更好的了。”大多数科学家并不看重地位、金钱和享乐,他们始终过着俭朴的生活,表现了对科学的献身精神。

一项对25名国家科技发明奖获奖者的调查表明(张庆林,谢光辉,1993),创造发明家具有积极的个性特点。在回答“人活着为了什么”的问题时,发明创造家表明出了积极的人生观,92%的被调查者的回答是为工作、社会和他人,为事业和成就,只有少数提到了“受人尊重”、“实现自身价值”,没有一个人提及个人的生活或财富。在回答“发明创造是艰巨的劳动,对待这种艰辛,你的态度是什么”这一问题时,88%的被调查者回答是“以苦为荣、以苦为乐”(56%)和“认真对待”(32%)。

2. 严谨求实的精神

学者需要批判精神,带着怀疑的眼光去看待别人的理论;学者需要自信心,毫不动摇地坚持自己的正确观点,阐述、论证自己的观点。但是,学者不能刚愎自用,不能浮夸虚荣,应该具有严谨求实的精神。也就是说,一方面要大胆地批判旧思想,积极地建构新理论;另一方面要十分严格、谨慎地对待自己的观点的理论,要对自己的理论具有反思的习惯和批判的精神。对自己设想的理论要严格地进行检验。当检验的结果证明自己的假设有误时,要有尊重事实的求实精神,客观地承认自己的谬误。对自己的获得证实的理论,也要实事求是地承认它的局限性,要有不断发展自己理论的意识,不能固步自封。

要从小培养学生认真听取批评意见、勇于承认缺点错误、经常进行自我反思的好品质。在“远林网上协作研究性学习系统”中，“研究课题指南”、“正在征集合作伙伴的课题”、“正在研究的课题”、“已经完成的研究课题”、“研究性学习资源库”等栏目都包含有“课题论坛”，任何一个进入这些栏目的人(包括不是本课题组的人员)都可以在此发表评论和批评，这样就给课题组成员一个很好的认真听取批评意见、勇于承认缺点错误、经常进行自我反思的锻炼机会。

3. 合作共事的精神

英国文豪肖伯纳说过：“假如你手中有一个苹果，我手中有一个苹果，彼此交换一下，双方手中仍只有一个苹果；但是倘若你有一种思想，我有一种思想，彼此交换交流这些思想，那么，每人将有两种思想。”同样，在网上协作研究性学习中，同学之间的相互合作、相互激励、相互帮助有助于成功的学习。

心理学研究表明，合作学习不仅能够促进学生的元认知发展，提高学习成绩，而且可以培养学生的集体主义精神和助人为乐的品格，是传授交往技巧、培养人际关系协调能力的重要渠道。

在合作研究中，为了达到共同的目标，小组成员之间必须相互帮助和支持，还需要妥善地解决可能出现的各种矛盾，同学之间建立起一种融洽、友爱的伙伴关系。除此之外，社会调查、访问、参观、外出收集资料、向专家请教等，还要独立地运用人际交往能力去争取成功。合作研究不仅培养了学生的合作精神，而且锻炼了学生的人际交往能力。

当然，网上协作研究性学习不仅强调培养学生的合作共事精神，也重视学生独立钻研精神的培养。需要进行任务的分工和课题的分担，以培养学生的独立钻研精神。

第三节　网上协作研究性学习的操作

“网上协作研究性学习系统”有具体的角色和职责划分，在具体的操作中有一系列的规则限制，学生和教师都需要明确这些限定。此外，在网上协作研究性学习过程中，广大教师需要转变观念，给学生以必要的鼓励和支持。本节专门讨论这些操作层面上的具体问题。

一、角色职责的划分

网上协作研究性学习是许多人协同合作的过程，“网上协作研究性学习系统”划分了 7 种角色：网络网络管理员、学科负责人、指导教师、课题组长、课题组员、会员用户、非会员用户（未注册的用户，可能只是普通的匿名访问者）。

在网上协作研究性学习过程中，必须明确规定每一种角色的应该承担的职责；同时，网上协作研究性学习过程中每个阶段上的职责也必须落实到具体的岗位角色上。只有这样，许多人的协同合作才会是有条不紊的、富有成效的。

网上协作研究性学习职责的划分和承担该职责的角色定位及其职责的具体描述见下表。

No.	职责	角色	职责任务的具体描述
1	开通新学科	网络管理员	在学科分类中新建一门学科。
2	开通学科负责人的账号	网络管理员	网络管理员接受主管领导的指令以后为某个学科负责人开通帐号。

No.	职责	角色	职责任务的具体描述
3	开通指导教师的账号	学科负责人,网络管理员	学科负责人填写本学科新增加的指导教师的材料,提交给网络管理员,网络管理员请示学校主管领导后,分配一个账号给新增加的指导教师,并通知学科负责人。
4	资料库的资料建设	学科负责人,指导教师,会员用户	学科负责人可以直接上传自己编写的参考资料,或者公布自己在网络上找到的资料的 URL。指导教师和会员用户所上传的资料或其他网络资料的 URL,由学科负责人审查、修改并上传到资料库。
5	《课题指南》(参考课题)	学科负责人	负责领导本学科的指导教师共同提出一些供学生们参考或选择的研究课题,并负责发布。
6	查阅资料	会员用户,非会员用户	按已有的分类查阅资料,或者利用关键词搜索相关的资料。
7	课题立项申请	会员用户	填写立项申请表,并提交(申请一旦获得批准,即成为该课题的组长)。
8	指派指导教师到课题组	学科负责人	对申请立项的课题指派指导教师,并通知课题组和指导教师。同时将立项申请表转发给指导教师。
9	审批课题	指导教师	负责审查收到的立项申请表,并给以课题组是否同意立项的反馈。
10	征集伙伴,建立研究小组	课题组长	课题立项后,公布伙伴征集的告示。如果有人应征,要负责审核,并给以是否通过的反馈。
11	申请加入课题组	会员用户	看到自己感兴趣的课题组的伙伴征集公告后填写并提交申请表(一旦得到组长的同意,即成为组员)。

No.	职责	角色	职责任务的具体描述
12	制订研究方案	课题组长	组织小组成员讨论并制订研究方案，填写研究计划表，并上传给指导教师。
13	审批研究方案	指导教师	指导教师收到课题组提交的研究方案后，进行审核，并给予反馈。
14	分配研究任务	课题组长	研究方案被批准后，在组内公布研究方案和步骤，并把任务划分成子任务并分配给每个组员。
15	承接研究任务	组员	组员从课题组长处接受任务的过程。
16	查询任务	课题组长，组员	组内成员查询自已的任务。其中组长，不仅可以查到自已的任务，还可以查询到所有小组成员任务分配情况。
17	组内公告	课题组长	课题组长可以根据需要，在组内发布公告以组织工作。
18	发布留言	课题组长组员	小组内成员在需要时可以给其他小组成员留言，便于交流或工作的交接。
19	小组讨论	课题组长组员	研究过程中课题组在组内招开的在线讨论会。
20	课题评价	指导教师课题组长组员	对课题组的成果提出自己的建议和意见。
21	提交研究难题	课题组长组员	向指导教师提出研究过程中遇到的一些难题。
22	问题解答	指导教师	在研究过程中对学生提出的问题进行回答。

No.	职责	角色	职责任务的具体描述
23	查阅难题解答	课题组长 组员	查看教师对自己提出的难题的解答。
24	提出研究建议	指导教师	对于研究的过程或方法等主动地向课题组提出指导性的建议。
25	组内网页维护	课题组长	对本小组的网页进行日常的维护工作,例如删除无用的内容、增添内容等等。
26	结题申请	课题组长	研究工作完成后,课题组长填写结题申请并提交研究报告。
27	结题审核	指导教师	指导教师收到课题组提交的结题申请后,对课题的研究成果进行审核,并反馈是否可以结题。
28	给课题组赋分(初始分和奖励分)	指导教师	课题立项时,指导教师为课题组长提供一定的可分配的初始分数。在课题结题后指导教师可以酌情为课题组追加奖励分数。
29	分配初始分和奖励分	课题组长	课题组长在征求合作者的时候和结题以后,分配初始分和奖励分给小组的组员,包括自己。
30	设置课题排名规则	网络管理员	为 Top10 的课题指定排名规则。
31	设置显示规则	网络管理员	选择已有的风格模板,或设置界面风格的配置项。
32	统计系统综合报告	网络管理员	提供随时需要查看的统计信息。
33	维护课题资料	网络管理员	对课题的资源进行管理和维护的过程。例如删除无用的、重复的等。
34	管理用户账号	网络管理员	对用户账号和基本信息进行管理和维护的过程。

二、系统规则说明

“网上协作研究性学习系统”的计算机软件设立了具体操作方面的一系列规则限制，学生和教师都需要明确这些限定，才能更顺利地进行合作研究。

1. 资源共享的规则

①课题组的资源包括本课题组的研究过程资料和课题组搜集的参考资料，均可以作为公开性和非公开性的资源（决定权限在课题组长）。如果课题组长没有标定某个资料是“非公开性的资源”，则系统默认为“公开性资源”，就可以供课题组以外的用户访问，但访问者无权做任何修改。

②课题组可在结题前将非公开性资源做妥善处理（删除或打公开标记）。已上传的非公开性资源在结题后，自动改变为公开性资源。

③各研究课题组的资源空间有限，系统自动限制小组资源的个数（或空间大小）。

④各研究课题组的立题申请、结题报告、研究方案不能隐藏，必须公开。

⑤课题研究过程中的留言、公告、任务指派，默认为隐藏。其他的文章和资源由发布人决定是否公开，默认为公开。

2. 资料搜索的规则

“网上协作研究性学习系统”具有生成或上传资料的功能。系统中的资料分为两种，研究课题资料和研究参考资料。“研究课题资料”包括学科负责人提交的“课题指南”和学生们的研究课题资料，是由系统自动生成的。“研究参考资料”是由学科负责人和指导教师上传的供研究时查阅的资料，可以是文本、图片、视频、表格等形式，资料可来源于教师们编写的资料、因特网上下载的网页、市场上购买的光盘资料等。

研究课题资料和研究参考资料，都可以供学生搜索、查阅、下载。具体搜索规则如下：

①研究课题资料的搜索可以按学科门类(数学、物理、化学等)、课题阶段(课题指南中的课题、已经立项的课题、征求合作伙伴的课题、正在研究的课题、已经结题的课题)、课题名称、研究者人名、关键词等进行搜索。搜索出的课题内容显示以下字段：课题分类、课题名称、课题组长、课题研究过程资料……搜索结果的排名方法(Top10 规则)由网络管理员确定。

②研究参考资料只能按关键词进行搜索。因此，学科负责人和指导教师在往"研究参考资料库"中上传资料的时候，必须输入 3—8 个关键词。

3. 研究过程中的执行规则

学生、教师在研究过程中必须遵守以下的规则：

①课题两月未更新的自动删除，或冻结，或排序靠后。

②征集伙伴过程中不允许开展研究。

③其他学生在一个课题结题以前，对该课题的资料，可以浏览、评论，也可以申请加入该课题，但是，在该课题结题以后，对该课题的资料只能浏览，只有学科负责人、指导教师、组长才可以发表评论。

④上传资源时需要分门别类填写索引关键字等必要信息后，才可上传。

⑤资源可按课题、学科、内容分类搜索，可也按关键字搜索。

⑥所有资源共享。

⑦学生(课题组长或组员)最多只能同时主持两项课题，参加两项课题(注：程序中设立了"参数"，该限定的数目可以修改)。课题组长和组员可以交叉，即某课题的组长可以成为另一课题的组员，某课题的组员也可以成为其他课题的组长。

⑧学科负责人和指导教师可以互换或合并，即学科负责人可以作为其他课题的指导教师，指导教师也有可能是学科的负责人。

4. 评分规则

“网上协作研究性学习系统”有评分和记分的功能。评分和记分有如下的规则限制：

①每审批一个课题时，由指导教师分配给该课题一个可供分配的分数，课题初始分是 50—300 之间。赋分基本上按照难、中、易三个等级，参考分数分别为：300、200、100。

②该分数可由课题组长在研究过程中酌情分给组员。

③课题结题后，如果顺利结题则得到所有初始分，并由指导教师决定是否酌情加分。

④如果结题后，指导教师加了分，则组长可以分配给组员和自己。

⑤如果该课题正常结题，则研究过程中的赋分有效；如果不能正常结题，则研究过程中的所有赋分无效。

5. 评价规则

任何一个进入“网上协作研究性学习系统”的用户（包括注册的和未注册的用户），都可以搜索、浏览该系统的任何资料（包括研究课题资料和研究参考资料），也可以对搜索到的已经立项的课题、征求合作伙伴的课题、正在研究的课题、已经结题的课题的“研究课题资料”发表自己的评价意见，但是，评价时有如下规则的限制：

①只能发表建议性的评价意见，不能出现不友好的语句和与课题无关的语句。

②所有的评价只针对课题，不针对人和文章。

③小组内可任意评价。

④小组外评价只有教师和担任过课题负责人的人可参加。

第七章　网络教学中的样例学习

样例(worked example)就是具有解答步骤的习题,也就是“解答好的习题”。样例学习是指从“解答好的习题”的解答步骤中归纳出隐含的抽象知识的学习活动。近年来,许多学者研究了样例学习作为主要的学习方法所取得的学习效果(Zhu,Simon,1987;许永勤,朱新明,2000;Renkl et al,2002)。在倡导终身学习的今天,样例学习将成为学习的重要形式之一。

本章主要以数学习题的设计为例,专门讨论如何利用样例学习的研究成果来指导网络教学的设计。本章首先对样例学习进行概述,再介绍样例学习的实证研究,最后阐述数学网络教学中的样例设计思路。

第一节　样例学习概述

本节先介绍样例学习与传统的习题解答学习的区别,然后分析样例学习的优势和劣势,讨论样例学习中有关学习者大脑认知负荷的研究成果及其运用。

一、样例学习与习题解答学习

20世纪80年代初期，人工智能科学家试图让计算机通过分析已经具有解答步骤的例题(即解答好的习题)，从中归纳规则，并将规则应用到新的习题中。计算机学习样例的成功，引起了认知心理学家对样例学习的浓厚兴趣，开始研究样例学习的效果。

和样例学习相对应的学习方式是传统的习题解答学习(也叫“问题解决学习”)。习题解答学习就是通过学习者独立解答习题来学习知识。那么，样例学习和问题解决学习哪个效果更好呢?

中国科学院心理学研究所朱新明与诺贝尔奖获得者西蒙教授深入研究了学生用样例学习的方法去学习因式分解、幂的运算、几何、比和比例、分数等内容的教学效果。结果表明，用样例学习的方法学习中国的初中的代数、平面几何课程是成功的(Zhu & Simon，1987)。

国内的研究证实，在传统的问题解决学习条件下，学习者倾向于使用典型的新手策略，例如试误，而在解决问题之前呈现样例的条件下，学习者使用较为有效的问题解决策略，表现为集中注意问题的结构方面(邢强，莫雷，2003)。莫雷等人(莫雷，唐雪峰，2000；邢强，莫雷，2002)从迁移的角度对排列、组合、概率的样例学习进行了细致的研究。

二、样例学习的优势与劣势

1. 样例学习的优势

(1)样例学习与图式形成

图式是一种认知结构，它在识别应用题类型和解答应用题的过程中都显示出重要作用。头脑中一旦有了各种“图式”，在解决问题时，就可以依据头脑中的各种图式来判断眼前的应用题属于哪一种图式(或类型)，一旦识别了这个题的类型，就知道了应该用哪一种方法去解答这个题。

澳大利亚心理学家斯韦勒(Sweller，1989)认为，学生解决应用题的成功，不是因为他一般认识能力比别人强，而是因为他具有构造得比较好的认知结构，例如，形成了良好的应用题类型图式。而且，图式中所涉及的规则(定理、法则、公式等)达到了熟练的自动化水平。样例教学的根本目就在于促进“图式形成”，有助于学生举一反三，触类旁通，提高问题解答的效率。

那么，怎样促进学生掌握图式呢？斯韦勒(Sweller，1989)认为，传统的教学模式习惯于先由老师讲个例题，然后由学生做大量的习题，这种教学模式是低效的，不利于图式的形成和程序性知识的熟练自动化。这是因为，学生在解答传统的习题时，头脑中最重要的目标是找到答案，一旦找到答案就认为已经完成任务，不太可能在解答完成之后再去归纳解题思路和问题图式。而且，学生在寻找答案的过程中，注意力集中在已知条件、未知条件、当前问题的状态上，认知容量几乎被占满了，不仅感到脑力负担重，而且几乎没有认知容量可以让给图式形成。因此，斯韦勒主张用解答好的习题(worked examples)来帮助学生形成图式，这就是我们所说的样例学习。在样例学习中，答案已经存在，学生不需要消耗认知容量去寻求答案，因此可以有足够的认知容量去分析解题思路，形成图式。

(2)国内学者对样例学习的优势的研究

根据斯韦勒的观点，我们可以将样例学习的优点归纳如下(张庆林，1995)：

(1)样例学习有利于图式形成。由于样例学习有利于释放大脑认知负荷并将学习者的注意力从“寻找答案”转移到“思路归纳”上来，所以有助于学生通过各种解答好的习题的比较,形成各种各样的"习题特征和相应的解答方法"的抽象,即形成图式。

(2)样例学习有利于提高学习效率。传统教学中只能练习数量有限的习题,不足以使所学新知识得到巩固和达到熟练自动化水平。而学习一个解答好的习题比自己亲自去解答一个习题更节约时间,所以相同时间内可以学习更多的习题,提高练习效率。而且在练习中,学生的短时记忆的负担越重,练习时越容易感到疲劳,练习效果越差。实验证明,运用解答好的习题进行学习比传统的练习方式(让学生自己解答)不仅节约一半以上的学习时间,而且学生感到脑力负荷降低了四分之一左右;更令人信服的是,学习之后的迁移测验表明,正确率几乎提高了一倍(Paas & Merrienboer,1994)。

(3)样例学习有利于学生在学习时更加积极思考和承担学习责任。传统的教学是老师讲学生练,教学和辅导只能来源于老师。但在样例学习中,学生可以进行自我教学,自我支持,学生对自己的学习能力也会变得更有信心。因此,样例学习有利于培养学生的自主精神和自我探求能力。

(4)样例学习有利于学习困难学生的进步。许多学生抱怨,放学回家之后,遇到习题上的困难时,没有人能提供帮助。如果家庭作业中包括解答好的习题,就会给学生提供一种辅导或帮助。一个以学习能力差的和过去学习失败的学生为对象的研究证明(Carroll,1994),使用样例教学方法能够使差生的解题时间更短,更少需要老师的讲解或辅导;他们在遇到解题困难时可以参考"解答好的习题",而不会像过去那样要么花许多时间徒劳地苦想,要么灰心地不完成作业;他们能够比过去更长时间地思考课堂作业和家庭作业。也有研究证明(Reeves & Weisberg,1994;Bernardo,1994),在样例学习中,学困生通过比较,可以看出应用题之间表面特征不同,但解答思路相同,从而容易形成抽象图式,不仅提高了后来解题的成功率，而且锻炼了归纳推理能力和发现能力。我们还认为，样例学习可以防止学困生由于解题错误得不到及时纠正而形成错误概念或认识，有利于他们形成自我检查错误的习惯和提高监控自己理解的能力。

国内其他许多学者的研究也证实运用“解答好的习题”进行练习（我国的一些教师称之为“阅读题”）具有许多优点。例如，许永勤和朱新明(2000)认为，样例学习的优势主要表现在以下四个方面：

(1)学生在问题解决时，更多地求助于样例而不是规则，因而，样例学习易化了认知技能的获取。

(2)提供了问题解决的正确形式，将学生的注意力引向与学习有关的部分，有效地防止了错误学习和“手段－目标”分析策略的使用，从而减轻了学生的认知负荷，提高了解题效率。

(3)样例学习中提供了大量的例题和习题，明确表明了与学习有关的关键成分：规则的功能、适用条件及在具体情境中的操作，从而有利于学生正确归纳所学规则，并根据问题的解决办法进行分类。

(4)样例学习改变了学生被动接受知识的地位，极大地调动了他们的学习积极性，因而，样例学习有助于培养学生的思维能力，提高他们的问题解决技能。

2. 样例学习的劣势

当然，运用解答好的习题，还存在许多值得进一步研究的问题。例如，有些学生在运用解答好的习题时，不是先比较这些已解答的习题之间数量关系的一致性，而是先看解答步骤或方程式，结果只能够生搬硬套学过的例题；有些差生反映，不知如何运用已解答好的习题；有的差生形成对答案的依赖性，不愿独立思考；样例的大量使用可能使学生缺乏独立思考的学习动机，还可能阻碍学生创造性解决问题。

Lee(1998)认为:(1)样例并不能充分地提供专家如何思考问题的信息,它只展示了专家思考的成果;(2)样例不能把学生所需的大范围的技能都表现出来;(3)设计具有难度等级的合适的样例非常困难。

鉴于样例学习可能存在的这些问题,因而在运用这种学习方式时,我们认为应注意以下几点:

第一,该方式主要用于复杂的习题,相对简单的习题还是要让学生独立思考。

第二,在样例学习过程中,最好要求学生先独立思考几分钟,并注意自己的思考方式,然后再看解答好的习题,并对照自己的思路,从中得到启发。

第三,要促进学生进行解题思路的总结,力争做到"读完一个题,会解一类题"。这一点非常重要。许多学生在完成作业时,他们的主要目标是找正确答案,好尽早向老师"交差"。他们不知道在千辛万苦找到答案之后要进行反思,思考这一问题的思路特点是什么,这一思路还可以用来解决什么问题(条件化)。因此,这些学生做一个题就只会一个题,做过的题就会做,没做过的题就不会。这样逼得老师不得不采用题海战术。而解答好的习题,已经把答案(解答过程)写出来了,答案不重要了。此时最重要的是思考这个题的解题思路是什么,这个思路还可以在什么情况下用,真正做到举一反三。

第四,经常复习这些习题,回忆这些题的解题思路,防止遗忘,以确保自己头脑中的思路越积累越多。

总之,样例教学法有其长处,也有其缺点,应该有条件地加以使用。

网络教学中运用"解答好的习题"时,我们认为应该注意:

第一,传统的练习方式仍应保留,和样例学习相辅相成。

第二，在图式形成阶段(学习新概念时)和综合复习阶段(需大量积累解题经验和解题思维之时)，样例学习特别有效。

第三，恰当使用不完整样例学习方法。可以把样例和习题看作一个连续体上的两个端点，而不完整的样例居于这两个极端之间。不完整样例的不完整程度也可以系统变化，这取决于不完整样例省略步骤的多少。在网络课程设计中，可以依据教学目的、教学内容和学生的状况，灵活地处理不完整样例所省略的步骤数量，逐步从样例学习过渡到问题解决学习。

三、样例学习中的认知负荷

上面已经提到，人们在问题解决学习中，会消耗大量的认知资源，即产生较高的认知负荷(cognitive load)。认知负荷的高低决定了学习者大脑负担的高低和学习效率的高低，因此是智能化网络教学设计中必须考虑的重要因素。

1. 样例学习与认知负荷

荷兰的两位研究者(Paas & Merrienboer, 1994)用实验证明“解答好的习题”的确有利于降低学习时的认知负荷(cognitive load)。他们利用计算机进行研究。将 60 名中等技术学校的 4 年级学生随机分成 4 组。第一、二组是传统教学组，所学的问题都是没有解答的。计算机呈现问题，学生在计算机上做出反应，当第一次出现错误时，计算机自动提供“错了”的反馈信息，此时学生进行第二次思考，如果第二次错了，或思考了 10 分钟仍解答不出来，就由计算机提供答案，学生可以再学习 5 分钟。第三、四组是解答好的例题学习组，所学的题目和第一、二组相同，但一开始接触问题时就附有答案。

所有组都学习了 6 个习题，其中第 1、3、5 题是三种不同的类型的题目(分别是计算一个线段的长度，计算坐标中两点的距离，将一个绝对坐标转化为相对坐标),第2、4、6题,或者是1、3、5的低变化题(题的内容未变,只是数字变了),由第一组和第三组学习;或者是高变化题(不仅数字变了,而且数量关系也变了,但类型未变),由第二和第四组学习。因此,4个组依次是:传统低变化组、传统高变化组、样例低变化组、样例高变化组。

4个组学习了这6个习题之后,接受6个题的迁移测验,这6个迁移测验题都未提供答案,涉及6个习题中的知识,但和6个习题的类型不同(远迁移测验)。

在学习6个习题之后和迁移测验之后,都让被试给自己所需的"心理努力程度"评等级,1分表示最不需要努力,9分表示最需要努力。将这一测量指标作为认知负荷的统计指标。实验结果见表1(表中括号内数字为标差)。

表1 四个组实验结果的平均数

	传统低变化组	传统高变化组	示例低变化组	示例高变化组
学习6个习题所需时间(秒)	1230 (280)	1406 (332)	56 (170)	625 (182)
学习6个习题心理努力程度	4.20 (1.08)	4.50 (1.05)	3.20 (1.10)	3.30 (1.14)
迁移测验时间(秒)	1602 (308)	1506 (319)	1483 (439)	1605 (361)
迁移测验正确率(秒)	28.9 (11.7)	27.8 (16.6)	47.8 (13.9)	62.2 (16.0)
迁移测验努力程度	5.90 (1.13)	6.10 (0.66)	5.50 (1.11)	5.20 (1.13)

从表1可以看出,示例组在学习阶段,所付出的心理努力程度低,所花的学习时间少(几乎只有传统组的一半),然而学习后的迁移测验正确率高,所需的

心理努力程度也低,尽管所用时间上无显著差别。这一结果证实了"解答好的习题"能降低学习时的认知负荷(心理努力程度),因此有助于"分配"一些能量给"图式形式",所以能提高迁移测验的成绩。而且,这种积极作用在"解答好的习题"变化大的时候更明显,第四组的迁移测验成绩最高,为62.2%。

在传统的习题解答中,学生不仅认知负荷重,而且会产生许多尝试性的错误,浪费了时间,也搅乱了"正确解题步骤"的明晰性,不易形成图式。尽管传统组的学生最终知道答案(或者是自己解出来的,或者是由计算机最后提供的,而且,如果是计算机提供的,还给以5分钟的"复习"时间),学习的总时间也长于样例组,但是,迁移测验成绩传统组明显低于示例组。这证明,要促进"图式的形成",至少必须具备两个条件:学习时必须把注意指向抽象图式的形成,而不能把时间花在错误的尝试上面;学习时认知负荷不能"超载",必须设法降低解题时的认知负荷,以便分出"容量"去注意抽象图式的学习。

2. 认知负荷与网络教学设计

研究者(Paas,2003)根据认知负荷的性质,将样例学习中的认知负荷分为内在认知负荷(intrinsic cognitive load)、外在认知负荷(extraneous cognitive load)和有效认知负荷(germane cognitive load)。

内在的、外在的和有效认知负荷三者之间是相加关系,进行学习的前提是三者的总负荷不能超过一个人的工作记忆容量。如果三者的总负荷超过了学习者的工作记忆容量,那么,学习者不仅会不能真正理解和掌握知识,而且会在学习过程中承受过大的脑力负担和心理负担,学习效率低下。所以,在网络课程设计的时候必然会涉及这三类认知负荷如何恰当处理的问题。

(1)内在认知负荷

内在认知负荷是指学习过程中各认知成分间的交互作用所产生的大脑认知负荷。内在认知负荷不能通过教学操纵来改变。只有省略一部分交互作用成分来减轻这种负荷。

(2)外在认知负荷

外在认知负荷是指材料的呈现方式带来的认知负荷。这种认知负荷会干扰图式获得和规则自动化,所以应该尽量降低。

因为外在和内在的认知负荷是相加关系,所以当内在认知负荷高的时候,外在认知负荷尤其重要,因为总的认知负荷可能会超过工作记忆容量;如果内在认知负荷低,外在认知负荷的水平就不是那么重要。所以,试图减少认知负荷的教学设计在内在认知负荷高的时候是有效果的;当内在认知负荷低的时候,试图减少外在认知负荷的设计几乎是没有效果的(Paas,2003)。

(3)有效认知负荷

和外在认知负荷一样,有效认知负荷也区别于内在认知负荷。有效认知负荷受教学设计影响。向学习者呈现信息的方式和学习者要进行的学习活动都与有效认知负荷有关。然而,外来认知负荷干扰学习,有效的认知负荷却促进学习。例如,提高努力程度和动机可以增加投入到任务的认知资源。如果这种提高与图式获得和规则自动化有关,那么,这种提高也增加有效认知负荷。

三种认知负荷是相互影响的。内在认知负荷是一种基本的负荷,除非通过建构另外的图式和使已经获得的图式自动化,否则它是不可减少的。大脑的认知资源分配到处理内在认知负荷后,剩下来的认知资源被分配到处理外在认知负荷和有效认知负荷。因此,三种认知负荷可以协同作用,通过使用更有效的教学设计使得外在认知负荷的减少有利于加大可分配给有效认知负荷的认知资源。如果减少外在认知负荷的教学设计促进了学习,这种促进可能是因为减少外在认知负荷释放的额外的工作记忆容量被分配给了有效的认知负荷。同样,图式获得和规则自动化,也可以使得内在认知负荷减少。内在认知负荷的减少降低了总认知负荷,所以释放了工作记忆容量。释放的工作记忆容量允许学习者使用最新学习的材料获得更高的图式。此时,新的循环开始了。多个循环之后,个体就会获得非常高级的知识和技能(Paas,2003)。

第二节　样例设计的实证研究

邢强等(2003)认为,样例学习研究主要集中在样例内特征(intra-example feature)、样例间特征(inter-example feature)、学习者与样例的相互作用三个方面。本节将从这三个方面来综述样例设计的实证研究。

一、样例内特征的研究

样例内特征(intra-example feature)的研究,主要探讨样例本身如何设计才能够更好地提高学习效果,在这一方面已经有一系列研究成果。

1. 有助于降低认知负荷的教学设计研究

(1)无目标习题的设计

无目标(free goal,或 non-goal)的习题,就是将传统问题中的问句删除,改为"尽你的能力得出尽可能多的答案"。一些实验证明,无目标习题的练习方式,也有利于学生在练习中降低脑力负荷,提高练习密度,促进新学知识更快地达到熟练自动化程度,有时候比样例学习效果更优。这说明不管什么样的教学设计，只要能够明显地降低学生学习时候的认知负荷，就能够提高学习效果。

传统的习题中，学生必须同时考虑如下因素：①问题目标；②各种已知条件；③目标和各种已知条件之间的关系或差距；④可采用的计算步骤，它与目标和已知条件之间的关系；⑤如何建立子目标，子目标与总目标、已知条件、其他子目标之间的关系等等。这样很容易使大脑短时记忆的负荷超载，不利于高效练习。下面的一个例子能够说明这一点。

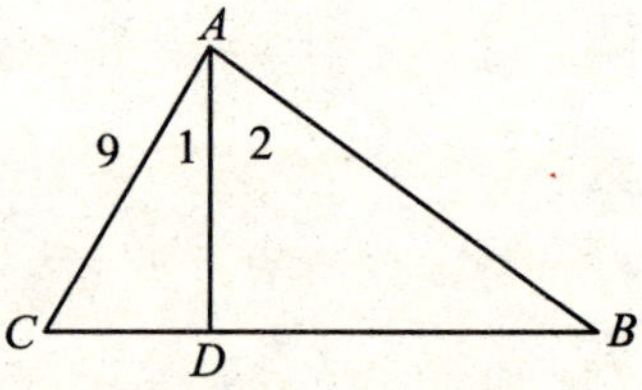

如右图，在△*ABC* 中，*AD* 是 *BC* 边上的高，AC=9，∠1=30°，∠2=40°，求 *BD* 的长。

学生首先要考虑已知条件(*AD* 是 *BC* 边上的高，*AC* 边，∠1，∠2)和未知条件(*BD* 边)的关系，想到用一个三角函数来求 *BD*，为了达到这一目标，要考虑所有的已知条件与目标的关系，可能考虑到∠1 和∠2 的所有的三角函数表达式。当发现用一个三角函数式不能解出这个题时，就要寻找一个子目标，这个子目标要与已知条件和目标都有联系，*AD* 边符合这个条件……寻找这个“子目标”，已使大脑认知负荷很重，更不用说找到子目标以后还有许多思考步骤。对于一个刚开始学习三角函数的“新手”来说，显得很难，花费时间过多，也很难有效促进正弦、余弦、正切等基本定理的熟练自动化掌握。

解决认知负担过重的方法之一，是只提供题目中的已知条件(*AD* 是 *BC* 边上的高，*AC* 边，∠1，∠2)，而不出现未知条件(求 *BD* 的长)，只是要求学生考虑“如何在这个图形中使用已学过的正弦、余弦、正切的定理推理出不知道的条件”。于是学生可能先考虑在△*ADC* 中如何使用这三个定理，计算出 *AD*、*DC*，然后再考虑在△*ABD* 中如何使用这三个定理，很容易发现目标 *BD* 的值。这样的练习不仅达到了同样的练习份量，而且节约了练习时间，减轻了脑力负担，有利于新学习的基本定理的熟练自动化掌握，并且有利于培养学生“充分利用已知条件进行推理”的思维能力，这对于提高学生的解题能力十分重要。

Sweller 和 Cooper(1985)使用平面几何问题作为实验材料，结果发现，无目标问题设计与传统问题相比，迫使学习者进行顺向推理，促进了图式建构。随后，Owen(1985)使用三角函数问题作为实验材料，结果表明，无目标问题促进了正弦、余弦、正切的认知表征的形成，被试在获得阶段问题上和迁移阶段问题上犯更少的错误。Ayres(1993)研究发现，对传统的两步几何问题，更多的错误出现在求子目标上，而不是出现在求最终目标上，因为在求子目标期间，工作记忆中需要考虑的元素多、认知负荷大。相比之下，学生学习无具体目标问题出现更少的错误，因为学习无目标习题不需要建立子目标。近来，Lim(2002)使用平面几何作为实验材料，进一步比较了样例和无目标问题的效果，结果再一次表明，无目标组的被试比传统样例组的被试显示出更大的进步，解决问题更快、更有效、更精确、更少出现错误。

因此，在设计网络课程的时候，我们可以采用只有已知条件而无问题的无目标习题练习方式。例如，下面的选择题就是一种无目标习题练习方式。

如右图：在$\triangle ABC$中，AD是BC边上的高，已知$AC=9$，$\angle CAD=30^\circ$，$\angle 2=40^\circ$，那么，我们可以推理出哪些条件？

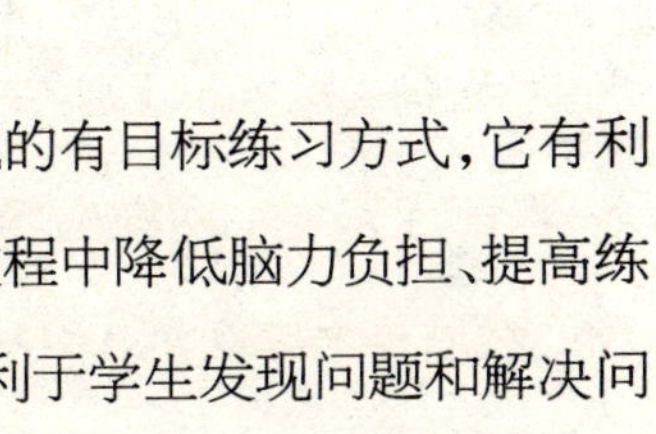

①CD的长度；②AD的长度；③AB的长度；④DB的长度；⑤什么也推理不出来。

虽然有许多实验证明无目标练习方式优于传统的有目标练习方式，它有利于新学知识的熟练化、自动化，并且有利于在练习过程中降低脑力负担、提高练习效率，但是，无目标练习方式也有其局限性，它不利于学生发现问题和解决问题能力的提高，特别是复杂而困难的问题解决能力的提高。无目标习题的解答，主要运用“顺向推理”策略(见第四章第二节)；而复杂问题的解决和创造性问题的解决，在许多时候是“问题定向”的思维过程，需要灵活运用更多的思维策略。所以，在网络教学过程中，必须依据教学目标恰当地、灵活地运用各种教学设计方式。

(2)视觉材料整合设计的研究

研究者主要通过整合样例中视觉材料来减少外在认知负荷。Tarmizi 和 Sweller(1988)研究发现，在数学的许多领域(例如，平面几何)，当使用传统样例作为指导，要求注意分配于两种信息资源时，被试的成绩就不会好于甚至可能差于传统的问题解决设计；但整合问题陈述和图形时，样例学习就会优于传统的问题解决。Atkinson 等人(2000)认为，导致这种现象的原因是，当几何样例要求学习者整合问题陈述和图形之间的信息时，加重了学生的记忆负担，可能会导致样例效应消失。Sweller 等人(1990)认为，要求学生心理上整合相互关联的信息资源(如文本与图形)的平面解析几何的教学材料，误导了注意，加强了过高的认知负荷，阻碍学习。

传统的几何样例，包含了图形和相应的解答步骤(如下页图 1)。为了理解图形和解答步骤，学习者必须在心理上整合它们。例如，为了从解答中理解它们的意义，学习者必须阅读陈述，并且在工作记忆中保持此陈述，然后在图形中搜索相应的部分，将两者结合起来，这需要很大的认知容量。整合样例的图形和陈述可以减少无关认知负荷(如图 2)，图 1 和图 2 中的信息是一致的，仅是教学设计不同。

如图 1，在$\triangle ABC$中，$\angle A=55^{\circ}$，$\angle B=45^{\circ}$，求$\angle DBE$的值。

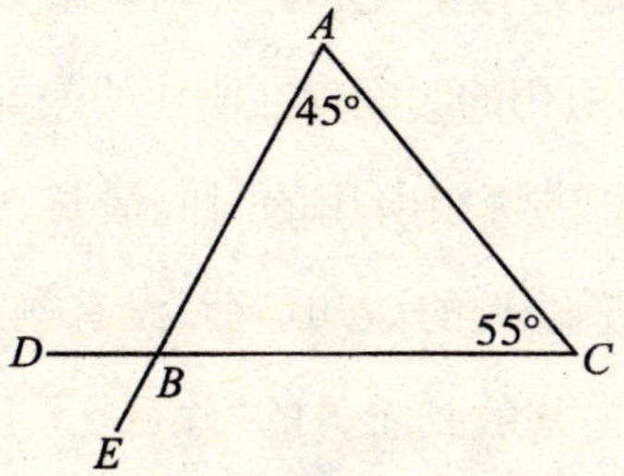

图1

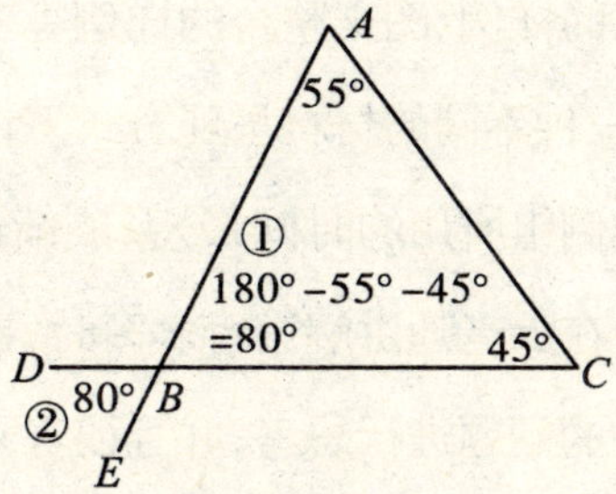

图2

解：$\angle ABC=180°-\angle BCA-\angle CAB$

$=180°-55°-45°$

$=80°$

$\angle DBE=\angle ABC=80°$

Wand(1990)在高中物理课程中做了三个课堂教学实验，比较了整合设计和非整合设计(如表1)的教学效果，结果证实了Tarmizi(1988)的看法。

表1　样例的整合设计

传统样例设计
一辆汽车从静止开始20秒钟后达到40米/秒的速度，问汽车的加速度是多少？ $U=0$ 米/秒 $v=40$ 米/秒 $t=20$ 秒 $v=u+at$ $a=(v-u)t$ $a=(40-0)/20$ $a=2$ 米/秒^2
整合样例设计
一辆汽车从静止(U)开始20秒钟(t)后达到40米/秒(v)的速度[$v=U+at$，$a=(v-u)/t=(40-0)/20=2$ 米/秒^2]，问汽车的加速度(a)是多少？

许远理等(1998)使用“一元二次不等式解法”为学习材料，以教师讲解、图

文分离的样例、图文整合的样例等三种不同的方式出现学习材料。结果表明：(1)在三种不同的材料呈现方式下，被试学习所用的时间存在明显的差异，其中整合样例组所用的时间最短、成绩最好，教师讲解组所用的时间最长、成绩最差；(2)在听老师讲解进行学习时，被试承受了较重的认知负荷，没有剩余时间对有关的问题进行思考，并且很容易使注意力分散到无关的"假目标"上，严重地影响学习的效果；(3)在示例学习中，图文整合的样例有利于减轻被试在学习过程中的认知负荷，表现出比图文分离的样例更好的学习效果。

可见，并非样例设计总比问题解决设计更有优势，特别是当学习材料既有图形又有文本的时候。但是，如果设计者能有效地整合视觉材料，使学习者的认知负荷降低，使注意集中指向于问题的相关方面，样例学习仍然会优于传统的问题解决学习。

(3)视觉材料与听觉材料整合的研究

Mousavi 等人(1995)比较了三种不同的样例格式效应：(1)视视呈现，即几何图形和它们的陈述(问题和证明)都用视觉呈现；(2)视听呈现，即几何图形视觉呈现，它们的陈述(问题和证明)听觉呈现；(3)复合呈现，即图形用视觉呈现，它们的陈述(问题和证明)用视觉和听觉同时呈现。结果发现，混合模式(视听呈现和复合呈现)优于传统的单一模式(视视呈现)。当学生的注意分散于多个信息资源时，会导致过度的认知超载，从而产生分散注意效应。

总之，由于工作记忆单独地加工视觉材料、听觉材料，所以对样例的整合设计除了整合视觉材料外，样例材料的视觉和听觉的整合呈现也是促进学习的好方法。而网络教学的多媒体技术，正具有多感觉整合的优势。因此，在网络课程开发的过程中应该充分地利用这一优势。

2. 子目标设计研究

Catrambone 和 Holyoak(1990)在概率学的教学研究中发现，学习了样例的学生通常不能解决与样例稍有偏差的问题,即所学知识不能很好地迁移。其原因为:学生在学习样例时,若仅直接给他们呈现线性的解题步骤,则可能导致学生仅仅记住这些解题步骤,因为学生的问题表征只能是一个大的单一目标,以及达到这一目标所需的许多步骤。因此,Catrambone 和 Holyoak(1990)认为,如果改变样例的设计形式,使之产生不同的目标结构,并清晰地表示出子目标、达到子目标所需的策略和方法以及子目标间的等级关系,则会改变学生的问题表征,从而有利于学习的迁移。

Catrambone(1995)在概率学的样例教学研究中发现,在样例中,为一些步骤加标签(label)或从视觉上分离出这些步骤,都能帮助学生学习如何确立子目标,使学生更有可能成功解决新问题,这些新问题与样例涉及相同的子目标,但需要不同的步骤实现子目标。

Catrambone(1996)认为,建立了子目标结构表征的学生,之所以能够有效地迁移,可能存在三个原因:(1)目标结构表征本身是有意义的,将知识有机地结合在一起;(2)若解决具有相同的子目标、不同解决方法的问题,学生可通过寻求先前知识来解决问题;(3)若所有的解决方法都不能达到子目标,学生可在较少的搜索空间寻找错误之处。

因此,Catrambone(1998)提出了子目标学习模型:(1)通过在样例中对子目标加上标签(或从视觉上将完整的解题步骤按照子目标的不同分离开来)等提示(cue)手段,导致学习者将解题步骤分割成一个个的组块;(2)组块分割后,学习者尝试自我解释为什么这些步骤可以组合在一起;(3)自我解释的结果是子目标结构的形成。

这种教学方法很容易在网络课程的设计中运用,必须引起足够的重视。

二、样例间特征的研究

样例间特征(inter-example feature)的研究目的主要是探讨样例的个数、样例的变异性和样例的呈现方式等因素对样例学习效果的影响。

1. 样例的个数

Reed 和 Bolstad(1991)研究了 1 个样例和 2 个样例在不同呈现方式下学习的效果,结果认为 2 个样例条件下的被试可以灵活地使用样例信息进行问题解决(转引自:邢强,2003)。

2. 样例的变异性

Gick 和 Holyoak(1983)研究发现,不管学习变异性的样例还是学习相似性的样例,被试的问题解决迁移成绩都没有差异。但 Paas 等(Paas & Merrienboer,1994)使用几何材料研究发现(见本章第一节),高变异的样例组的被试比低变异性的样例组的被试问题解决迁移的成绩好,而且证明"解答好的习题"的确有利于降低学习时的认知负荷。

3. 多个样例的呈现方式

Trafton(转引自:邢强和莫雷,2003)设计了样例的呈现方式:交互式、分块式。在交互式的条件下,呈现给被试 6 个样例组(样例的表面内容是不一样的,每个样例有不同的虚构故事),呈现的方式是交互式:样例 1,练习 1;……样例 6,练习 6。在分块式的呈现方式是:样例 1……样例 6;练习 1……练习 6。结果发现:在交互式条件下被试比在分块式条件下的解题时间短、正确迁移的数量多。

Stark(1999)对不完整的样例的作用进行了研究,结果发现,与完整样例组相比较,不完整样例组被试的自我解释质量高,问题解决方法的迁移效果更好。

但这一研究结果与 Paas(1992)使用统计学方面的学习内容的研究结果不一致,Paas 发现不完整样例和完整样例学习间没有差异(转引自:邢强和莫雷,2003)。

邢强和莫雷(2003)认为不管是多重样例的变异性还是不完整样例的呈现,都应该找到外部教学的积极支持。因为提供多样性的样例和利用不完整样例,都并不足以引起自发迁移。必须在提供多样性样例的同时明显地指导被试比较样例的相似性,在利用不完整样例的同时明确地要求被试注意结构的完整性,只有这样才能提高迁移效果。在没有图式归纳的情况下,多重样例和不完整样例的使用都几乎没有什么效果。这表明,在呈现多重样例和不完整样例的情况下图式归纳并不能自动进行,自发的学习活动不能满足图式归纳的要求。

三、学习者与样例的相互作用

学习者与样例的相互作用的研究主要集中于自我解释的研究。一些研究发现,个体在进行样例学习时存在个体差异。Chi 等人(1989)首先对样例加工过程中的个体差异进行了研究,提出了自我解释效应。自我解释效应是指在样例学习中自我解释数量多、质量高的学习者在后来的问题解决测试中的成绩好(转引自:邢强和莫雷,2003)。

Vanlehn 和 Chi(1992)研究了好的问题解决者与差的问题解决者之间的差异,结果发现主要存在以下四个方面不同:(1)在样例学习时,好的问题解决者做出更多的自我解释;(2)在样例学习时,好的问题解决者自我监控更精确;(3)在问题解决时,好的问题解决者参考的样例很少;(4)在问题解决时,好的问题解决者参考的样例更具有目标性。

裴利芳等人(1997)等对领域知识与自我解释策略间的关系进行了研究,研究结果发现，高领域知识的被试在学习样例时，他们主要采用发现意义和建立联系的策略，扩展了解题步骤的条件，强化了条件认知过程；低领域知识的被试采用“句法加工策略”对样例进行分析、理解，他们的解释较少与已有知识进行联结，因此，经常无法正确区分规则的适用条件，出现了较多的错误。

由于自我解释质量高的学习者在后来的问题解决中的测试成绩好，因此促进学习者的自我解释就显得尤其重要。促进自我解释的样例设计，分为直接方式（进行自我解释策略的训练）和间接方式（构造有利于促进自我解释的学习材料）。

自我解释可以被直接训练。Renkl 和 Atkinson(2001)的研究表明，短期自我解释策略训练有效地促进了学习者在学习阶段进行“目标－运算”联系的解释和基于规则的解释。另一个研究表明(Bielacayc et al. ,1995)，在训练中使用的自我解释策略和自我调节策略有益于学习和问题解决成绩的提高。

自我解释的心理机制是什么呢？当学习者具备了丰富的图式后，就可以根据这些图式对给定的样例做出解释。基于解释的学习(explanation-based learning, EBL)说明了在有相关图式支持的情况下，通过对少量样例加以解释和概括来发展或修正原有图式的过程。

基于解释的学习(explanation-based learning, EBL)和基于相似性的学习(similarity-based learning, SBL)都是图式获得的方法，只不过学习者的经验不同罢了。这种基于相似性的学习机制主要存在于知识贫乏领域，因为如果在一个领域没有可以利用的知识，就只好根据样例的相似性概括出图式，SBL 解释了没有领域知识的情况下，通过归纳和概括形成新图式的过程。因此，样例学习的图式获得的机制有两种：基于相似性的学习(similarity-based learning, SBL)与基于解释的学习(explanation-based learning, EBL)。

第三节 网络课程中的样例设计

我们对国内中学数学网络课程进行了专题研究发现，绝大多数数学网络课程仅以名校为优势，把数学教案和数学试卷呈现给学生，在教学内容的呈现方式、学习者的学习方式、教师的教学方式和师生互动方式方面并未产生根本的变革。本节仅从问题的呈现方式的变革入手，主要讨论完整样例设计和不完整样例设计的方法。

一、完整样例设计

完整样例设计是比较早期的样例教学设计，是在课程设计中将习题和解答步骤完整地呈现给学习者。下面以答案呈现法和思路反思法为例，说明完整样例设计的使用。

1. 解答步骤呈现法

完整样例设计的最简单形式是先出现习题，然后按照“小步子”原则呈现习题的解答步骤，最后要求学生进行反思。

下面是答案呈现法设计的一个典型例子。

请阅读并思考下面一个习题的解答步骤：

在车站开始检票时，有 $a(a>0)$ 名旅客在候车室排队等候检票进站，检票开始后仍有旅客继续前来检票入站。设旅客按固定的速度增加，各个检票口的检票速度相同且不变。若开放一个检票口，则需 30 分钟才可将旅客全部检票完毕，若开放 2 个检票口，则需 10 分钟便可将旅客全部检票完毕。如果要在 5

分钟内将旅客全部检票完毕，以使后到站的旅客能随到随检，至少要同时开放几个检票口？

步骤1：设立未知数。设旅客进入候车室排队的速度为 x 人/分钟，每个检票口检票的速度为 y 人/分钟。

步骤2：依据“开放一个检票口，则需30分钟检票完毕”可列方程为：

$30y = 30x + a$

步骤3：依据“若开放2个检票口，则需10分钟检票完毕”可第二个列方程为：

$20y = 10x + a$

步骤4：联立上面的两个方程，解这个方程组后得到的解是：

$x = \frac{a}{30}, y = \frac{a}{15}$

步骤5：如果设5分钟内全部检票完毕需开放 n 个窗口，那么列出的方程是：

$5 \times \frac{a}{15} \times n = 5 \times \frac{a}{30} + a$

解方程得到：$t = 3.5$，　取整得4。

步骤6：从这个习题中我们学到了什么解题“诀窍”？（多选题）

A. 解题步骤的第一步就是：题目问什么就设什么为 x

B. 解题的时候不忙设立未知数，要先看清楚题目中隐含的恒等关系

C. 依据题目中隐含的恒等关系来设立未知数

D. 学习一个习题的解题步骤，主要是为了学习这个题目的思路

【做出选择后。请点击此处查看反馈信息】

这种最简单的样例设计的优点是网络课程的开发工作量小，容易做到，比

较适合于知识的复习巩固或拓展。但是,这种设计不能够展现解题的思维过程,不利于学生学习新的解题思维策略。更有利于学生学习解题思维策略的设计方法见下面的不完整样例设计中的“思维策略性设计”。

2. 思路归纳反思法

关于高效率学习策略的研究十分重视解题之后的思路总结(张庆林,1995),强调学生在解题之后要进行反思,总结思路,积累思路。

完整样例设计最有利于强化学生的思路总结与反思。例如,设计网络课程的时候,可以明确要求学生在阅读样例之前先独立思考,然后再学习样例,并将自己的解题思路和样例的思路做比较,体验样例的解题思路和技巧。

也可以要求学生在学习了完整样例之后主动思考:自己是否已经把握与该题有关的知识结构,是否达到了通过练习掌握知识的目的;自己是否已经把握该题的解题思路与技巧,这样的思路还可以用来解决哪些类似的问题或变式问题。

下面一个习题就是在学习了上述“开放几个检票口”的样例之后的思路归纳练习。

和上面这个“开放几个检票口”习题的解题思路相同的题目是:(多选题)

A. 在车站开始检票时,有300名旅客在候车室排队等候检票进站,设检票开始到停止检票的30分钟内每分钟仍有20名旅客继续前来检票入站。每个检票口的检票速度是每分钟20名。如果要在停止检票前将已经达到的旅客全部检票完毕,至少要同时开放几个检票口?

B. 在车站开始检票时,已有一批旅客在候车室排队等候检票进站,检票开始后仍有旅客继续前来检票入站。设旅客按固定的速度增加,各个检票口的检票速度相同且不变。此时如果开放一个检票口,则需40分钟才可将旅客全部检票完毕，若开放2个检票口，则需20分钟便可将旅客全部检票完毕。如果要在20分钟内将旅客全部检票完毕，以使后到站的旅客能随到随检，至少要同时开放几个检票口？

C. 一个煤矿发生矿下渗水，已经有100吨积水。设开始抽水后渗水按固定的速度增加，此时若用一台抽水机抽水，则需20小时才可将积水全部抽完；若用2台抽水机抽水，则需12小时才可将积水全部抽完。如果要在5小时内将积水抽完，至少要同时开通几台抽水机？

D. 一个煤矿发生矿下渗水，已经有150吨积水。设开始抽水后渗水以每小时10吨的速度增加，如果一台抽水机每小时能抽水10吨，那么要在10小时内将积水抽完，至少要同时开通几台抽水机？

【做出选择后。请点击此处查看反馈信息】

上面的A、B、C、D四个习题中，A、B是和原题表面相似的题目，但是只有A题是和原题思路一致的题目(近迁移)，C、D是和原题表面不相似的题目，但是C题和原题的解题思路一致(远迁移)。反馈中着重解释C题和原题思路一致的地方。

除了上述这种设计方式外，还可以设计下列反思问题引导学生对样例的解题思路进行反思：(1)此样例解答思路的关键是什么？(2)此样例问题解决的思路还可以应用于其他哪些情境(条件化)？(3)此样例的问题能否一般化？(4)此样例的问题能否特殊化？(5)若改变此样例的问题的某个条件，结论将会如何？

由于这些反思问题的设计都不是选择题，所以一般采取【请自己独立思考以后点击此处，查看正确答案】的反馈方式。

3. 解题思路条件化

在样例学习中，不仅思路的归纳是重要的，而且思路的条件化也十分重要。

学生学习到的知识容易成为“僵化的知识”，只能在与学习情境相同的情况下才能使用，不知道学到的知识还可以在其他什么情况下有用，不能够迁移，做不到举一反三。条件化设计就是为了解决这个问题。

下面是一个条件化设计的一个例子。

例题：如图，在等边$\triangle ABC$中，D、E分别在AC、AB上，且$\frac{AD}{AC}=\frac{1}{3}$，$AE=BE$，试证明：$\triangle EAD\backsim\triangle BCD$。

思考：证明两个三角形相似，有哪些思路？本题最适合用哪一条思路？

【请独立思考之后点击此处，查看提示】

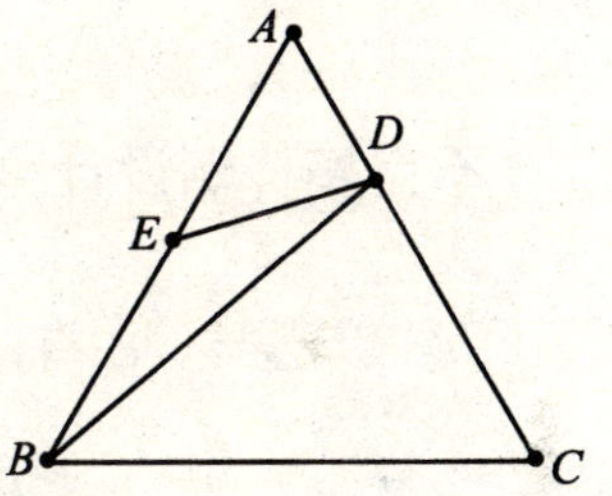

证明：$\because\triangle ABC$是等边三角形

$\therefore\angle A=\angle C, AB=AC=BC$

$\therefore\frac{AD}{AC}=\frac{1}{3}$

设$AD=k$，则$AC=3k$

$\therefore CD=2k$

$\therefore AB=BC=3k$

$\because AE=BE$

$\therefore AE=BE=1.5k$

$\therefore\frac{(\quad)}{(\quad)}=\frac{k}{1.5k}=\frac{2}{3}$

$\frac{(\quad)}{(\quad)}=\frac{2k}{3k}=\frac{2}{3}$

$\therefore\frac{AD}{AE}=\frac{CD}{BC}$

又$\because\angle A=\angle C$

$\therefore\triangle EAD\backsim\triangle BCD$

反思:这个题目用的是三角形相似证明的SAS方法,那么,在哪些条件下我们会优先考虑运用SAS方法呢?

【请独立思考之后点击此处,查看提示】

条件化设计的最重要原则有两点:第一,归纳思路。要引导或帮助学生归纳出该题的解题思路,上述样例中最能够体现SAS方法的三个步骤,特别加大了字号,就是为了帮助学生归纳出SAS思路;第二,思路条件化。要引导学生将归纳出的思路条件化,即知道这种解题思路适用于哪些场合(适用条件),今后遇到适合的场景(条件),就应该能够判断出“适合于使用这个解题思路”的结论。

二、不完整样例设计

尽管完整样例法有许多优点,但是,不利于学生思维技能的提高。我们建议参考样例学习中自我解释(self-explanations)的研究成果,利用样例的不完整设计来进行主观题的教学。样例的不完整设计主要包括以下四种方法。

1. 预期性设计

从好的学习者和差的学习者的自我解释的差异来看:差的学习者仅简单地接受样例的解答,不去检查它,也不自己去推导它;而好的学习者会自己重新推导样例的解答。而传统的中学数学网络课程通常同时呈现主观题的题目及其解答,这样会造成差的学习者死记样例解答的步骤。预期性设计就是针对这个问题设计的。

预期性设计要求学习者对样例的解答步骤进行推理预测,可以避免学生死记样例解答的步骤。预期性设计的基本方式是:第一步呈现样例的题目,以后每次只呈现一个步骤,迫使学生对下一步进行推理预测。

预期性设计的呈现方式有两种:一种是分屏显示每个解题步骤,第一屏呈现样例的题目,以后的每一屏都呈现其后的一个步骤;另一种是在一屏中逐步显示每个解题步骤。无论哪种呈现方式,都需要由学习者控制,因为学习者控制不仅能适应个体差异,也能培养学习者的主动性。

Renkl(1997)研究了由学习者控制的一步一步呈现方法,证明这种设计有利于提高学习成绩。用预期推理方式设计的主观题之所以能提高学习者的成绩,不仅因为此设计促使学习者自己一步一步地独立预测、推理,而且因为学习者的预测和推理能够得到及时的反馈,纠正了不正确的自我解释。是预期性设计适用于能够清晰展现解题步骤的样例,例如,解方程、解不等式、几何证明题、数学计算题等。

2. 过渡性设计

过渡性设计是指从样例学习过渡到问题解决学习的设计(Renkl & Atkinson,2001),是预期性设计的延伸。此设计一开始呈现完整的样例的解答过程,然后逐渐减少样例解答的步骤,而且是从解答的最后一步一步地省略,这是计算机控制的,最后,只剩下样例的题目(即习题)了。如此的逐步递减,实现了由完整样例到不完整样例再到独立解决问题的逐步过渡,从建构主义的观点来看,就是逐渐撤掉脚手架(scaffold)的过程。Renkl 和 Atkinson(2001)的研究表明:递减步骤的设计至少在近迁移方面促进了学习。

例如:解一元一次方程的解题步骤包括去分母、去括号、移项、合并同类项和“化系数为 1”五个步骤。设计思想为:按照解方程的五个步骤,逐渐从完整样例变成不完整样例,再从不完整样例变为需要独立解答的习题。下面的例 1 到例 6,就是一个过渡性设计的典型。

例 1　解方程　$\frac{y-1}{3}=\frac{y}{2}-1$

解：去分母得 $2(y-1)=3y-6$

去括号得　$2y-2=3y-6$

移项得　$2y-3y=-6+2$

合并同类项得　$-y=-4$

系数化为1得　$y=4$

例2　解方程：$\frac{x-1}{3}-\frac{x+2}{6}=\frac{4-x}{2}+1$

解：去分母得　$2(x-1)-(x+2)=3(4-x)+6$

去括号得　$2x-2-x-2=12-3x+6$

移项得　$2x-x+3x=2+2+12+6$

合并同类项得　$4x=22$

系数化为1得　________________

例3　解方程：$\frac{10x+1}{12}=\frac{2x-3}{4}+5$

解：去分母得　$10x+1=3(2x-3)+60$

去括号得　$10x+1=6x-9+60$

移项得　$10x-6x=60-9-1$

合并同类项得　________________

系数化为1得　________________

例4　解方程　$\frac{x+1}{2}-\frac{x}{6}=4+\frac{2x-1}{3}$

解：去分母得　$3(x+1)-x=24+2(2x-1)$

去括号得　$3x+3-x=24+4x-2$

移项得　________________

合并同类项得　________________

系数化为 1 得 ____________

例 5　解方程 $x-\frac{x+1}{5}=-\frac{x-2}{3}-\frac{1}{2}$

解:去分母得　$30x-6(x+1)=-10(x-2)-15$

去括号得 ____________

移项得 ____________

合并同类项得 ____________

系数化为 1 得 ____________

例 6　解方程　$\frac{0.1x+0.05}{0.2}-\frac{0.2x-0.05}{0.5}+\frac{5}{4}=0$

解:去分母得 ____________

去括号得 ____________

移项得 ____________

合并同类项得 ____________

系数化为 1 得 ____________

3. 子目标设计

利用子目标进行样例填充的设计有两种方式。第一种方式只呈现给学习者子目标,把达到此子目标的策略和方法设为空格,引导学习者顺向推理。第二种方式把子目标设为空格,呈现达到子目标的策略和方法,引导学习者逆向推理。

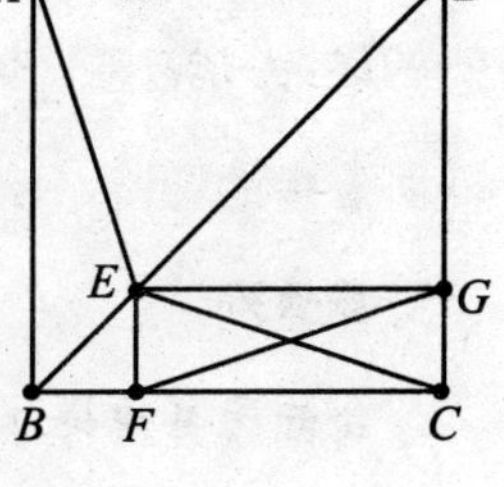

例题:如图,在正方形 $ABCD$ 中,E 为对角线上一点,$EF\perp BC$,$EG\perp DC$,求证:$AE=FG$。

解:子目标(1):证明 $AE=EC$

____

子目标(2)：再证 $EC=FG$

4. 思维训练设计

思维训练设计，其实是上述三种设计的综合使用，其特色是突出解题思维过程和方法。

如前所说，完整样例设计不能够展现解题的思维过程，不利于学生学习解题思维策略。如果按照思维策略的训练方式，把一个习题按照解题思维阶段分解成若干步骤，依据这些步骤设计出一些预期题与选择题，那么更有利于学生的思维训练。

一个习题究竟划分为多少个解题步骤，每一个解题步骤设立多少个预期题或选择题，可以灵活处理。一般来说，对于新学的知识或策略，步骤宜多、步幅宜小；而对于比较熟悉的知识或策略，步骤宜少，突出最重要的步骤。

针对新学策略的多步骤、小步幅的教学设计的一个典型例子，请参见第四章第二节关于“列方程解应用题思维策略训练”的一个典型例子。下面是一个少步骤、大步幅设计的一个典型例子(适用于比较熟悉的知识或策略)，这个样例的设计只突出了少数几个步骤(步骤 1、2、3 和 11)。这个习题和上述的完整样例法中的“开放几个检票口”的样例是相同的，对比起来阅读就可以明了两种设计的差别。

请阅读并思考下面一个习题的解答步骤：

在车站开始检票时，有$a(a>0)$名旅客在候车室排队等候检票进站，检票开始后仍有旅客继续前来检票入站。设旅客按固定的速度增加，各个检票口的检票速度相同且不变。若开放一个检票口，则需30分钟才可将旅客全部检票完毕。若开放2个检票口，则需10分钟便可将旅客全部检票完毕。如果要在5分钟内将旅客全部检票完毕，以使后到站的旅客能随到随检，至少要同时开放几个检票口？

步骤1：这个习题中的哪些量是变量？（多选题）

A. 开放的检票口：1个、2个、n个

B. 检票完毕所限定的时间：30分钟、10分钟、5分钟

C. 检票口检票的速度

D. 开始检票后旅客的增加速度

【做出选择后。请点击此处查看反馈信息】

步骤2：是否存在和变量密切相关的恒等关系？（多选题）

【请独立思考之后点击此处，查看提示】

变中有不变！即：全部检票完毕的时候，“已经检票的旅客人数”总是等于“已进入候车室的旅客人数”。即：

“检票口数量”、“限定的检票时间”和“检票速度”三者的积乘，总是等于“检票时间”乘以“旅客增加速度”加上a。

步骤3：将限定的检票时间（30分钟、10分钟、5分钟）分别代入这个恒等关系，可以得到几个等式？（多选题）

A. 1个　　B. 2个　　C. 3个　　D. 0个

【做出选择后。请点击此处查看反馈信息】

步骤4：上述恒等关系中，包含了“检票口数量”、“检票时间”、“检票速度”、

“旅客增加速度”4 个未知量，那么，在这 4 个未知量中，您认为怎样设立未知数？

【请独立思考之后点击此处，看一看提示】

第一方案：由于可以找到 3 个等式，所以可以设立 3 个未知数。

设：开放 n 个检票口能在 5 分钟内检票完毕，旅客进入候车室的速度为 x 人/分钟，每个检票口的检票速度为 y 人/分钟。

第二方案：如果没有学过 3 元方程，可以设立 2 个未知数。

设：旅客进入候车室的速度为 x 人/分钟，每个检票口的检票速度为 y 人/分钟。

步骤 5：若设旅客进入候车室排队的速度为 x 人/分钟，每个检票口检票的速度为 y 人/分钟，则依据“开放一个检票口，则需 30 分钟检票完毕”可列方程为：

【请自己独立思考以后点击此处，查看正确答案】

$30y=30x+a$

【自己不理解这个方程的时候，请点击此处查看说明】

说明：30 分钟检票口检票 $30y$ 人，30 分钟有 $30x$ 人来排队，原有 a 人，

由“全部检票完毕”知：$30y=30x+a$

步骤 6：依据“若开放 2 个检票口，则需 10 分钟检票完毕”可第二个列方程为：

$20y=10x+a$

【自己不理解这个方程的时候，请点击此处查看说明】

说明：10 分钟两个检票口检票 $20y$ 人，10 分钟有 $10x$ 人来排队，原有 a 人，由“全部检票完毕”知：$20y=10x+a$

步骤 7：联列上面的两个方程，得到的方程组为：

$30y=30x+a$

$20y=10x+a$

步骤 8：解方程后得到的解是：

【请自己独立计算以后点击此处，查看正确答案】

$x=\frac{a}{30}, y=\frac{a}{15}$

步骤 9：如果设 5 分钟内全部检票完毕需开放 n 个窗口，那么列出的方程是：

【请自己独立思考以后点击此处，查看正确答案】

$5\times\frac{a}{15}\times n=5\times\frac{a}{30}+a$

步骤 10：至少需开放多少个窗口？

【请自己独立计算以后点击此处，查看正确答案】

解方程得到：$t=3.5$，取整得 4。

步骤 11：从这个习题中我们学到了什么解题"诀窍"？（多选题）

A. 解题步骤的第一步就是：题目问什么就设什么为 x

B. 解题的时候不忙设立未知数，要先看清楚题目中隐含的恒等关系

C. 依据题目中隐含的恒等关系来设立未知数

D. 学习一个习题的解题步骤，主要是为了学习这个题目的思路

【做出选择后。请点击此处查看反馈信息】

从上述样例教学的过程可以看到，我们所建议的注重思维训练的样例学习是从引导学生分析数量关系入手的，直到最后才出现列方程、解方程的步骤，而不是一开始就出现列方程、解方程的步骤。

上面的这个例子并没有列出反馈的内容。其实，运用完整样例设计的时候，反馈的设计十分重要。

设计反馈内容的时候，可以根据教学需要设计不同形式的反馈，例如，可以灵活采用三种形式的反馈设计：基于策略的反馈、基于概念和规则的反馈、提供正确解答的反馈。

三种反馈适用于不同的场合，例如，针对策略教学的习题的反馈，主要采用基于策略的反馈；针对知识教学的习题的反馈，主要采用基于概念和规则的反馈。还可以综合运用三种反馈设计。例如，在学生做选择题的时候，如果学生第一次选择发生错误时进行策略反馈，即提示解题策略（如，提示学生仔细审题，提示学生要注意充分利用已知条件进行顺向推理，提示学生要利用未知条件设立子目标等），然后要求学生重新选择；如果学生第二次选择又产生错误，则进行基于概念和规则的反馈，引导学生把解答过程与已学的概念或规则联系起来，然后再次要求学生重新选择；如果第三次选择还是错误，则进行提供正确解答的反馈（以适应学困生的需求）。

总之，样例学习是网络教学中高效率教学策略之一，不管是完整样例法，还是不完整样例法，都有待我们进一步更深入地研究和更广泛地使用。

第八章　网络教学中科学概念的教学

在科学教育中，概念和概念图式的形成，是重要的教学目标。本章结合物理概念教学的实例，探讨网络教学中如何运用高效率教学策略促进概念和概念图式的形成。

本章首先概述概念与概念图式的定义，接着讨论在网络教学中如何帮助学生纠正错误概念以促进科学概念的形成，最后讨论如何在网络教学中运用有利于促进学生概念图式形成的概念图教学策略。

第一节　概念与概念图式

一、概念的基本特征及其教学策略

1. 概念的基本特征

概念是一类事物共同本质特征的归纳，是构成知识的基本单位。自从有了概念，人们认识世界的过程就得以简化，因为我们不必再去记忆每个独立的、具体的事物。如果没有概念,人类将要面对的是极其庞杂和混乱的情景。

任何概念都有它明确的内涵和外延。例如,力的概念撇开了具体的施力物体和受力物体、具体的运动形态和具体的相互作用形式,概括出了物体之间相互作用的时候所具有的本质属性,这是它的内涵。学习者总是通过谁是施力物体、谁是受力物体,物体在力的作用下是发生形变还是运动状态改变来理解力的概念的。而具有"物体之间相互作用"这一本质属性的各种类型的力,如重力、弹力、摩擦力、库仑力等,则是力这一概念的外延。

2.促进概念形成的教学策略

概念学习始终是科学教育的一项重要内容。学生要用"三角形"、"面积"、"周长"等概念来运算和解题;教师要用"压强"、"能量"、"守恒"等概念来教给学生新的知识。

如何帮助学生在头脑中形成正确的概念,如何帮助学生正确掌握概念的内涵和外延,是网络教学研究必须面对的重要课题。实践证明,运用多种不同的方法能有效促进学生对概念的内涵和外延的把握,这些方法中最常用的是定义讲解和变式练习。

(1)定义讲解

将例子和定义结合起来进行讲解,可以帮助学生充分理解概念的内涵。

帮助学生掌握概念的定义的时候,要注意区分定义性特征与非定义性特征。应该重点讲解哪一个特征是必要的,或者是充分的,或者既是充分又是必要的。例如,通过讨论蝙蝠、企鹅和昆虫,教师可以指出:飞行能力对鸟类来说是非定义性特征(企鹅是鸟却不会飞),它既不是充分的特征也不是必要的特征。

定义讲解中还要注意帮助学生将新学的概念与已知的概念联系起来,促进概念的同化。学习新概念的时候,必须明确新旧知识之间的相互联系与区别,才能真正理解与掌握新概念。这种新旧知识相互作用的结果,能够促使学生在头脑中进而形成更为高度严密的概念结构。

(2)变式练习

变式练习的主要方式是使用大量的例子(包括正例与反例),帮助学生掌握概念的外延。

变式是指概念的正例的变化,例如,矩形、正方形、平行四边形、菱形等都是"四边形"的变式,正三角形、等腰三角形、直角三角形等都是"三角形"的变式。概念教学时,总是先出现若干变式例子,保持概念的本质特征不变,不断改变概念的无关特征,这种习得概念的方式就是变式练习。

反例伴随出现有利于概念的精确化,使学生的概念掌握达到应用水平。

另外,在概念的检测阶段,教师提供概念正例、反例让学生进行判断的过程,实际上也是变式练习的继续。如发现学生的概念未掌握,还要设计更多的变式并伴随反馈练习,直至学生掌握。

本章第二节将进一步讨论如何发挥网络教育的优势以促进学生科学概念的形成。

二、概念图式

1. 图式的定义

图式(schema)是一个很宽泛的概念,绝大多数理论工作者认为,很难为其找到一致的定义。鲁梅尔和诺曼(Rumelhart & Norman,1983)曾将图式定义为"表征记忆中业已储存的有关类概念(generic concept)的资料结构"。Anderson(1990)对此作了某些补充,他称"图式是对范畴中的规律性做出编码的一种形式,这些规律性既可以是知觉性质的,也可以是命题性质的”。

张庆林(1995)结合国内外研究,认为图式实质上是指一种心理结构,它由一系列相互联系、相互作用并结合成一个有机整体的一般知识所组成。它具有如下功能:

(1)建构功能。利用图式建构对客体的理解和解释,人记忆的不是事物本身,而是对事物的理解或解释。

(2)推论功能。利用因式中的已有信息对文章未说明的信息作出推论。

(3)搜索功能。利用图式形成目标指向性,或做出预测,积极主动地寻找有关的更多信息。

(4)整合功能,把输入的信息按照图式的框架整合成一个整体,与图式一致的信息更易记住。

(5)迁移功能,系统的知识结构转化为良好的图式之后,可以举一反三,用此图式可以“同化”新的信息。当然,在同化新信息的同时,图式本身也不断得以丰富、发展、改进。

2. 概念图式

我们将反映一系列概念之间本质联系的认知结构称为概念图式,它属于图式的亚类。

概念,通常是指用一个名称或符号来代表具有共同属性的一类事物、事件或思想。因此,概念的学习就是学习分类,就是将具有共同属性的事物集合在一起并冠以一个名称,把不具有此类属性的事物排除出去。这样来看,一个抽象的概念已经涉及一系列具体概念之间的关系,这样的概念的掌握过程实质上就是概念图式的形成过程。

在科学教育的领域里,概念的范围一般被扩大:只要具有共同属性的事物都是一个概念。这样,定律、公理、规则等也包括了进来。从广义上讲,概念的学习也包括了定律、公理的学习。所以,概念图式也可以理解为一门学科的基本概念及其基本规律所组成的关系结构。从这一视角看,概念图式是指一种心理结构,它由许多相互联系、相互作用并结合成一个有机整体的一系列概念、定律、公理所组成。例如,牛顿第二定律描述了加速度与产生加速度的外力及其质量的关系,有关牛顿第二定律的图式也是概念图式,它是对"运动与力"的范畴中的规律性做出编码的一种形式。

这些规律性既可以是知觉性质的,也可以是命题性质的。学生大脑中的有关牛顿第二定律的本质特征的信息(物体的加速度与产生加速度的外力成正比,与物体的质量成反比)是属于命题性的,而具有加速度的各种物体就属于知觉性的。

不同学生头脑中的概念图式是不同的,不同质量的概念图式对问题解决能力的影响是不同的(参见本书第三章第一节关于认知结构是影响问题解决能力的一个重要因素的论述)。所以,如何帮助学生在头脑中形成高质量的概念图式,是网络教学研究必须面对的课题。

3. 促进概念图式形成的组织策略

认知心理学研究表明,组织策略是促进概念图式形成的高效策略(张庆林,杨东,2002)。组织策略用以发现知识部件之间的层次关系或因果关系,使之结合成为一个严密的结构,以达到有效建构知识的目的。所以,组织策略也是促进概念图式形成的一种高效率教学策略。

组织策略主要有群集法和纲要法。群集法主要用于概念、词语、规则等知识点的归类整理,纲要法主要用于把握材料的结构。

(1)群集策略

群集策略实质上是一种对学习材料进行归类整理的学习方法,也叫归类法。

群集策略的主要测量方法是自由回忆之类的任务。学科教学中的自由回忆任务很常见,例如,学生默写学过的外语生词,默写学过的物理概念等。通过自由回忆任务的测量,就可以看到学生头脑中所累积的概念是有组织的结构,还是“一盘散沙”式的堆积。使用群集策略的学生,他们在知识累积到一定时候就会将所学知识按照一定的类别划分标准进行分类,所以在自由回忆的任务中他们不会杂乱无章地回忆所学知识,而是按照类别标准一组一组地加以回忆。

(2)纲要法

纲要法是掌握学习材料纲目要点及其相互关系的学习方法,也叫提纲挈领法。

常用的纲要法分为主题纲要法和符号纲要法。在科学教育中,最常用的纲要法是符号纲要法。

主题纲要法是运用语句、词汇来表达教材要点及结构层次的一种组织策略;符号纲要法是运用术语、符号、图示、箭头等手段来形象地表达知识点之间内在联系的组织策略。例如,《物理》中关于浮力的公式有很多,很容易使人混淆,如果老师引导学生运用符号纲要法制作如图1所示的一个流程图(符号纲要法之一种)就会一目了然。

由于主题纲要法往往用一组术语(标题)或一个句子来概括相应的知识点,所以对知识点有提示作用。符号纲要法则不同,它往往用一个术语或一个符号来代表一个知识点,从形式上看更简明扼要,更能够揭示概念之间的关系,但对知识的描述性不强。所以,这一方法的使用有赖于对有关知识内容的熟悉把握，例如，学生必须熟悉浮力、质量、g、p 等术语和符号，才能理解和掌握图 1（关于浮力的符号纲要图）。

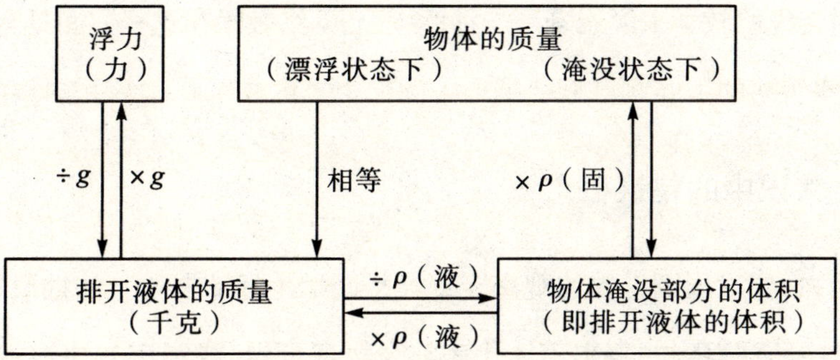

图 1　关于浮力概念图式的符号纲要图

本章第三节介绍的概念图策略，就是一种符号纲要法的实际运用。

第二节　科学概念的教学策略

概念的使用有助于人们对复杂的现象世界作简化的、概括的或分类的反应。概念使得人们之间的思想交流和知识传授从物质环境的限制中解放出来，可以使人在没有直接经验的条件下获得抽象观念。因此，概念的掌握是科学教学的重点之一。所谓概念的掌握实质上就是要理解一类事物共同的关键属性，掌握基本的一些定律（如牛顿三大运动定律，法拉第电磁感应定律，光的反射、折射定律等），并学会运用基本概念和基本定律正确认识物理事件和解答有关问题。

学生在学习科学概念之前，头脑中已储存了一些直觉和日常概念。如果学生们对周围世界的观察是正确的、全面的，他们自己形成的直觉知识无疑会促进他们对新的科学知识的掌握。但如果由于错误的或不全面的观察而形成了错误的日常概念，那这些错误的日常概念要转变为科学的概念就相当困难。这一事实对传统的教学来说无疑是一种挑战，而网络教学在这一方面具有明显的优势。

一、学生常识中的错误概念

虽然，学生对周围世界的观察无疑会帮助学生理解书本上的抽象知识，但是如果学生所观察到的事实不能代表整个物理世界，或观察方法根本就是错的，那么就必然在学生的头脑中形成错误概念。

1. 错误概念的实例

在日常生活中，学生们通过对周围环境的观察，会形成一套自己的"理论"，并套用这些理论去理解、预测其他问题。而这些所谓的理论，有许多是错误的。这些错误观念必将影响学生科学概念的形成和发展。

例如，让中学生完成下面的选择题：

在大气中，一个放于天平上的物体指针显示其质量为10磅。假如把物体和天平放入一抽成真空的玻璃罩内，天平读数将是多少？

a. 15－20磅　b. 比10磅多一些　C. 比10磅少一些　d. 10磅　e. 0磅

有的学生选择0磅，他们认为重力作用需要空气的存在；有的学生选择大于10磅，他们认为在大气中天平还受到空气浮力；大部分学生选择了小于10磅，认为就像人在地球之外的真空里的太空行走一样，物体在其中处于漂游状态。而正确答案应该是d，因为天平所称出的物体的质量是物体的一种固有属性，它不会随外界条件的改变而变化的。

再例如，让中学生完成下面的选择题：

假设你在匀速奔跑，在 x 点你放开手中的小球，小球将作什么样的运动？

a. 小球将在你放手的地方向后运动

b. 小球将作竖直向下的直线运动

c. 小球将在你放手的地方作向前运动，球达到地面某点的时刻正好是你经过该点的时刻

研究结果表明，45%的中学生认为小球将竖直下落，6%的学生认为小球将向后运动，只有 45%的学生根据牛顿力学原理回答出小球在下落的同时将向前运动。实际上，小球从跑者手中落下后，水平方向上仍将匀速向前运动，速度与跑者相同，而在竖直方向则作向下的匀速运动。所以，正确答案是 c。

学生们在理解其他的科学概念时，如重力、加速度、密度、热能、质量和重量等，也会出现一些错误概念。例如认为："重的物体会比轻的物体下落得更快"，"从飞驰的火车上掉下来的东西会垂直落地"，"蜡烛在晚上发出的光会亮些"，"摩擦力只存于两个互相接触的运动物体表面"，等等。

2. 传统的科学概念教育的缺陷

传统的科学教学对消除学生头脑中的错误概念能起到多大的作用呢？McCloskey(1983)用一组没有学过物理课程的大学生和一组至少上过一门物理课程的大学生作为被试，要求他们对上述匀速运动中的小球下落问题进行回答。在这项研究中，没有学过物理的学生有 80%认为小球将竖直下落，而学过物理的学生也有 27%选择了这一错误回答。因此，尽管物理教学显示出一些积极作用，但是我们还是看到有四分之一的接受过物理教育的大学生保持了非牛顿运动学概念。

另外，McCloskey(1983)还注意到有些概念对物理教学的阻碍相当大，例如："一个物体在开始运动时获得的动量将使物体保持运动"的观念，接受物理

教育之前93%的学生同意这一观点，但在物理教育之后仍有80%的学生保留了这一观点。

研究发现，当学生头脑中存在错误概念的时候，这些错误概念很难因一般的课堂讲解而改变。当教师在讲解之后，发现学生在作业或考试中仍旧表现出这些错误概念时，教师往往对学生所犯的错误感到不可理解。究其根源，就是因为教师没有考虑到学生头脑中的先前经验对当前学习的影响，没有采用最有效的方法真正纠正学生头脑中的错误概念，都认为是学生对新概念的记忆不牢固的缘故。因而在其后对新概念施以大量重复，其结果并不理想，学生一遇到实际问题，就又有可能重复类似的错误。

而且传统的科学教育，只重视科学知识、科学概念的接受学习，不重视让学生通过科学实验去探索和发现科学事实、科学概念、科学原理。其实，科学实验活动是纠正错误概念、形成科学概念、提高创新能力和科学兴趣的最直接、最有效的途径。当然，发现学习比接受学习花费更多的教学时间，而且还有实验仪器设备的限制问题，因此如何发挥网络的优势来加强学生的科学实验的感性经验，使学生既真正获得科学概念又发展科学思维能力和科学兴趣，是我们应该研究解决的问题。

二、帮助学生克服错误概念

1. 发挥网络优势帮助学生克服错误概念

关于错误概念的研究告诉我们，把科学结论或科学概念的定义抄在黑板上让学生哇哇地背的时候，这种科学教育实际上等于零。科学不是枯燥的死记硬背，应当给学生多一些实验经验，多一些科学观察，多积累科学的感性经验，还要设法让他们怀着某种兴趣去看待当代的科学技术。而在这些方面，网络教育可以充分发挥优势。

下面我们结合一个关于硬币的问题来说明网络教育在帮助学生积累科学的感性经验、纠正错误概念、掌握科学概念和科学思维等方面的优势。

克莱门特(Clement,1982)在实验中向一组在高中接受过物理教育的工程学专业一年级大学生提出这样一个问题：

把一硬币向上抛,使硬币到达顶点后向下落,如图 2 所示。用一个或几个箭头标出硬币在 a 和 b 点所受的力,箭头长度代表受力大小。那么图 2 中的左图和右图哪一个是正确答案?

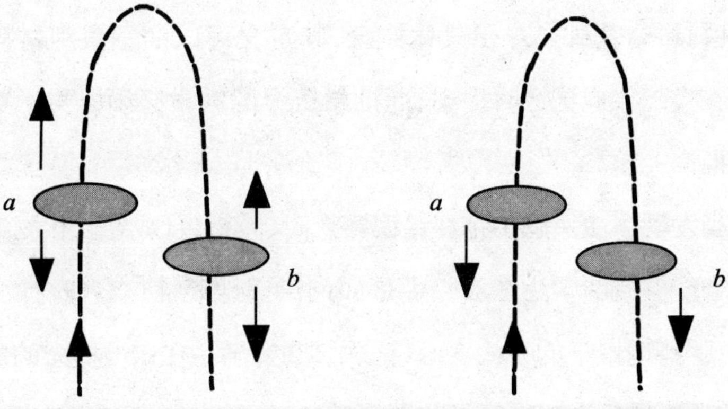

图 2　硬币问题的两种答案

正确答案应该是:左图错误,右图正确。但是,88%的学生的回答是:假如一个物体向上运动,必有一个向上的力作用于它,在向上运动的过程中硬币受到向上抛的力和重力两个力的作用(左图)。

为什么会有这样的结果呢? 坚持上述错误概念的学生无疑与中世纪得出"动量模型"理论的人们有着相似的经历。他们认为,向空中抛球、骑自行车、打高尔夫球等等,都有一个相似的运动规律,即物体运动轨迹的改变(如硬币到达顶点之前作减速运动)是因为逐渐消失的该方向的作用力。在没有接受过力学教育的人当中,这种"动量模型"理论相当常见,并导致许多对运动的错误预测。在硬币问题中,正确的答案只能是:硬币在运动过程中始终只受到一个力的作用,即向下的重力。

当学生头脑中形成一定错误概念之后,这些错误概念很难因一般的课堂讲解而改变。也许在学习某一概念之后,学生们也能正确回忆这概念的有关文字表述(定义),但是在碰到实际问题时,头脑中原有知识经验又会起作用,前面的匀速运动中的小球下落问题也是一例。

因此,在网络教学过程中应当注意:在对概念下定义时,必须以丰富的科学实验的感性材料为基础。对于具体概念,其定义可以演示直观材料的时候提出,也可以在唤起相应记忆时提出;而抽象概念的教学必须以科学实验的感性经验为基础。

而且,当发现学生头脑中存在错误概念时,教育者(或智能化网络教学的程序系统)应当能够判断学生在头脑中是如何错误地表征这些概念的,这些错误概念是由于哪些情景下的哪些表面特征引起的,学生在错误概念的影响下会出现什么样的逻辑推理错误。智能化网络教学中,程序本身应该具有这种判断能力,并能够在这种判断的基础上给以有针对性的适当反馈与辅导,并通过更直观的多媒体课件带给学生科学经验,以帮助学生认识到原有直觉的错误之处,促使学生在思想上以正确概念取代错误概念。

2. 科学概念的网络教学模式

从网络教学来看,诊断和纠正学生头脑中的错误概念的时候,应该充分利用多媒体教学的优势,特别是运用多媒体课件进行科学演示的优势。

用于科学演示的多媒体课件,被教育家称之为"微观世界"或"被发现的世界"。计算机可以按程序做许多事,可以在诊断学生头脑中的错误概念之后,使学生有机会通过操作仿真世界里的物体而明白客观世界的样子,明白自己的直觉的错误之处,并能够自已独立设计实验以“发现”哪些定律能最好地说明该“微观世界”。

“微观世界”的教学一般应包括四个阶段:激发动机阶段、实验演示阶段、定理形成阶段、知识迁移阶段。

(1)动机激发阶段

在动机激发阶段,要求学生预测在日常生活中看到物体的可能运动方式,从而激发学生的学习兴趣。例如,可以让学生思考:(1)在一个几乎无摩擦力的平面上击一个静止的球,将会发生什么?(2)球运动起来之后,用同样的力第二次击球又会发生什么?球的速度提高一倍或仅提高一点,或速度不变但距离加长?(3)如果同样的力第二次击球的时候击球的方向和第一次击打的方向不同又会发生什么?(4)如果有一个力始终作用与这个球,又会发生什么?

用真实世界里的事物作为激发兴趣的问题,有助于学生把即将开始的探索和客观世界的现象联系起来。在这一阶段并不要求学生回答这一阶段提出的问题,只是引发兴趣和思考。

(2)实验演示阶段

在这一阶段,学生可以在已经设计好的微观实验中选择一个参数(例如,在上述击打小球的问题中选择第一次击打的力度,第二次击打的力度和方向等),然后运行微观实验(微观世界中的软件),观察实验结果,并主动、积极地思考:这一次演示的实验数据有什么特点?可能存在什么规律?和动机激发阶段提出的问题有什么关系?如何进一步系统地进行实验以发现这个问题的正确答案?

微观世界中的实验演示有助于学生提出自己的假设,设计一系列实验来检验自己的假设，并发现物体运动的定律。当然，在这一阶段，网络需要以选择题的练习方式向学生提供充分的基础知识和背景信息，以确保大部分学生可以发现相应的定律。这是一种有指导的发现学习方法。

这一阶段强调让学生主动地“发现”知识，而不是机械地学习现成的知识。

(3)定理形成阶段

在定理形成阶段，学生接触到科学方法和科学推理的核心。学生的任务是运用实验来检验假设、形成定律。

具体的步骤是:程序会提供几个假设(例如，上述击球问题的几个答案选项)让学生做出判断和选择，学生做出选择之后就要用微观实验的具体运行来验证自己的选择，学生可以在程序设立一组变量中选择必须的变量和参数，然后在一个表格中填写一系列参数，运行这个微观实验程序，并观察程序自动记录的实验结果的数据，最后检验这些数据是否符合自己所选择的定律。

例如，在回答动机激励阶段的问题“如果有一个力始终作用于这个球，又会发生什么”的时候，程序会将这个问题放入自由落体的运动轨迹的微观实验之中。学习过程中先让学生判断自由落体是作匀速运动还是加速运动;学生做出选择之后就会演示一次给学生观察，演示之前会让学生在高度这个参数中选择一个数值;演示一次之后会让学生在一系列变量中(例如，自由落体的形状、大小、重量、高度等)选择自己认为有关的变量，并就自己选择的变量设立一些可以做对比观测的参数;然后运行这个微观实验，在每一次运行的过程中程序不仅可以给出实验结果的数据表格(例如自由落体在各种条件下的每一秒钟的速度表格)，而且可以用很直观的方式给出实验的结果。例如图 3 中左行的十字图形中的黑色柱状表示了上述硬币问题(图 2)中，硬币的即时速度和方向，而且可以选择“慢速播放”，以更清楚地观察;最后请学生依据实验结果给出一个结论,判断自己最初的选择是否正确,并最终得出自由落体的公式。

虽然这对学生来说是复杂了点,但对理解科学来说却是相当重要的。这一阶段创造了一个使学生不仅可以学习科学知识而且可以学习科学方法的微观情境。

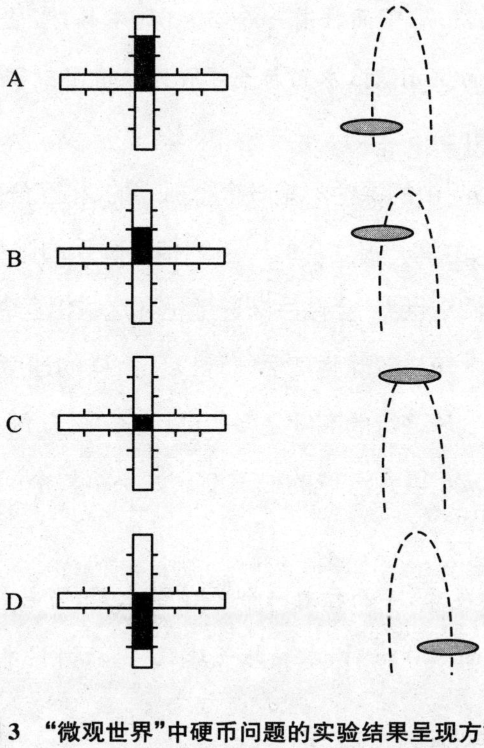

图3　"微观世界"中硬币问题的实验结果呈现方式

(4)迁移阶段

最后一个阶段是迁移阶段。在这一阶段里,首先让学生运用他们检验了的正确定律于真实的情境中。

学生面临真实世界应用的第一个问题是,回答在动机激发阶段提出的问题,例如回答"如果有一个力始终作用与这个球,又会发生什么"。

然后,让学生设想在微观世界中学到的定律还可以运用到哪些真实世界的情景之中。这样做，能增加微观世界到真实世界的联系，使学生能看到微观世界中学到的定律对于日常生活情景中的事情的预料和控制是有用的。

最后，让学生在更加复杂的问题中使用在微观世界中学到的知识。例如，就自由落体的微观实验而言，让学生思考下面的问题：

一个重 8 kg 的汽球，下面挂着一个 2 kg 的木箱，当它们以缓慢的速度匀速上升到木箱离地面 50 m 时，木箱与气球脱离。请问：木箱与气球脱离后气球以什么样的速度上升？

当然，“微观世界”中的课件不是一个个孤立的、相互分离的微观实验，而是包含由简单到复杂、由单一到复合的一系列相互联系的微观实验和问题，随着学习内容的加深，“微观世界”会循序渐进地呈现这些相互联系的微观实验。例如，将上述的问题“木箱与气球脱离后气球以什么样的速度上升”改为“木箱与气球脱离 5 秒钟后气球飞行的高度是多少”就复杂多了，涉及“浮力 $f=m_1 g+m_2 g$”，并根据“$f=ma$”得到汽球的加速度。如果将整个问题改为下面的问题就更加复杂和困难了：

一个重 8 kg 的气球，下面挂着一个 2 kg 的木箱，当它们以 4 m/s 的速度匀速上升到木箱离地面 800 m 时，木箱与气球脱离。请问：木箱着地时气球又飞了多高？

总之，四阶段教学模式包含了科学思维的关键方法：提出问题，进行实验，形成定律，运用定律。这一网络教学模式，不仅帮助学生学习科学知识，而且能够让学生逐渐明白他们还需要学会自己去发现一系列的定律来解释真实世界的各种现象。

第三节 概念图教学策略

概念图是一种重要的组织策略，是用图示方式表达知识内在结构的一种策略。概念图一般包括两个成分：①节点概念——用术语、符号、公式等表达的概念，往往用一个框来表示；②连线——框和框之间的连线，用以表现节点概念之间的内在联系。

概念图能使我们对复杂的概念及其错综复杂的联系一目了然，能够表达一个概念体系(或一个领域的知识结构)。运用概念图进行学习，可以促进学生在头脑中将累积的许许多多的概念编织成相互联系的网络结构，这样累积起来的知识才不是零散的、堆积的、难以检索和难以运用的知识。

因此，概念图也是促进学生科学概念图式形成的一个高效率教学策略。

一、概念图产生及其理论背景

概念图最早是在20世纪60年代由Novak提出，但概念图这一名词的确定却是在20世纪80年代。

奥苏贝尔(David P Ausubel)于1962年第一次提出认知学习理论，并在第二年发表的《有意义的言语学习心理学》一书中对该理论作了精辟的论述。奥苏贝尔认为，人的学习应该是意义学习，影响学习的最主要因素是学习者已掌握的知识，当学习者有“有意义学习”的心向，并把所要学的新知识同原有的知识联系起来时，意义学习便发生了。他还对概念的形成和同化进行了区分，认为意义学习的心理机制是同化。概念同化是一种下位学习，其先决条件是学习者认知结构中有同化新的下位概念的上位概念,其学习过程是一个接受过程,概念的定义特征不必经过学习者从例子中发现,可以直接以定义形式呈现。中小学生在各门学科中习得的大量概念都是通过概念同化的方式习得的。概念的上位关系、下位关系和组合关系的层级排列最终形成了学生的认知结构。

奥苏贝尔的理论受到了社会的广泛关注。为了测量学生已有的知识结构,Novak 根据意义学习和概念同化理论开发了概念图这样一种新工具,并首先将其运用于研究儿童学习抽象概念的过程中。研究发现,该工具可以用于教学设计和帮助学生进行有意义的学习,由此导致了对概念图更深人的研究。后来的研究表明,现代的认知主义学习理论和建构主义学习理论都非常好地支持概念图教学的意义。

二、概念图——有效的教学策略

1. 概念图作为一种高效率教学策略

自从 Novak 提出了"概念图"之后,国外很多研究者进行了大量研究,结果表明:

第一,概念图作为有效的教学策略(Kinchin et al,2001),可以帮助教师提高课程计划的质量(Martin,1994),提高教学效率(Beyerbach & Smith,1990;Hoz et al.,1990),促进学生自由回忆和运用已经获得的认知结构(MacGregor & Liu,2004),大面积提高学生的学业成绩(Okebukola & Jegede,1988;Guastello et al,2000),还能有效地降低学生学习的焦虑和紧张感(Jegede et al.,1990),概念图可以大幅度地提高学习者的态度(Philip et al.,1993)。

第二,有利于组织教学材料,更有利于对教学内容进行形象的设计(Pankratius,1990)。

第三,有效地促进教师教学技能的提高。Beyerbach 等人(1988)的研究发现,教师将概念图作为一种教学策略时,能更有效地监控自己的教学过程和自我概念的发展,使教学内容和课堂结构更清晰,更加强调概念和原理的重要作用,更能使学生获得对所学学科内容的概念化、系统化理解。

第四,概念图策略适合各门学科的教学。早期研究认为,概念图更适合于科学课程,而在其他学科(如英语、数学)的教学中效果则不理想(Okebukola,1992)。但近几年的研究表明(Philip et al. ,1993),在其他领域概念图也是有效的,只是效果不如科学课程显著;即使在科学学科内部,概念图的作用也不一样,生物学上的显著性要大于化学和物理学。

2. 概念图作为一种高效率学习策略

大量的实证研究表明,概念图又是一种有效的学习策略。

首先,概念图可以通过修正学习者的知识结构,改变学习者的认知方式而帮助学习者进行有意义学习(Novak 2002)。Marchand(2002)认为,短期训练绘制概念图利于知识的掌握。另外,概念图还可有效地降低学习者的焦虑水平(Novak,1999)。

其次,概念图可以作为元认知策略而对学生进行创造性训练(Russell & Meikamp,1994)。Wandersee(1990)认为,画概念图实际上是建构学习者所观察到的客观现实世界的一种图形表征。人都是用概念进行思维的,一个人头脑中概念图越完备,也就越能理智地去思考问题,所以当一个人用图式化的形式将存于大脑中的各概念的各种关系表达出来时,这一过程本身就会对其认知产生重要影响。Novak(1990)的研究表明,概念图不仅能促进学生有意义学习,而且还能促进学生获得元认知技能,而元认知能促进问题解决。因此,有人(Okebukola,1992)提出,绘制概念图是解决问题的有效策略之一,其实验结果表明，让学生绘制概念图能促进生物问题解决。实验中采用两种绘制概念图策略，一种为学生独立绘制，另一种为学生分组绘制，两种策略都能促进问题解决，但无显著差异。

再次，概念图可以作为一种创造性的问题解决工具(Stoyanov，1997)和培养学习者创造性思维的手段。研究认为，概念图不仅能拓展科学概念，而且还是学生的一种思维体操。它为学习者提供了学习科学语言的形式、建构科学知识和解决问题的一种有效手段。Brandt 等(2001)以中学生为被试，研究概念图及概念的精致对化学问题解决的影响，结果发现，让学生清楚地理解概念及它们之间的关系就能够提升他们的解决化学问题能力。Okebukola(1992)研究概念图与问题解决的关系，发现概念图是促进科学问题图式形成的有效工具。Kinchin(2001)认为，概念图有助于问题解决的迁移，并推荐使用概念图策略。

最后，概念图可以作为认知学习工具，影响知识领域内的认知技术的获得(McAleese，Grabinger & Fisher，1999)，也可作为合作学习的工具，基于计算机的概念图还可以分享不同学习者的认知(Stoyanova & Kommers，2002)。

3. 概念图作为一种有效的评估工具

概念图在国外逐渐成为一种评估工具，目的是期望能够通过画概念图将概念之间联系的可视化特征表现出来，从而测量出学生对概念的深层理解，评估其知识结构。

Novak 等人(1983)将概念图评价与传统的标准化考试评价进行比较发现，概念图所测查的能力正是传统测试或标准化考试所无法测出的，说明传统测试方法在测试学生认知能力方面存在局限性。

Ruiz-Primo 和 Shavelson(1996)认为，与传统评估方式相比，概念图不失为一种理科的替代性评估(alternative assessment)工具,可以测量学生在某一领域的知识和能力。这种评估的理论依据主要表现在以下几个方面:首先,构建概念图是一种挖掘学生某一内容领域认知结构的手段,具有建构性、整体性、真实性、直观性和发展性五大特征。其次,它是一种低水平推理(low-inference)的测量和评价方法,很少要求对产生的表征做出解释或者说明,与传统的主观评估任务所需的技巧相比,制作概念图技巧相对简单,因此具有准确评估学生知识的有利条件。最后,概念图有理论基础,即认知建构主义理论和有意义学习理论。

Hoz,Bowman 和 Chatham(1997)也对使用概念图作为评估工具持乐观态度,并且认为,与传统测验比较,构建概念图是比较特别的评估模式,这种评估方法是有意义的。传统的测验会使学生忽略知识结构中的某些特点。

三、概念图测量的一项实证性研究

下面的一项研究是我们对高中生构建物理概念图的实证研究的简要报告。

1. 研究目的

通过对高中生构建物理概念图过程中的口语报告的分析,探讨绘制概念图的有效策略,为运用概念图探测学生头脑中的概念图式提供一种实证性的研究方法。

2. 研究方法

(1)被试

被试是 32 名高中学生,每个被试都完成绘制概念图任务。依据测试结果在被试中选取两个组:专家组和新手组。专家组选自绘制概念图成绩排前 6 名的被试,新手组选自绘制概念图成绩排后 10 名的被试。

(2)研究材料

节点概念选于人教版高中物理第一册第四章第三节——平抛运动,共12个节点概念:位移,水平位移,竖直位移,瞬时速度,水平速度,竖直速度,初速度,末速度,速度变化,加速度,时间,时刻。12个节点概念随机排列,相邻概念之间不一定有关系。

连接语的评定标准的确定:从纯数学的角度看,12个节点概念两两之间的连接语有66个,考虑到有些物理量之间没有直接关系以及有些物理量之间的关系不要求学生掌握的实际情况,所以只选定29个重要的连接语,供评定成绩时参考。

(3)程序

主试给被试发放正式绘制概念图试题及答卷纸,当被试开始作答时,主试立即开启MP3录音功能,将被试完成任务时的声音信息完整地记录下来。施测完毕后,对每个被试的口语报告进行分析。

3. 研究结果与分析

(1)口语报告的典型案例分析

下面是绘制概念图过程中1名专家与1名新手的口语报告节录,从中可以看到专家在概念图式上的不同于新手的特征。

某专家的口语记录(节录):

审题阶段:嗯,拿到这个题,我觉得,题的要求比较重要,是要求……

计划阶段:这些量可以把它们分成几个部分,它们又有速度,又有加速度,又有位移,又有时间,所以首先把它们分成四个部分。就运动学来说,加速度、速度变化、末速度、初速度和时间,应该是比较有联系的,应该要把它们放在一起;然后,竖直速度和竖直位移,也一定是在一块的;水平速度和水平位移也应该是在一块的,它们都和时间有关系;加速度,因为是平抛运动,物体只受重力作用,速度变化只发生在竖直方向,所以说,加速度的变化、竖直速度的变化、竖直位移的变化应该是有联系的……;初速度,然后考虑速度变化,时间和初速度、末速度之间的关系,这应该是有联系的四个量;最后是瞬时速度,瞬时速度应该是水平速度和竖直速度的矢量和。这样,概念图就绘制完了。

连接阶段:下面,我要写量与量之间的关系。先写加速度、速度变化、时间、初速度、末速度之间的关系,那加速度乘以时间就等于速度变化,这是第一个关系……”

该专家有完整的计划,先将节点概念分成四组,再将它们分组放置,然后布置节点之间的连线,画出了概念图的雏形,最后进行一次全面的检查。

某新手的口语记录(节录):

计划阶段:水平位移等于水平速度乘以时间……

连接阶段:竖直速度等于加速度乘以时间……

很显然,该新手在开始阶段并无计划,采用的是单一的试误策略:按顺序选择节点概念进行关联,先将第一个节点概念与第二个节点概念关联,能关联时写连接语,不能关联时再将第一个节点概念与第三个节点概念关联……直到写出连接语后再用同样的方法寻找下一个关联。很少使用监控策略,只有一次针对同一概念去思考如何重新构建关联,结束时无任何检查。

(2)专家与新手的策略差异

我们总结了专家组 6 名被试和新手组 10 名被试在概念图绘制策略上的差异。

第一,在开始阶段,专家与新手在是否有计划上存在显著性差异。6 名专家中,有 5 名专家绘制概念图时有完整的计划,通过定性分析他们将节点概念分类放置。10名新手一开始就直接描述节点概念之间的关系，边放置节点边写连接语。这与Baxter等人的研究结论(Baxter, Elder, & Glaser, 1996)一致。

第二，在继续阶段，对节点概念之间的关系进行说明时，专家倾向于在结构导向之下，将几个相关节点放在一起思考，并依据这个结构来说明节点概念之间的关系。而新手倾向于跳跃式地关联，或者按照排列顺序寻找节点概念之间的关系，他们的连接语质量很差，反映出他们大脑中储存的节点概念联系松散，倾向于运用试误策略进行关联。这与Ruiz-Primo等人(2001)的研究结论一致，也与Chi和Baxter等人(Chi, Glaser & Farr, 1988; Baxter, Elder & Glaser, 1996)针对物理问题解决策略的研究结论一致。

第三，在元认知监控上，专家全程监控，而新手全程缺失监控。在概念图的绘制阶段，专家倾向于有完整的计划，且监控贯穿于整个计划过程，布置节点概念完毕后全面检查是否有遗漏的概念，布置连线完毕后检查是否有遗漏的连线等，他们在纸上完成放置节点概念、布置节点连线后，才逐一地边说边写连接语。而新手倾向于无计划、无监控，毫无理由地选择一个节点概念与其他节点进行关联。在绘制结束阶段，专家倾向于全面检查节点概念的使用是否存在疏漏、检查节点概念之间的连接语是否存在疏漏、检查连接语是否正确，而新手结束前没有任何检查。许多研究表明，监控是专家具有的普遍特征(Baxter, Elder & Glaser 1996; Baxter & Glaser, 1998; Chi, Glaser, & Farr, 1988)。我们的研究再次证实了这一结论。

四、网络教学中概念图策略的使用

研究表明，概念图既是一种有效的教学策略，又是一种有效的评估工具，能促进学生概念图式的形成。因此，网络课程的设计也必须引用概念图策略。

1. 概念图策略融入网络课程的技术设计

在网络教学中，学习者的学习策略显得尤为重要。网络化的学习不仅应让学生学习到特定的知识，而且应该促使学生习得有效的学习策略，以适应学习自主化、终身化的发展形势。概念图是一种有效的教与学的策略，因此，应该将概念图策略融入网络课程设计之中，使学生在学习知识的同时学会怎样有效地学习。

如何将概念图策略融入网络课程，存在一些技术上的难题。网络课程设计是一个系统而庞大的工程，一般的设计主要包括知识结构设计、导航设计、界面设计、反馈设计和协商活动设计等五个方面，限于篇幅，我们仅对与概念图策略紧密相关的板块——知识结构设计进行简要说明。

我们将知识结构的设计分为以下三个模块：

(1)学习内容模块

在该模块中，以概念图的方式呈现一个单元的知识结构，学生点击概念图中的任何一个节点概念或连线，就可以看到以文字、图片及影像等多种方式呈现的相关知识内容的概要，在阅读这些概要的时候，如果遇到难以理解的概要内容时，点击“复习”按钮就可以回到这个“概要”的相关知识点的最初学习的“讲解”和“测试”的界面(见第五章)。

运用概念图呈现知识时，概念图分为以下几种：基于一节内容的概念图、基于一章内容的概念图、基于比章更大的知识组块的概念图。节概念图、章概念图和单元概念图，构成一个学科的基本知识结构。

(2)概念图复习模块

不要以为网络课程中有了概念图，教学目的就达到了。由于遗忘规律的作用，概念图的结构也会遗忘或印象模糊，所以要“复习”。而且，复习也不仅是为了更牢固地记忆,也是逐步深入理解和掌握概念图的必要环节。

在网络课程中引导学生复习概念图的方法很多,最简单方便的方式是“选择填空”练习。具体方法是将学生已经学习过的概念图中的一些“节点概念”或节点概念之间的“连线”在图中隐去,形成空白,然后将隐去“节点概念”或“连线”随机排列成为“选项”,让学生运用鼠标的点击进行“选择填空”。也可以更简单地处理成“回忆一察看”练习:在图中隐去内容的空白处,只要学生运用鼠标点击该处,就可以看到隐藏的内容。这样学生可以在看到“空白”的时候先自己回忆所缺失的内容,然后用鼠标点击该“空白”以检查自己的记忆准确性。

这涉及一个问题:是把概念图拟定好以后交给学生好,还是在教师指导下让学生自己拟定好?两种方法各有优点。前一种方法有利于节约学生的时间和精力,提高学习效率;后一种方法有利于培养学生构建知识的能力,长远效果较好。因此,两种方法要结合使用。对于刚刚接触概念图的学生适宜用第一种方法,对于有一些概念图学习经验的学生则适宜用第二种方法。第二种方法实质上是作为“网上协作研究性学习”的课题来完成的。

(3)交流园地模块

该模块用于学生之间的网上协作研究性学习(参看第六章),它包含两个子模块:合作构建概念图和解疑释惑。在合作构建概念图模块中,运用当前流行的构建概念图软件,几个学生可以一起在线构建、评价概念图;解疑释惑模块主要用于网上教师对学生的答疑、学生与学生的交流讨论,还可针对某一见解进行专门讨论,所有的答疑与讨论概要都显示在讨论公告板上供广大学习者共同查看学习。

(4)在线评价模块

该模块主要用于上述“合作构建概念图”的练习结果进行评价,目前还不能够用程序进行自动评价,只能够在“网上协作研究性学习系统”中(见第六章)由指导教师进行人工评价,并及时给予详细的反馈与指导。

2. 概念图的构建技术的教学

在网络教学中,为了更有效地使用概念图策略传授知识,也为了更有效地促进学生学会独立学习,必须向学生传授概念图的构建技术(操作步骤)。

概念图的编制没有十分严格的步骤,对于学科不同和性质不同的概念图,其编制过程不尽相同,但基本思路一致。Novak 和 Gowin(1984)介绍了概念图的一般制作方法:第一,选取一个熟悉的知识领域来建构概念图;第二,确定关键概念及其等级;第三,初步拟定概念图的纵向分层和横向分支;第四,建立概念之间的连接,并在连线上用连接词标明两者之间的关系;第五,在以后的学习中不断修改和完善。

实践证明,刻意构建具有层级结构的概念图意义不大,难度却很大。为了降低构建概念图的难度,我们对一般绘制方法进行了改进,改进后的方法共分三步:

第一步,选择某一特点范围的知识领域,选择其中的关键概念为节点概念,规划节点概念,放置节点概念,关系紧密的概念紧邻放置。有时需要对所选节点概念进行分组放置,每组中的几个概念组成一个子结构。

第二步,建立概念图中节点概念间的连接线和连接词语。关联节点概念的顺序是:首先,如果节点概念分组放置,就要优先分组考虑节点概念之间的关系,一个组一个组地用连线将一组中的几个节点概念连上,这样就将一个组的结点概念组合成一个封闭图形,构成一个子结构;几个子结构最终组成一个完整的概念图结构。其次,在每一个子结构中两个节点概念之间的连线上填写连接语。最后,寻找不同子结构概念之间的联系,填写连接语。

需要说明的是:连接语可短可长;连接语可用公式表示,也可以用文字表示;连接语可以标注在连线上,也可以在连线上标注序号,在概念图周围的空白处写出序号及其对应的连接语。

第三步,必要时,给出节点概念及其连线的例子或解释。

我们选择了 125 名物理学(师范)专业的本科生为被试,对上述改进方法及其评分方法的有效性进行实验研究,结果发现,概念图成绩与问题解决成绩显著相关,优生组的问题解决成绩显著高于差生组,说明构建方法及其评分方法是有效的。

在智能化网络教学中,我们需要设计出对学生进行概念图制作方法的专门教学与练习,并在教学系统中设计出对概念图的制作过程与结果能够进行自动评价与反馈的软件程序。只有这样才能够培养学生掌握运用概念图来构建良好认知结构的能力。

3. 概念图的评分体系

为了检验学生头脑中的概念图式的质量和概念图策略的掌握水平,必须发展出一套评价概念图正确性与质量高低的评价方法。虽然概念图的评价方法五花八门,但是 McClure、Sonak 和 Suen(1999)认为归纳起来只有三种:结构评分法、关系评分法、标准图对照法。

结构评分法以 1984 年 Novak 和 Gowin 提出的概念图量化评分法(组成法)为代表,他们将层级式概念图分为四种成分:命题、层级、横向联系、例子。每个概念图中正确的成分被赋予一定的分数。其中每一个有效的命题被赋予 1 分,每一个有效的层级被赋予 5 分,每一个有效且关键的横向联系被赋予 10

分,等等。

关系评分法只关注命题的三个方面:概念间存在的联系、标注的正确性、表示两概念间层次(或因果关系)的方向箭头。

标准图对照法主要是将学生的概念图与专家制作的标准图进行对照,给一致的地方记分。Lomask 等人(1992)对这种比较对照法有比较深入的研究和详细的说明。

一般而言,究竟选用上述计分方法中的哪一种,不能一概而论,要依据研究目的或学科特点来确定。我们认为,在网络教育中还是采用更加简洁明了、操作方便的关系评分法为宜。

第九章　网络教学中的思维训练研究

学科教学中的思维训练的研究，不仅有利于培养和发展学生的思维能力，促进学生学会学习、学会分析问题和解决问题，而且有利于促进传统教学理念的转变和教学方式的改革，有利于推动基础教育课程与教学改革的深入发展，也有利于教育心理学研究领域的拓展和延伸。

进入网络发展的时代，将思维训练拓展到网络教学中既是教育心理学研究的一个全新的课题，也是当前信息技术发展的必然趋势。

本章结合高中化学问题解决思维训练的实例，探讨网络教学中思维训练的过程、方法和效果，以推动当前新型教学方式——网络教学研究的深入发展。

第一节　网络教学中思维训练方法的研究

近年来，我们在传统的课堂教学中进行了一系列思维训练的实证研究（张庆林，1995，1997；吴鑫德，张庆林，陈向阳，2004；吴鑫德，张庆林，2005；吴鑫德，张田，2005），最近，我们又探索了如何运用网络进行学科领域的思维训练。

本节主要介绍思维训练网络课程的设计思路、训练内容与训练方法。

一、思维训练研究的发展渊源简介

在学科领域的思维训练方面，国内比较典型的研究有初中代数、平面几何等数学问题解决思维策略训练（张庆林，连庸华，1995；张庆林，刘电芝，连庸华，1997；张庆林，王剑斌，1997；毛明山、张庆林，1998；张庆林，杨东，2002；姚飞，张大均，1999），小学语文阅读理解问题解决思维策略训练（张大均，余林，1998），高中物理力学问题解决思维策略训练（程素萍，1999），化学问题解决思维策略训练研究（吴鑫德，张庆林，陈向阳，2004；吴鑫德，张庆林，2005），以及中学生物思维策略训练（王瑞珍，2001）。这些训练主要在课堂教学中结合知识教学同步进行，研究者运用自编的学科思维训练教程在课堂上对学生的思维开展训练。

张庆林等运用先进的教育思想和现代教育技术开发出的基于网络的智能化学习辅导系统（Online Teacher System），能够很好地克服课堂教学中思维训练的不足，为网络教学中思维训练提供了良好的知识基础和训练平台。

徐展（2003）基于 Online Teacher System 对中学化学问题解决思维策略网络训练进行了初步的尝试，遗憾的是其实验效果并不理想，主要原因在于思维训练内容和方法的设计问题，例如练习与测试问题主要是以选择题为主的客观题，难以培养学生的高层次的思维技能。有研究者引进了样例学习中自我解释（self-explanations）的观点将主观题客观化，有效地弥补这方面的不足（郭兆明，张庆林，2004）。

二、网络教学中思维训练的思路与方法

本研究首先运用“远林智能化网络课程开发系统”（IDesigner System），依

据新课程标准，按照学科知识体系，开发某一学科的网络课程，以此作为载体将学科思维训练内容“嵌套”在网络课程相应位置之中，然后在“远林智能化学习辅导系统”(Online Teacher System)中运行该网络课程。基于网络的思维训练，学生可以克服传统课堂教学的时空限制，随时随地自由开展网络课程学习，得到思维的个别化训练，以实现知识向能力的迅速转化。

这种思维训练过程包括循序渐进的四个基本阶段：第一阶段是对思维训练所要求的必备学科知识进行检测和诊断，以扫除思维训练的知识障碍；第二阶段是对每种思维策略进行单一的分解训练，使学生熟练掌握各种思维策略的内容及条件；第三阶段是运用完整样例对所学多种思维策略进行综合训练，以培养学生的综合思维能力；第四个阶段是运用不完整样例培养学生的创造性思维能力。关于完整样例和不完整样例的教学方法，可以参见第七章。

1. 思维训练前的学科知识水平诊断

所谓学科知识水平诊断，是指学生在学习某章、某节或某个知识点之后，进入思维训练之前的学科基础知识检测。

这个过程将由“远林智能化学习辅导系统”自动提示，并由该系统依据定量评估原则和方法提供相应的动态测试内容、测试结果及智能化评价反馈信息。正如一个有经验的教师给学生辅导一样，既能为学生当前的知识基础和学习状态做出“诊断”，又能为学生的后继学习提供合理化的建议和帮助。如果当前的基础知识不扎实，需要返回复习先前的相关知识点，计算机将根据知识网络中的知识点联结关系给予自动提示，学生只要按照提示，逐级返回上一级菜单复习相关知识点，并接受相应的测试，直至牢固掌握这些基础知识，从而为思维训练做好充分的知识贮备。

2. 分解性思维策略训练

思维策略的分解性训练是指，根据解题思维各步骤上所提取出的思维策略

(例如,分析题意阶段上的思维策略、运用双向推理解答习题阶段上的思维策略、解题后反思阶段上的思维策略),逐一地进行训练。每次只训练一种思维策略(例如,只训练分析题意阶段上的思维策略),并不要求一次完整地解答整个问题,更无需得出正确的解答结果,而是以某一个具体问题为例设计每一种思维策略的运用过程和步骤,并设置适当数量的练习和反馈,以促进策略性知识的内化。

对于一个具体策略的训练,大致要从三个方面进行考虑。

首先,要引入一个适当的情境,激起学生对思维策略学习的兴趣。这既是新课程教改理念的要求,又是调动学生学习积极性的要求。但我们必须注意根据奥苏倍尔的"先行组织者"原则进行设计,例如,所制作的 flash 动画或视频,要来源于学生的实际生活之中,所表现的故事情节要与当时即将训练的某一思维策略的使用相匹配,并在此情境中要设置若干明显的或隐藏的关键性问题或陷阱,以调动学生积极思考的兴趣,引起学生对该策略的积极关注,并运用音频解说有意识地将学生的注意由故事情境逐渐转移到该思维策略的训练主题上来。

然后,要采用恰当的方式,让学生体会到某一思维策略的使用过程和方法。可以通过文本、动画和声音等形式的协同作用,呈现运用某一策略解决问题的思维过程和方法,但不是一步将所有的思维过程和方法全部呈现给学生,而是围绕某一策略的内容将一个策略的使用过程分解为若干子问题及隐藏的"参考答案",在学生点击鼠标后逐步呈现(当学生看到一个子问题,先自己独立思考这个子问题,然后点击相应的"参考答案"按钮,才能看到相应的讲解和参考答案),此时学生可将自己的独立思考过程和"参考答案"中的讲解和答案进行比较,以寻找自己思维过程的不足或差距。借助于这种对比,可以促进学生对自己思维过程和方法的反思，提高元认知自我调控的能力，提高有效思维策略的使用意识，逐步养成良好的思维习惯。

但由于受传统课堂学习的影响，在训练中学生往往比较关注一个习题的答案，而轻视解题思维过程的分析与反思，因此在思维训练中，要在习题呈现之后以醒目的文字呈现思维策略训练的指导语(往往以"子问题"的方式呈现)。同时，要注意当第一个实例"讲解"完毕，不能够以简单重复第一个实例的"讲解"方法去训练第二、三个实例，而要在审题角度、条件隐蔽性或思维跨度等方面提高训练的"深度"，并注意运用"子问题"的方式引导学生对所训练的思维策略独立进行归纳总结，通过自己"发现"所训练的策略，来达到思维策略运用能力升华的目的。

最后，要设计巩固性练习，并在巩固性练习中给以指导性解释。所谓指导性解释，是指在巩固性练习中对学生在计算机上所做出的选择结果由软件系统自动进行判断和给以启发性反馈与指导，帮助其分析错误的原因，指出正确的思维方向和方法。

鉴于学科思维的专业特殊性，在指导性解释的设计中，不仅注意思维策略的反馈，还要注意基于概念和规则的反馈及有关实验事实方面的反馈。

鉴于策略性知识的程序性，对策略的反馈不能简单说明策略的名称，而要说明策略运用的具体操作方法和步骤。

基于个性化教学的思想，对于正确选项的反馈，不仅要具有详细的分析思考过程和方法，还要有正确解答过程的示范，以帮助那些通过胡乱点击来"瞎撞"正确选项的学困生在撞到正确答案后学习正确的思维方法和解答步骤。如果使用同一个思维策略涉及多种解答方法或途径，那么要将各种解答方法分别列出，并进行分析对比和总结提升，使学生真正从机械记忆解题步骤转移到灵活掌握解题策略上来。

此外,根据中学生的心理特点和年龄特征,反馈的语言不仅要科学合理、简单明了,而且要有利于调动学生的学习积极性,激发他们战胜困难不断进取的自我效能感。

下面是分解训练的一个实例,是针对分析题意阶段上的一个思维策略训练的习题。

> **分解训练样例:"读题审题思维策略"训练**
>
> 【故事情境(动画并配音解说)】只顾埋头拉车不顾抬头看路导致白费力气的故事情境。
>
> 【问题实例(文本并配音)】加热 0.04mol $KMnO_4$ 固体,一段时间后,收集到 a mol 单质气体,此时 $KMnO_4$ 的分解率为 x。在反应后的残留固体中加入过量的浓 HCl 并加热,充分反应后又收集到 b mol 单质气体。设 Mn 元素全部以 Mn^{2+} 存在于反应后的溶液中。求 a 与 b 之和(用 x 表示)是多少?
>
> 【指导语(醒目文字)】本题不要求完整解答过程,只要求仔细读题,并认真思考后回答下列问题。建议:copy 题干和下列问题,自建 word 文档,保存自己所思考的结果,最后再参看答案、找出差距、分析原因。
>
> ●问题 1,题中明显的已知条件有哪些?【参考答案及教师的话(文字、视频、声音)】
>
> ●问题 2,题中隐含的已知条件有哪些?【参考答案及教师的话(文字、视频、声音)】
>
> ●问题 3,涉及的化学基础知识有哪些?【参考答案及教师的话(文字、视频、声音)】
>
> ●问题 4,题目中的关键词是什么?【参考答案及教师的话(文字、视频、声音)】

分解性思维策略训练有利于学生在新学一个思维策略时很容易地领会和掌握这一策略,就像体操运动员的训练,在一套完整动作训练之前先进行分解动作训练一样。但是,将一个完整的解答思路割裂开来,不利于多种策略间的联系、协调和综合运用，不利于解题思维能力的真正提高。因此，在进行分解性训练的同时，适当进行思维策略的综合训练（包括完整样例的训练与不完整样例的训练），是十分必要的。

3. 思维策略综合训练的完整样例法

完整样例的设计可促进学生学会综合运用在分解训练中所学到的针对单个思维阶段的思维策略，学会对整个问题的综合分析判断。

在呈现方式上，为了避免学生仅仅是关注答案而忽视思维过程与方法，我们要将完整样例的各个思维步骤一步一步分开呈现，并且在每一步骤的思考结果呈现之前先以"子问题"形式呈现思维导向问题（针对某一个思维策略具体使用的问题），而将问题的正确解答方式和过程等内容隐藏起来，逐步引导学生思考。学生只要点击每一个隐藏答案按钮，就可以实现自主学习。当点击到最后一个按钮后，全部思维过程和解答步骤便展现出来，这样学生可以从整体上把握各种策略的运用，从全局的角度审视问题的解答过程，实现策略运用的最优化、解答过程的规范化，并促进学生自我反思。

但完整样例的思维策略训练也存在一些缺陷。一方面是学生思维参与度不高，难以在头脑中形成深刻的印象；另一方面，容易使学生形成不良的思维定式，不利于创造性思维的培养。

因此，完整样例的思维策略训练要适当增加各种变式练习，并在指导性解释中，鼓励学生提出不同的思路，并在 BBS 等讨论模块中大胆提出自己的设想和具体做法，使学生逐步养成相互学习、相互启迪、相互促进、共同进步的习惯。

下面是运用运用完整样例法进行思维策略综合训练的一个实例。

运用完整样例训练综合思维能力实例

【例题】加热 0.04 mol $KMnO_4$ 固体，一段时间后，收集到 a mol 单质气体，此时 $KMnO_4$ 的分解率为 x。在反应后的残留固体中加入过量的浓 HCl 并加热，后又收集到 b mol 单质气体。设 Mn 元素全部以 Mn^{2+} 存在于反应后的溶液中，请问 a 与 b 之和与 x 有什么关系？

思考 1，该问题属于什么性质的问题？

【参考答案及教师的话（文字、视频、声音）】

思考 2，你知道实验室制备氧气和氯气的化学反应原理吗，请写出用 $KMnO_4$ 固体作为原料制取氧气和氯气的化学反应方程式。

【参考答案及教师的话（文字、视频、声音）】

思考 3，该问题的已知条件有哪些？

【参考答案及教师的话（文字、视频、声音）】

思考 4，问题中"设 Mn 元素全部以 Mn^{2+} 存在于反应后的溶液中"有何作用？

【参考答案及教师的话（文字、视频、声音）】

思考 5，解决该问题有哪些可能的思路？

【参考答案及教师的话（文字、视频、声音）】

思考 6，如果 $KMnO_4$ 固体加热不完全分解，剩余的残余固体是什么？

【参考答案及教师的话（文字、视频、声音）】

思考 7，已知 $KMnO_4$ 的物质的量为 0.04 mol，加热时分解率为 x，请计算剩余反应物（$KMnO_4$）的物质的量和反应各产物（K_2MnO_4、MnO_2、O_2）的物质的量依次是多少？

【参考答案及教师的话（文字、视频、声音）】

思考 8，已知在反应后的残留固体中加入过量的浓 HCl 并加热，且各种价态的 Mn 元素全部转化为 +2 价的 Mn^{2+} 离子，则可收集到多少摩尔氯气？

【参考答案及教师的话（文字、视频、声音）】

思考 9，a 与 b 之和与 x 有什么关系？

【完整解答过程及反思（文字、视频、声音）】

4. 思维策略综合训练的不完整样例法

完整样例给出问题完整的分析与解答过程，不能引导学习者进一步思考。

不完整样例的设计则能弥补这个缺陷。它有三种设计形式:从完整样例到问题解决的过渡的设计;利用条件化进行样例填充的设计;利用子目标进行样例填充的设计。

(1)从完整样例到问题解决的过渡的设计是运用建构主义的观点逐渐拆掉脚手架(scaffold)的过程。此设计是在进行完整样例训练后,逐渐减少样例解答步骤,而且是一步一步地省略,最后,只剩下样例的题目。通过这样的步骤递减设计,可以实现从完整样例到不完整样例,再到问题解决的逐步过渡。有研究(Renkl & Atkinson,2001)表明:递减步骤的设计至少在思维策略近迁移方面可以产生积极的作用。

(2)利用条件化进行样例填充的设计分为三个阶段。第一阶段,把形如"如果……那么……"的产生式的结论设为空格,引导学生进行顺向推理;第二阶段,把形如"如果……那么……"的产生式的条件设为空格,引导学生进行逆向推理;第三阶段,把产生式系统中的某个产生式设为空格,引导学生进行双向推理。

(3)利用子目标进行样例填充的设计只呈现给学习者子目标,把达到此子目标的策略和方法设为空格,引导学习者逆向推理。

样例(worked example)学习是当今教育心理学和认知心理学研究的热点。国内外研究表明:用样例学习的方法有利于提高学习效率和迁移作用。近来一些研究(Chi& Bassok,1989)还发现,个体在进行样例学习时存在个别差异,其中在样例学习中自我解释数量多、质量高的学习者在后来的问题解决中成绩好。国内朱新明等(许永勤,朱新明,2000)进一步研究发现,高领域知识的被试在学习样例时,他们主要采用发现意义和建立联系的策略,扩展了解题步骤的条件,强化了条件认知过程。

因此,在思维网络训练时,要注重运用完整样例法和不完整样例法启发和引导学生运用思维策略,尽可能多地发现和生成初始条件所具有的意义,并通过概念、规则、实验及符号等建立初始条件与目标状态之间的联系,从而不仅学习到问题的解决办法,而且从中学习解决问题的成功思维策略,提高问题解决能力。

三、网络教学中思维训练值得关注的问题与对策

随着现代信息技术的迅猛发展,信息技术与学科教学的整合程度越来越高,各类网络课程如雨后春笋层出不穷,然而,目前国内真正能够有效促进学生学习和思维能力发展的网络课程并不多见。为提高学生的学习和思维能力训练效果,我们认为,在网络教学中结合学科知识的学习同时渗透思维策略的训练,是提高网络教学效果的重要渠道。

在网络思维策略训练中,以下几方面值得进一步关注与深入探索。

1. 网络教学中如何使主观问题客观化

思维策略的训练是培养学生的高层次思维技能的过程,既然是高级技能,就不能单纯使用只有限定选项的客观题作为训练的材料,否则就会像传统教学一样只注重思维的结果,而忽视思维的过程,使训练起不到应有的效果。但限于计算机的智能化水平,它不可能像人一样可以判断具有多样化的主观题的解答过程。为此,如何将主观题客观化,使具有高级思维技能的内容转化为计算机能够识别的客观内容,是网络课程开发及网络思维策略训练设计需要研究的重要课题。

在实践中,我们引入了样例学习中自我解释(self-explanations)的观点,采用指导性解释、完整样例与不完整样例等形式对数学、物理、化学等思维策略网

络训练的主观题客观化进行了相关实践与研究，弥补了传统网络课程在这方面的不足。

关于自我解释概念的界定，不同的研究者由于选择的实验材料不同具有不同的观点，但在样例学习(worked examples)条件下其实质是学习者在阅读样例解答过程时所做出的内心评论，是一种内部言语。

本节的化学思维训练中完整样例与不完整样例的设计就是自我解释观点的直接运用，样例中思维内容按解答程序逐步呈现和按步骤引入“参考答案及教师的话”等内容的设计，使学生就像置身于真实的课堂听老师讲解例题一样感到亲切和具有启发性，并通过这些外部的文字、声音、图像、动画等刺激促使学生生成自己的内部言语，并转化为头脑中的策略化程序性知识。而在巩固性练习与测试中，将本来的主观问题设计为客观问题，并以文本、图片、声音等形式针对客观题的每个选项进行科学、简洁的反馈，这种指导性解释是自我解释观点的间接运用。它不仅能起矫正错误思维习惯的作用，而且能帮助学生分析发生错误的原因，并启发学生如何思考；同时，在正确的选项中还能够看到正确规范的分析过程和解答步骤。

主观题客观化是一个非常繁重，且创造性极强的工作，更重要地，主观题客观化后的学习并不能代替主观题的学习。

2. 网络教学中如何评价思维训练效果

思维策略网络训练效果的评价也是训练设计所必须考虑的重要内容，而且它与训练的目的密不可分。因为其目的是使学生运用网络手段获取有关问题解决思维策略方面的知识，全面提高学生的素质，促进学生的身心全面发展，开发学生的智慧潜能，形成健康的个性。因此，我们应该从学生的学习过程与学习结果等角度来审视训练的效果。

从学习过程来看，训练过程中的交互作用、对疑难问题的解决方式以及运用资源的情况都直接影响学生的学习情绪与训练的效果。对于这些问题的解决，在网络训练设计中，我们要结合训练所使用的网络支撑平台中的各种辅助交流工具的特点，并充分运用在线教师、BBS或互联网等资源，将静态的学习材料转化为学生对于策略性知识动态的有意义建构过程。

从学习结果来看，学生完成测试的情况与得分从某种程度上能够反应其训练的效果，但所设计的测试要经过精心的挑选，其难度必须与相应的学习目标一致，其内容也不能只强调对知识的考查，要注重对问题解决能力的考查。

然而，目前的网络课堂教学效果评估还没有得到足够的重视，有时甚至还存在以几乎无意义的分数来决定一切的误区，这不能不说是网络课堂评估的浅薄和狭隘。

为此，我们在设计中引入了过程性定量评估体系，即将每个策略的训练设计为一个知识点，在这个知识点中设计多个"讲解"及相应的测试，学生在学习完一个知识点的训练内容后，设计一个学习进度分，在完成一个测试后，按照完成的速度与质量设计一个质量分，两个分数按照一定的标准实行动态调整，并通过计算机程序以图表的方式让学习者直观地看到自己的学习进度、学习质量及与预定的学习目标之间的距离，从而有利于学生及时调整自己的学习目标，有利于培养学生学习的自觉性和责任感(参见第五章)。

3. 网络教学中如何提取成功解决问题的有效思维策略

所谓思维策略是对问题解决途径的概括性认识，是问题解决过程中较普遍适用的思维方法，是教学生学会思维和提高创造能力的关键(张庆林，2001)。在网络教学中要使思维训练有效，关键之一在于思维策略训练材料的有效性。

有研究发现，中学生独立解决问题的能力并不令人满意，突出表现在以下三个方面：一是同类问题，即使是接触过多次，稍微变换，就不知如何解决；二是解决问题时多次出现同样的错误；三是看到问题，尤其是不熟悉的问题，不知从哪下手。这些现象在很大程度上并不是因为学生知识的缺乏，而是因为没有掌握解决问题的策略(刘冰，2004)。由此可见，问题解决思维策略是培养问题解决能力的一个重要因素。所以，如何提取成功解决问题的有效思维策略就成为思维训练的关键内容之一。

为了探索网络环境下高中生成功解决化学问题的有效思维策略，我们曾以最近几次化学考试成绩为参照，随机选择了湖南省某中学高二年级学生 11 名为被试(其中优等生 6 人，中等生 5 人)。采用口语报告分析法，对被试问题解决思维过程的自发语言进行语义编码，经过统计分析，并结合个案分析和对师生的访谈，从而归纳总结出学生成功解决问题的最佳思维策略。

鉴于已有研究(张庆林，曾海田，1993)表明，优等生与中等生在解决中等难度的问题时思维水平存在明显差异，故没有必要选择基础知识尚有缺陷的差生作为研究对象。

由于同一学科问题类型不同，其思维方法有别，因此，在归纳思维策略时，我们按照问题类别分别进行总结，以提高应用思维策略解决问题的针对性和有效性。

研究结果表明：

(1)网络环境下高中生成功解决化学计算问题的有效思维策略主要有以下几种：①读题审题策略；②模糊思维策略；③双向推理策略；④守恒策略(包括质量守恒、电荷守恒、得失电子守恒等)；⑤极端假设策略；⑥寻求差量策略；⑦寻求均值策略；⑧数学建模策略(包括十字交叉法、倍比推导法、最小公倍数推导法、数轴推导法、图解推导法、平均值推导法、商余法等)；⑨总结反思策略。

(2)网络环境下高中生成功解决有机化学问题的有效思维策略主要有以下几种:①模式识别策略;②模糊思维策略;③类比思维策略;④整体思维策略;⑤差异思维策略;⑥推理策略(包括顺向推理、逆向推理、双向推理)。

(3)网络环境下高中生成功解决化学实验问题的有效思维策略主要有以下几种:①观察策略;②分析策略;③想象策略;④评价策略。

至于具体的数据收集方法和个案研究过程,详见《心理科学》2006 年第 4 期 802－805 页。

总之,思维策略的网络训练是基于网络的一种全新的教学方式,它是传统课堂训练有益的补充、完善和发展,既有利于促进网络课程质量的提升,又有利于推动新课改的发展。

第二节　网络教学中解题思维策略训练的实证研究

实践是检验真理的唯一标准。在上一节中,我们通过口语报告法成功提取了高中生化学问题解决思维策略,这些策略能否有效帮助学生在网络学习中高效解决问题?是否能真正有效地提高他们的问题解决能力?需要在真实的网络学习的实验中进行检验和实证。

本节主要介绍我们的两个实证研究(吴鑫德,2011):网络教学中高中生化学实验问题解决思维策略训练;网络教学中高中生化学计算问题解决思维策略训练。

一、解决化学计算问题思维策略网络训练的实验研究

1. 实验对象

被试为某中学 4 个自然教学班的高中一年级学生，共计 256 名。随机安排其中 1 个班为基于“远林智能化学习辅导系统”的网络思维训练组(以下简称“平台训练组”)，1 个班为基于网页的思维训练组(以下简称“网页训练组”)，其余 2 个班基于课堂进行思维训练(以下简称为“课堂训练组”)。

2. 实验材料

(1)学校网络机房 3 间，并配置 2 台 2.8G CPU、512M 内存的高档计算机作为服务器，安装“远林智能化网络学习辅导系统”(Online Teacher System)。

(2)自主研发的可在“远林智能化学习辅导系统”上运行的《高中化学计算问题解决思维训练网络课程》。

(3)与《高中化学计算问题解决思维训练网络课程》内容完全相同的网页格式的训练课程，但缺少智能化教学的功能。

(4)自编的用于传统课堂教学的《高中化学计算问题解决思维策略课堂训练教案》。

(5)自编的《高一化学计算问题解决能力测试试题》2 套(分别用于前测和后测)。

3. 研究过程与方法

(1)高中生化学计算问题解决有效思维策略的归纳和总结

本实验在上一节所介绍的口语报告分析研究的基础上，结合中学教学实际和实验教师的教学经验，将高中生化学计算问题解决归纳总结为三大类策略，每一大类中又包含有多个子类，每个子类中涉及的就是我们平时教学中常用的

具体解题途径。

高中生化学计算问题解决有效思维策略及其含义

◆问题表征策略(包括 3 个策略)

策略①,认真读题策略。读题策略是拿到试题以后,通过认真阅读试题,初步了解问题解决目的意图,判断问题的类型与性质。

策略②,仔细审题策略。即明确题目中已知条件是什么,隐含条件有哪些,问题是什么,如何才能解决问题,以及问题解决过程中需要用到哪些化学或其他相关学科知识(包括概念、原理、公式、定律等)。

策略③,综合分析优化思路策略。即在看清题目的基础上,以问题解决条件为依据,应用有关基础知识,全面分析已知条件和未知条件之间的联系。所谓优化思路就是经过综合分析后遇到多种问题解决方法或途径时,设法寻找并确立最简便快捷的问题解决思路。

◆问题解答策略(包括 9 个策略)

策略①,双向推理策略。包括正向推理和逆向推理两种。

策略②,比较推理策略。比较推理策略是在比较相同或相异已知条件的过程中推断出答案的一种思维策略,有时候看似计算,但实际上不用进行复杂的计算。

策略③,关系推导策略。即设法寻找出一个联系已知条件与未知条件的关系式,以简化中间繁杂的计算和推导过程的问题解决策略。因此,正确提取关系式是关键,正确书写关系式是前提。

策略④,数学推导策略。数学推导策略是指偏重于运用数学技巧求解的问题解决思维策略。数学推导策略包括六种基本方法:a. 倍比推导法;b. 最小公倍数推导法;c. 数轴推导法;d. 图解推导法;e. 平均值推导法;f. 商余法;g. 十字交叉法。

策略⑤，守恒策略。守恒包括质量守恒（含元素、原子、原子团守恒）、电子或电荷守恒、体积守恒、浓度守恒以及一些变化前后恒定不变的量。

策略⑥，图解策略。即在问题解决过程中，一边思考，一边将题意中所包含的各种关系用图形表明，使问题直观、明了，理解透彻、清楚，更易找到最佳问题解决途径。

策略⑦，极端假设策略。有些问题由于已知条件有限，正面解答很难进行，但若采用极端假设方式反其本意，正题反解，将明确不可能的或有可能但不明朗的问题，假设为极端的问题，可使思路变得明朗、清晰。

策略⑧，模糊思维策略。即按常见的思路或顺序思考问题时，遇到众多的模糊因素、不确定的数字、概念等，不是死钻牛角尖，而是暂时容忍模糊，跳过障碍，继续往后观察、分析、思考。然后，在一系列不确定因素（或问题）中，凭借所学的知识、经验，重新审视、确定其中的某一个或几个特征问题作为突破口，并利用它所提供的新信息逐步解决其他问题，最终找到答案。

策略⑨，思维转换策略。思维角度转换即变整体为局部、变顺向思维为反向思维、变列式计算为找规律推理。从不同角度去观察、思考，可使问题解决思路拓宽，从而实现难题巧解、繁题简解的目的。

◆总结反思策略（包括 2 个策略）

即对自己的问题表征过程和结果、解答过程和结果进行自我审视、检查、分析、判断、评价、监控和调整，是对自己的思维习惯和思考方法的重新认识。包括对问题解决过程和对解答结果的总结反思策略两方面。

（2）实验准备

①依据以上归纳总结的化学计算问题解决思维策略，编写《高中化学计算

问题解决思维策略网络训练脚本》(以下简称《网络训练脚本》),并将其中的策略内容、例题和习题交课训班任课教师准备相应的教学讲义,但不告诉他要进行对比实验,只是告诉他这是学校课题任务分工,他只负责课堂教学,不参与化学计算问题解决思维策略网络课程开发,并将他的授课时间与网络训练时间同步进行,使其没有机会接触网络训练课程。

②依据自编的《网络训练脚本》,运用“远林智能化网络课程开发平台”,开发《高中生化学计算问题解决思维策略训练网络课程》,并导入“远林智能化学习辅导系统”,同时生成 1 套内容完全相同的网页格式的训练课程(缺少智能化网络教学功能)。

③编写高一年级化学计算问题解决能力测试前、后测试题各 1 套(以下简称试题)。所有试题均在非实验学校进行预测,以确保试题的信度、效度、难度和区分度。

(3)实验操作

实验时间共 8 周,且 4 个教学班级均固定在每周星期一下午第 7、8 节同时进行。其中,课堂训练组由相应的授课教师组织,在原班级教室开展思维策略课堂训练;平台训练组和网页训练组学生分别进入 2 个不同的网络机房,平台训练组的学习方式与实验一相同,而网页训练组的操作相对比较简单,只要打开计算机,在桌面上找到“化学思维训练网络课程”网页图表,并双击打开,即可根据界面左边的目录树,自主选择思维训练内容进行学习。

平台训练组和网页训练组所在网络教室都有化学教师和计算机老师同时在现场进行计算机操作技术指导,但不讲解化学例题和习题等与学科学习有关的内容。此外,由于网页训练组缺少智能化学习辅导系统中的“定量化评估机制”(平台程序设计的学习激励机制),教师无法从服务器进行监控,学生处于完全自由的学习状态。

4. 实验结果与分析

实验结束后，立即进行化学计算问题解决能力测试，经过数据统计分析，我们发现：

(1)对高中生有意识地进行化学计算问题解决思维策略训练能够显著提高学生的化学计算问题解决能力，三种训练方式都是有效的。

(2)三种训练方式比较，基于"远林智能化学习辅导系统"进行的化学计算问题解决思维策略训练的效果，优于基于课堂训练的效果，而基于课堂训练的效果又优于基于网页训练的效果；对于优生三种训练方式的效果差异更加明显。

基于"远林智能化学习辅导系统"进行的思维训练的效果之所以优于基于网页的训练效果，原因在于两方面：

一方面是静态的网页训练存在的弊端。基于智能化教学平台和基于网页学习的思维策略训练的内容完全相同，即都有思维策略知识及相对应的一些测试和反馈，这些测试既可帮助学生检查学习的效果，更重要的是可帮助学生掌握相应策略的运用。而且一旦在认识和理解上出现偏差或错误，网络提供的及时反馈是对学生的最大帮助，对学生能够起到一个很好的个别辅导作用。但网页训练组学生可以选择参与训练，也可以不参与，既可选择多学，也可选择少学。这种随意性使一些学习自主性较差的学生，对于一些比较单纯和枯燥的学习和训练，更加有理由放纵自己，即使训练时量与平台组一样，但他们始终迫于教师在场不便离开，而处于一种应付状态，即使也在看思维策略训练的网页，也都是漫无目的地浏览，这样有违思维策略训练的顺序性，浪费了宝贵的训练时间，造成了学习低效。实际上，我们在化学思维策略训练内容先后顺序的设计上是经过充分考虑和科学安排的，并将迁移范围广的策略安排先学，而迁移范围窄、适应的问题策略少的后学。此外，即使所有学生的学习主体性水平都很高，但不同程度的学生都是一样的训练材料，一样的学习内容，同样的学习目标，这样的训练方式与课堂训练方式从形式上没有太多的区别。

另一方面是智能化的教学平台的优势。平台训练组的学习过程是受智能化系统程序控制的，如果没有完成前一个策略的训练，或者前面一个策略的训练没有达到预先设计的“过关率”(本研究设置为达到60%的质量分为过关)，学生将不能继续进行下一个策略的训练。如果学生选择的训练目标不恰当，目标过高，即测试的效果达不到预先设计的“过级率”(本研究设置为80%的质量分为过级)，则计算机将自动提示学生选择低一级的训练目标，这样就使得学生的训练更具适合性，并确保了训练的有效性。在实际训练时，我们也看到，平台组学生即使学习了8周16课时的时间，他们仍然觉得时间不够，总感觉还有很多内容值得去详细阅读和认真训练，所以每一次训练，他们都非常紧张和扎实；而网页组的学生，第一个课时就将所有的内容浏览了一遍，到了第4周以后，基本上认为没有什么事情可做了，似乎这些思维策略他们都很好地掌握了。但是知道了、理解了并不等于掌握了，因为策略性知识属于程序性知识、技巧性知识，其学习方法与陈述性知识具有明显的差异，程序性知识必须经过适当的练习才能够达到操作程序化、熟练化、自动化的效果(张庆林、杨东，2003)。此外，“远林智能化学习辅导系统”人性化的友好界面，可以自主选择的学习层次，还有可以奖励学生学习进度分和学习质量分，符合学生的个性、心理特征，促进了学生学习兴趣的提高。

二、化学实验设计问题思维策略网络训练的实验研究

1. 实验对象

在湖南省某中学高三年级中，选择 3 个同质的自然教学班的高中生作为被试，每个教学班为 50 人，共计 150 人。随机安排其中一个班在网络学习环境下进行思维策略训练(以下称"网训组")，一个班在课堂学习环境下进行思维策略训练(以下称"课训组")，再有一个班在课堂学习环境下教师讲解习题(以下称"控制组")。

2. 实验材料

(1)学校网络机房 2 间，配置与实验一相同。

(2)自主开发的可以在 Online Teacher System 上运行的《高中生化学实验问题解决思维策略网络训练课程》，该课程有自主学习和系统学习两种选择方式，课程内容主要以思维策略为主线，首先是分解性训练，然后是综合性训练。

(3)自编的用于传统课堂教学的《高中生化学实验问题解决思维策略课堂训练教程》，该教程中包括教学训练目的、要求、方法、程序和 6 个教案。

(4)自编的用于传统课堂习题课教学的《传统化学实验设计习题课教案》。

(5)自编的用于各组教学效果对比的《高中生化学实验问题解决能力测试试题》。

3. 实验操作过程与方法

(1)提取高中生化学实验问题解决有效思维策略

策略的有效性是本实验成败的关键。本研究考虑到所提取的策略既要具有广泛的迁移性，又要具有可操作性(郭彩琴，2003；郭莉、李文光、何克抗，2001)。一方面，以上一节所介绍的我们通过口语报告分析法所提取出来的化

学实验问题解决思维策略为基础，将其具体化和操作化；另一方面，根据训练前学生的实际水平和问题解决的环节，将化学实验问题解决思维策略分解为实验信息表征策略、实验原理分析策略、实验装置连接策略、实验步骤设计策略、实验设计表述策略、实验方案评价策略等 6 种有效的思维策略。

化学实验设计问题解决思维策略的含义

◆实验问题表征策略

问题表征即转换信息，是问题解决者接受和转译问题中的所有信息，并以一种自己更容易亲近的方式把它们表示出来的过程。具体包括如下策略：读题策略，即抓住题中的关键词、理解题中的关系句。审题策略，即对问题进行有效表征，首先是去除冗余信息、排除干扰信息的影响、找出解题的有用和隐含的信息；其次是在转换信息时，借助最熟悉的符号、图文等将信息表征出来，便于思路分析。信息整合策略，即将题目中所给信息与已有知识有机结合起来，再根据实验目的、实验原理、实验条件、实验要求组织答题。

◆实验原理分析策略

实验原理即反应原理，是具体某个化学实验反映了或说明了或推断了什么样的物质、发生何种变化的理论。实验原理分析的内容包括变化实质、定量关系及反应条件等。实验原理分析策略，首先是通过读题、审题明确实验目的；然后，根据实验目的和要求，对问题的性质进行判断、识别，即弄清实验是定性的还是定量的，实验设计类型是制备实验、性质实验、物质检验还是综合实验；最后，根据实验设计问题的类别和具体要求，通过联想、类比、迁移，提取相关实验知识（具体的原理和方法），即从题目信息中，分析整理并明确实验反应的条件、物质间发生的化学反应、反应物之间量的多少问题、实验必需的仪器以及可行的实验操作方法等。

◆实验装置连接策略

实验装置连接策略，指的是实验设计者为了达到某个具体的实验目的，根据一定实验原理和实验条件，选用何种仪器、设备，采用何种组合、连接方式来解答实验仪器(装置)，连接设计问题的思维策略。具体包括仪器选用策略、配套组合策略、连接顺序策略等(王磊、胡久华，2000)。所谓仪器选用策略，即根据实验原理思考：对特定的反应物或生成物，应选用哪种量取、混合、反应、加热、除杂、干燥、检验、收集、吸收、分离、缓冲(安全)的仪器，为何选用这些仪器更适宜等问题；所谓配套组合策略，即思考选用的仪器之间，大小、规格应怎样协调、搭配，如若不这样组合会出现什么弊端，能否作某种调换或代用等问题；所谓连接顺序策略，即思考选用的仪器应采取怎样连接的位置顺序和安装与拆除的先后顺序，为什么要安排这种顺序，不遵循此顺序会带来什么不良后果等问题。

◆实验步骤设计策略

实验步骤设计策略是指实验设计者在实验课题给定的无序的甚至存在干扰的若干备选操作中，根据实验目的和实验原理筛选出必要的操作并进行正确排序；或者根据实验课题给定的实验仪器和实验用品，设计或补全必要的实验操作步骤。在设计过程中设计者应思考的问题包括：操作步骤，即为达某一实验目的，应当经过哪些操作步骤，这些步骤先后顺序如何确定，为什么要经过这些步骤，为什么要安排这种顺序，省略或调动某些步骤会有什么影响等；注意事项，即实施某个实验步骤时应注意做什么或不能做什么，原因何在等；安全措施，即实验过程可能会出现什么不安全的事故，如何防范，万一出现事故应如何处置，依据何在等。

◆实验设计表述策略

实验设计表述策略是指设计者根据实际情况，采用不同的表述形式，准确描述实验设计方案的策略。具体表述策略包括：文体式表述策略，即用文字将实验设计内容完整、详细地表述出来；流程式表述策略，即将设计方案按其操作先后顺序，用图示符号进行表述，并附以简要文字说明，使实验设计方案简明精练，层次清楚，一目了然；表格式表述策略，即将实验设计的操作顺序、操作内容、实验现象和结论等以列表的方式加以表述。无论采用何种表述方式都必须注意：准确描述药品的量的多少（即是“少量”、“适量”还是“过量”）；实验仪器的容积（或量程）必须准确描述；预期的实验现象必须准确。

◆实验方案评价策略

对实验设计方案的评价必须遵循科学性、可行性、简约性和安全性等原则。实验方案的评价策略主要有：一是从可行性方面对实验方案做出评价，即实验原理是否正确、可行，实验操作是否安全、合理，实验步骤是否简单、方便，实验效果是否明显等；二是从“绿色化学”视角对实验方案做出评价，即反应原料是否易得、安全、无毒，反应速率是否较快，原料利用率以及合成物质的产率是否较高，合成过程是否造成环境污染等；三是总结与反思，即思考自己的设计方案能否达到实验目的，回忆自己的设计思维过程，找出其中的问题，思考还有没有更简捷的思路和更佳的解决办法，也就是说还可不可改进设计的实验方案。

(2)安装网络训练软件并对相关人员进行技术操作培训

在学校网络机房，安装“远林智能化网络学习辅导系统”导入自编的《思维策略网络训练课程》，并对网络训练与课堂训练的实验教师分别进行相关操作的教学培训。

(3)实验教学的实施

三种训练方式的班级均在正常教学秩序条件下进行教学，时间8周，每周2课时，共计16课时。前6周每周主要训练一种策略，后2周进行6个策略的综合训练。

①课堂训练组和控制组的训练方式。前者以思维策略为主线，以班级授课的方式在传统教室开展教学，教师有目的、有计划、有意识地对学生开展思维训练；后者的教学环境与前者一致，所不同的是：不是以思维策略为主线进行教学，而是以例题和练习的方式开展教学，思维策略训练隐含在习题教学之中，教师对学生的思维训练是根据其教学经验无意识地进行的。

②网络训练组的训练方式。当学生以班级为单位进入计算机房(该机房已预先安装了"远林智能化学习辅导系统"，并已经导入《化学实验问题解决思维策略训练网络课程》)，首先根据预先设定的IP地址，打开"远林智能化学习辅导系统"界面，然后完成"注册——选择课程(化学思维训练网络课程)——选择学习方式(自主学习或系统学习)——学习目标(初级、中级和高级)"等自主的选择操作，最后运用各自注册的密码登陆，即可进行基于网络平台的化学思维训练。

为了不影响训练的时间，在被试参加实验以前，教师要对他们进行培训。但培训时，教师对被试学习方式、学习目标的选择不做任何干预，完全由被试根据自己的实际自主选择，教师可以根据密码打开服务器的教师管理系统，检查每个被试所选择的学习方式、学习目标、学习进度以及学习质量等记录。

为防止实验组与控制组高中生之间的交流，《课堂训练教程》中的教学材料在每次上课前发给课训组高中生，下课后又及时收回，《网络训练教程》只安装在学校网络机房，并由实验教师掌握开机密码，不在校园网上公开。为排除其他非实验因素的干扰，网络训练组和课堂训练组的教师为同一教师，控制组为另一职称相同的教师担任，并在网络训练组和课堂训练组实施“单盲”，控制组实施“双盲”控制；在网络训练时间，指导教师不负责对集体指导，只负责训练的组织与管理。

4. 实验结果与分析

实验结束后，立即进行化学实验实际问题解决能力测试，经过数据统计分析，我们发现：

(1)在网络环境下，对高中生进行化学实验问题解决思维策略训练，能够显著提高他们的化学实验设计问题解决能力。

(2)几种不同训练方式的比较表明，就其思维策略训练效果而言，网络训练组明显优于课堂训练组，课堂训练组明显优于控制组。此外，对于优生来说，三种训练方式没有明显差异，对于中等生和差生来说，网络训练与课堂训练也没有明显差异。

(3)在网络环境下，对差生进行化学实验设计问题解决思维策略网络训练效果明显优于中等生，而中等生又明显优于优等生。

这表明高中生只要接受该化学实验问题解决思维策略的训练，就可以显著地提高其化学实验设计问题解决能力。因为在思维训练过程中强化了这些策略学习的意识性，在高中生头脑中形成解决化学实验问题的思维方式和方法，使这些有效思维策略与课本上的基础知识一样达到了熟练化、自动化、程序化的程度(张庆林，1992)。

实验还发现，高中生在训练过程中学会了学习、学会了思维，他们能够结合化学学科思维特点和具体问题情境，自我发现、自我分析，从而真正理解和把握解决化学实验设计问题的一系列高效率学习的一般方法和技巧。这种训练不仅明显提高了高中生的化学实验设计问题解决能力，而且有利于激发高中生的学习兴趣、自我效能感，有利于培养他们全面、优秀的思维品质，有利于发展他们的智力。

在本实验中的网络训练组与课堂训练组所学习的思维策略材料是相同的，但为什么实验效果差异显著，主要可能是教学环境不同造成的。在网络学习环境中，学生更具有学习的自主选择性，可以根据自己熟悉的程度自主选择学习内容、学习方式和学习进度，对于不熟悉的或学习一遍还没有完全掌握的内容，自己还可以重新学习一遍，这是课堂学习中无法实现的，这也正是体现了网络学习的优势。

至于为什么基础差的高中生的成绩提高幅度明显高于基础好的高中生和基础中等的高中生。其原因在于基础好的高中生在实验前已经掌握了一些科学的思维方法，已具备了一定的思维策略，或者头脑中已经储存了不少的图式，在解题时能迅速提取出来，使得解题成功。基础差的高中生平时之所以成绩较差，其原因往往是对知识的掌握存在问题，只简单而机械地掌握一些陈述性知识，缺乏对策略性知识的掌握，不能把接受到的新信息与自己头脑中已有的知识结构结合起来，学习起来很吃力，学习的积极性和主动性受到很大的影响。通过训练正好弥补其不足，训练效果立竿见影，学习兴趣越来越浓，所以成绩提高较快。另外，由于基础差的高中生起点较低，提高相同幅度的分数，比基础好的高中生要容易得多，不会出现教学实验研究中的“天花板效应”。

中等生、差生实验效果非常显著，说明对中等生、差生进行思维策略训练是提高学习效率的一个好方法，这样做既可帮助他们加深理解和掌握基础知识，又能教会他们学会思维。

综合上述两个实验结果，我们不难得出结论，网络教学中对高中生进行思维训练能够显著地提高他们的问题解决能力；运用“远林智能化学习辅导系统”这个教学平台进行思维训练，不仅其效果最好，而且能充分发挥学生学习的自主性，也有效地节约了教学资源。

三、网络思维策略训练研究的思考与展望

本课题充分发挥了网络的独特优势，让学生在网络课程的学习过程中开展思维训练，不仅有效地弥补了课堂知识学习的不足，而且有效地提高了学生的思维品质，提升了他们的学习能力，从而满足了学生现实利益和长远发展的需要，因而受到了实验学校师生的充分肯定与一致好评，也激励着我们深入思考和不断探索的欲望。

1. 要明确区分问题解决思维策略与解题方法

思维策略是问题得以解决的一类方法或谋略，它是思考问题的方向；而解题方法只是某个问题得以解决的具体措施。

在思维策略训练的实际教学操作过程中，不少教师经常将思维策略等同于解题方法，把思维训练等同于习题课或复习课，认为思维训练只不过多讲授一些解题方法而已。

实际上，思维策略训练不仅仅要讲授个别习题的解题方法，而且是要讲一类习题的解题方法，并将平时一些零散的、隐含在例题或习题解答中的思考方法进行归类总结，形成一种可在一定范围迁移的策略性知识，运用这些知识解决具有相似情境的一类问题，从而使这些策略性知识逐步转化为问题解决能力。因此，在思维训练的教学操作上，应遵循程序性知识的教学规律，以策略为主线，以例题或习题为材料，进行横向分解与纵向综合训练，训练目的不是追求某个例题或习题的答案，而是强调学生的思考过程和方法，并引导学生不断总

结与反思，鼓励学生努力探索问题解决各个环节最优的思路和方案，使学生不仅理解某个思维策略的含义，更是亲身体验到思维策略对高效解决问题的优越性。

这一观念转变的问题不仅要体现在思维训练之前，而且要落实在思维训练之中。也就是说，在我们开发与制作思维策略网络训练课程时，不是简单地将习题课或复习课教案搬上网络，而是要打破传统的教学定式，重新设计教学主线，重新收集教学案例，巧妙地应用各种教学方法和手段，使思维训练网络课程达到最佳应用效果。

2. 要特别重视有效思维策略的提取

本研究采用的是研究思维的常见方法——“专家”与“新手”的口语报告法来提取化学问题解决思维策略。这种方法最大的优点是能够记录被试的即时思考内容，把握他们当时的实际思考方法。其最大的缺点是难以再现被试真正的思考内容，实际操作费时又费力，尤其是在“专家”的思维比较简练、“新手”的思维比较混乱时，给口语报告的整理和数据的收集以及专家和新手的对比带来了困难。高中生有时意识不到影响他们做出某种反应的刺激(如问题中的隐蔽信息)的存在，他们有时也意识不到自己的所有反应，即使能够意识到有关刺激的存在，人们也有可能意识不到自己已经受到了它的影响(John B Best 著，黄希庭等译，2000)，因而，我们有时无法记录出其相应的反应。故在提取有效思维策略时，我们既要运用口语报告分析技术，又不能完全依赖于口语报告结果，况且优等生并不能等同于专家，他们有时候也使用一些不当的策略。为确保实际收集到的思维策略的有效性，我们认为最好的办法就是将口语报告的研究分析结果反馈给经验丰富的一线教师，结合口语报告的个案，与他们共同分析，并归纳总结出相应的问题解决思维策略。

3. 要加强思维训练过程教师指导的科学性

在智能化网络教学中进行思维训练，教师不是学生学习的旁观者，而是学习的指导者、引导者、协助者。

首先，教师要及时关注学生学习情况的信息反馈，教会学生学会学习。我们知道，网络教学为学生主动选择学习的目标、学习的方式和学习的内容等自主学习创造了条件，使他们能够借助现代化教学手段，自主建构自己的知识结构和能力结构，自主完成学习任务（韩四清，2001）。然而，网络教学在时空上的无限性，使学生享受到了前所未有的自由，同时也可能导致自由与约束的失衡；网络教学在内容上的超大容量，为学生提供了无限的信息资源，同时也可能导致情感态度与体验的缺乏；多媒体的信息传播在方式上使知识变得有趣、易学，同时却可能导致浮躁的学习态度和无深度的思维（石鸥，张倩，2003）。因此，为了避免学生把有目的的思维训练变成无目的的网络漫游，教师要从“远林智能化学习辅导系统”的网络服务器的记录中及时了解学生的学习内容和进度，指导学生合理选择学习的目标、内容和方式。

然后，教师要及时发现学生的学习障碍，帮助、指导学生解决问题。我们在研究中发现，思维训练的效果受学生知识基础、思维定式、学习习惯等因素的影响。因此，当我们发现学生存在知识缺陷时，要引导他们遵从“远林智能化学习辅导系统”自动提示的相关知识点的复习，然后再进行相应的思维训练；当我们发现学生像平时做题一样，简单背诵解答过程或一味追求标准答案时，要及时引导他们纠正这种不良学习行为和习惯；当发现学生思维出现障碍或为无法找到问题的关键而苦恼时，要给予他们适当的启发和鼓励，帮助他们树立信心。

当然，思维训练的过程是一个从量变到质变的艰苦过程，任何急功近利的思想和行为，必然导致事倍功半。因此，训练必须要有一定的时间保证，必须要有一定数量的积累，方可达到理想的训练效果。

4. 要大胆拓宽思维训练的视野

本研究表明，在基于"远林智能化学习辅导系统"的网络环境下，学生在学习学科知识的同时，穿插进行思维训练，能够显著地提高他们的问题解决能力，而且其训练效果要优于课堂训练，更胜过于基于网页格式的思维策略训练。

虽然网络学习目前还无法替代传统的课堂学习，但它毕竟是一种全新的学习方式，它能够超越传统课堂时空的限制和众多的束缚，弥补了传统课堂学习的不足，有效地实施了差异化教学和个性化训练，满足广大学生的学习需要，促进了全体学生的共同发展与进步。

智能化网络教学中这种思维个性化训练方式，既是当前教育科研成果在实际教学中的推广应用，也是学生传统课堂学习方式的一次重大变革，这种变革不仅符合当前基础教育新课程改革的理念，而且有利于促进教学质量的全面提高，有利于学生的学习主体性和积极性的充分发挥。

至于如何改进网络教学平台，以及如何使学习材料更加生动活泼，需要将来进一步探索。

总之，如果能够将这个研究成果真正推广运用到实际教学之中，我们完全有理由相信，不仅可迅速提升学生解决问题的可持续发展能力，而且可促进高中生学习方式的转变，有效地推动当前新一轮基础教育课程与教学改革向纵深发展。

参考文献

程素萍.解决物理力学问题的元认知训练研究.心理科学,1999,22(4):365—367.

高文.建构主义与教学设计.外国教育资料,1998,(1).

郭兆明,张庆林.中学数学智能化网络课程的特色.中国电化教育,2001,(10):78—79.

郭彩琴,自主性学习的特征及条件的建构.雁北师范学院学报,2003,19(6):14—16.

郭莉,李文光,何克抗.网络课程教学试点调研报告.中国电化教育,2001,(7):49—51.

何克抗.建构主义学习理论与建构主义学习环境.教育传播与技术,1996,(3):1—3.

韩四清.人的自主性与自主学习简论.教育实践与研究,2001,(7):9—11.

教育部.基础教育课程改革纲要(试行).中国教育报,2001—07—27(2).

John B B.认知心理学.黄希庭,等,译.北京:中国轻工业出版社,2000.

Kurt Lewin.拓扑心理学原理.高觉敷,译.北京:商务印书馆,2003.

刘冰. 化学问题解决策略及其培养. 山东教育:中学刊,2004,(z5):75—76.

李艾丽莎,张庆林. 在线学习的类型及其特点. 教育科学,2003,19(1):49—52

毛明山,张庆林. 解答数学应用题思维策略训练的实验研究. 教育研究与实验,1998,(4):53—56.

莫雷,唐雪峰. 表面概貌对原理运用的影响的实验研究,心理学,2000,32(4):399—408.

裴利芳,朱新明,林仲贤. 领域知识与自我解释策略间关系的实验研究. 心理学报,1997,29(4):386—392.

石鸥,张倩. 网络教学的潜病理及其对策分析——网络教学三论. 课程·教材·教法,2003,(8):25—29.

王瑞珍. 实施策略专题训练,提高学生的综合解题能力. 生物学教学,2001,26(5):41—43.

王磊,胡久华. 中学化学实验问题解决心理机制的初步研究. 化学教育,2000,(5):11—13.

吴鑫德,张庆林,陈向阳. 思维策略训练对高中生化学问题解决能力影响的实验研究. 心理科学,2004,27(5):1049—1051.

吴鑫德,张庆林. 化学思维策略的网络训练设计. 课程·教材·教法,2005,(4):36—39.

吴鑫德,张田. 新课改背景下高中生化学元学习策略训练的实验研究. 化学教育,2005,(12):35—39.

吴鑫德. 化学教育心理学. 北京:化学工业出版社,2011.

肖川. "建构知识"之意含. 北京大学教育评论,2004,(2):1—4.

奚晓霞,刘嘉陵.在线教育游戏设计的概念框架//李浩文,等.第十一届全球华人计算机教育应用大会Gccce2007论文集:多学科交叉视野下的信息技术与教育应用研究.北京:北京师范大学出报社,2007:400—403.

邢强,莫雷.样例学习研究的发展及问题.心理科学进展,2003,11(2):165—170.

邢强,莫雷.样例的子目标编码对新问题解决中原理通达的作用.应用心理学,2002,8(4):13—18.

许永勤,朱新明.关于样例学习中样例设计的若干研究.心理学动态,2000,8(2):45—49.

许远理,朱新明,李亦菲.材料的呈现方式如何影响学习的效果和过程.心理科学,1998, 21(6):560—561.

徐展.基于心理学的网络教学模型与实验研究.西南师范大学博士论文,2003.

姚飞,张大均.应用题结构分析训练对提高小学生解题能力的实验研究.心理学报,1999,31(1):53—58.

张庆林.怎样掌握知识才能提高解决问题的能力.课程·教材·教法,1992,(8):12—15.

张庆林,谢光辉.25名国家科技发明奖获得者的个性特点分析.西南师范大学学报:哲学社会科学版,1993,(3):22—27.

张庆林,曾海田.解决几何问题的启发式探索策略研究.心理科学,1993,16(2):111—113.

张庆林.当代认知心理学在教学中的应用.重庆:西南师范大学出版社,1995.

张庆林,连庸华.优等生解决几何问题的成功思维策略分析.西南师大学报:哲学社会科学版,1995,(1):19—23.

张庆林,王永明.元学习能力及其培养.中国教育学刊,1996,(3):34—37.

张庆林.元认知的发展与主体性发展.重庆:西南师范大学出版社,1997.

张庆林,王剑斌.解决几何问题的思维策略训练.四川心理科学,1997,65(1):26—27.

张庆林,刘电芝,连庸华.平面几何解题思维策略训练的实验研究.西南师范大学学报:哲学社会科学版,1997,22(3):37—41.

张庆林,王剑斌.解决几何问题的思维策略训练.四川心理科学,1997,65(1),26—27.

张庆林,杨东.高效率教学.北京:人民教育出版社,2002.

张庆林,杨东.论策略性知识向思维能力转化的机制与措施.西南师范大学学报:哲学社会科学版,2003,29(3):10—15.

张庆林,邱江.学科问题解决思维策略的训练研究//中国教育科学(2003).北京:人民教育出版社,2004,227—234.

张大均,余林.文章结构分析训练对阅读理解水平影响的实验研究.心理科学,1998,21(2):136—139.

中国互联网络信息中心(CNNIC).第21次中国互联网络发展状况统计报告.北京,2008—01—17.

祝智庭.现代教育技术——走进信息化教育(修订版).上海:高等教育出版社,2005,90—92.

Abb K, Masoud A M, & Ali K. The role of readiness factors in E-learning outcomes: An empirical study. Computers & Education, 2011, (57):1919

—1929.

Alexander S. Selection dissemination and evaluation of the top class WWW-based course support tool. International Journal of Educational Communication, 1999, 5 (4): 283—299.

Anderson J R. Cognitive Psychology and Its Implications. New York: Freeman, 1990.

Atkinson R K, Derry S J, Renkl A, & Wortham D. Learning from examples: Instructional principles from the worked examples research. Review of Educational Research, 2000, 70(2): 181—214.

Ayres P L. Why goal-free problems can faciliate learning. Contemporary Educational Psychology, 1993, 18(3): 376—381.

Baxter G P, Elder A D, & Glaser R. Knowledge-based cognition and performance assessment in the science classroom. Educational Psychologist, 1996, (31): 133 - 140.

Baxter G P, & Glaser R. Investigating the cognitive complexity of science assessments. Educational Measurement: Issues and Practice, 1998, 17(3): 37—45.

Bernardo A B I. Problem-specific information and the development of problem — type schemata. Journal of Experimental Psychology: Learning, Memory, and Cognition, 1994, 20(2): 379—395.

Bielaczyc K, Pirolli P L, & Brown A L. Training in self-explanation and self-regulation strategies: Investigating the effects of knowledge acquisition activities on problem solving. Cognition and instruction, 1995, 13(2): 211

—252.

Bloom B S. Recent developments in mastery learning. Educational Psychologist,1973,(10):53—57.

Beyerbach B A. Developing a technical vocabulary on teacher planning preservice teachers' conceptmap. Teaching and Teacher Education,1988,4 (4): 339—347.

Bloom B S, & Sosniak L A. Developing Talent in Young People. New York:Ballantine Books,1985.

Bonk C,Cummings J, & Jacobs R. Twenty First Century Syllabi:Dynamic Tools for Promoting Interactivity (Unpublished manuscript). Center for Research on Learning and Technology Report,Indiana University,Bloomington,1999.

Brandt L,Elen J,Hellemans J,et al. The impact of concept-mapping and visualization on the learning of secondary school chemistry students. International Journal of Science Education,2001,23 (12):1303—1313.

Carroll W M. Using worked examples as an instructional support in the algebra classroom. Journal of Educational Psychology,1994,86(3):360—367.

Catrambone R, & Holyoak K J. Learning subgoals and methods for solving probability problems. Memory & Cognition,1990,18(6):593—603.

Catrambone R. Aiding subgoal learning: Effects on transfer. Journal of Educational Psychology,1995,87(1):5—17.

Catrambone R. Generalizing solution procedures learned from examples. Journal of Experimental Psychology: Learning, Memory, Cognition, 1996, 22

(4):1020—1031.

Catrambone R. The subgoal learning model:Creating better examples so that students can solve novel problems. Journal of Experimental Psychology: General,1998,127(4),355—376.

Chi M T H, Glaser R, & Rees E. Expertise in problem solving//R J Sternberg . Advances in the Psychology of Human Intelligence. Hillsdale,NJ: Erlbaum,1982,1:7—76.

Chi M T H, Bassok M, Lewis M W, & Reimann P. Self-explanations: How students can solve novel problems. Journal of Experimental Psychology, General,1989,127:355—376

Chi M T H, Glaser R, & Farr M J. The Nature of Expertise. Hillsdale, NJ:Lawrence Erlbaum Associates,Inc. ,1988.

Chi M T, & Bassok M Learning from examples via self-explanation// Lauren B Resnick. Knowing, Learning, and Instruction: Essay in Honor of Robert Glaser. Hillsdale,NJ:Erlbaum,1989:251—282.

Clement J. Students' preconceptions in introductory mechanics. American Journal of Physics,1982,50:66—71.

Collins A,Brown J, & Newman S. Cognitive apprenticeship:Teaching the crafts of reading, writing, and mathematics//Lauren B Resnick. Knowing, Learning, and Instruction: Essays in Honor of Robert Glaser. Hillsdale, NJ: Erlbaum Associates,1989:453—494.

Coomey M, & Stephenson J. Online learning:It is all about dialogue, involvement,support and control-according to the research//John Stephenson.

Teaching & Learning Online. London: Kogan Page Limited, 2001: 37—52.

Covington M V, & Omelich C L. As failures mount: Affective and cognitive consequences of ability demotion in the classroom. Journal of Educational Psychology, 1981, 73: 796—808.

Csikszentmihalyi M. Creativity. New York: Harper Collins, 1996.

Dağ F A, & Geçer A. Relations between online learning and learning styles. Procedia-Social and Behavioral Sciences, 2009, (1): 862—871.

Dee-Lucas D. Hypertext segmentation and goal compatibility: Effects on study strategies and learning. Journal of Educational Media and Hypermedia. 1999, 8(3): 279—314.

Flanders N A. Analysing Teaching Behaviour. Addison Wesley, 1970.

Francisco G G, Jorge G, & Óscar M R. Gender differences in E-learning satisfaction. Computers & Education, 2012, (58): 283—290.

Gagne R, & Driscoll M. Essentials of Learning for Instruction (2nd Ed.). Englewood Cliffs, NJ: Prentice-Hall, 1999.

Gardner H. Creating minds: An Anatomy of Creativity Seen Through the Lives of Freud. Einstein, Picasso, Stravinsky, Eliot, Graham, and Gandhi. New York: Basic Books, 1993.

Gick M L, & Holyoak K J. Schema induction and analogical transfer. Cognitive Psychology, 1983, 15(4): 1—38.

Goyal R P. Creativity and school climate: An exploratory study. Journal of Psychological Researches, 1973: 77—80.

Gruber H E. Darwin on Man: A Psychological Study of Scientific Creativity (2nd Ed.). Chicago: University of Chicago Press, 1981.

Guastello E F, Beasley T M, & Sinatra R C. Concept mapping effects on science content comprehension of low-achieving inner-city seventh graders. Remedial & Special Education, 2000, 21(6): 356—359.

Haddon F A, & Lytton H. Primary education and divergent thinking abilities-four years on. British Journal of Educational Psychology, 1968, 41(2): 136—147

Howe M J A. A Teachers ' s Guide to the psychology. Basil Blackwell, 1984.

Hoz R, Tomer Y, & Tamir P. The Relationship between disciplinary and pedagogical knowledge and the length of teaching experiences of biology and geography teachers. Journal of Research in Science Teaching, 1990, 27 (10): 973—985.

Hoz R, Bowman D, & Chatham T. Psychometric and edu-metric validity of dimensions of gemorphological knowledge which are trapped by concept mapping. Journal of Research in Science Teaching, 1997, (9): 925—947.

Jegede O J, Alaiyemol F F, & Okebukola P A. The effect of a concept mapping on students' anxiety and achievement in biology. Journal of Research in Science Teaching, 1990, 27: 951—960.

Joseph D, Novak D, Bob Gowin, et al. The use of concept mapping and knowledge vee mapping with junior high school science students. Science Education, 1983, 67(5): 625—645.

Kinchin I M. Can a novice be viewed as an expert upside-down? School

Science Review,2001,83(3):91—95.

Kinchin I M. If concept mapping is so helpful to learning biology, why aren't we all doing it? International Journal of Science Education, 2001, 23 (12):1257—1269.

Koohang A, Riley L, & Smith T. E-learning and constructivism: From theory to application. Interdisciplinary Journal of E-learning and Learning Objects, 2009,(5):91—109.

Lee A Y. Improving learning from examples: Through reflection. Journal of Experimental Psychology: Applied,1998,4(3):187—210

Lim E L, & Moore D W. Problem solving in geometry: Comparing the effects of non-goal specific instruction and conventional worked examples. Educational Psychology,2002,22(5):591—612.

Lomask M,Baron J B,Greig J, & Harrison C. Conn map: Connecticut's use of concept mapping to assess the structure of students' knowledge of science. Paper presented at the Annual Meeting of the National Association of Research in Science Teaching,Cambridge,MA. 1992.

MacGregor S K, & Lou Y. Web-based learning: How task scaffolding and web site design support knowledge acquisition. Journal of Research on Technology in Education,2004,37 (2):161—175.

Marchand C,D'Ivernois J F,Assal J P,Slama G, & Hivon R. An analysis,using concept mapping,of diabetic patients' knowledge,before and after patient education. Medical Teacher,2002,24:90—99.

Matteucci M, Tomasetto C, Mazzoni E, Gaffuri P, Selleri P, & Carugati F. Supporting online collaboration: Drawing guidelines from an empirical study on E-Tutors. Procedia-Social and Behavioral Sciences, 2010, 2(2):3270—3273.

Mayer R E. Educational Psychology, A Cognitive Approach. Boston: Little Brown, 1987.

Martin D J. Concept mapping as an aid to lesson planning: A longitudinal study. Journal of Elementary Science Edcation, 1994, 6 (2): 11—30.

McAleese R, Grabinger S, & Fisher K. The knowledge arena: A learning environment that underpins concept mapping. AERA Conference paper, Montreal, 1999: 18 25.

McClure J R, Sona B, & Suen H K. Concept map assessment of classroom learning: reliability, validity, and logistical practicality. Journal of Research in Science Teaching, 1999, 36: 91—101.

McCloskey M. Intuitive physics. Scientific American, 1983, 248(4): 114—122.

Mousavi S Y, Low R, & Sweller J. Reducing cognitive load by mixing auditory and visual presentation mode. Journal of Educational Psychology, 1995, 87(2): 319—334

Novak J D. Meaningful Learning: The essential factor for conceptual change in limited or inappropriate propositional hierarchies leading to empowerment of learners. Science Education, 2002, 86 (4): 548—571.

Novak J D. Concept mapping: A useful tool for science education. Journal of Research in Science Teaching, 1990, 27: 937—949.

Novak J D, Gowin D B. Learning How to Learn. Cambridge, London: Cambridge University Press. 1984:1—56.

Okebukola J A, & Jegede O J. Cognitive preference and learning mode as determinants of meaningful learning through concept mapping. Science Education, 1988, 72(4):489—500.

Okebukola P A. Attitude of teachers towards concept mapping and vee diagramming as metalearning tools in science and mathematics. Educational Research, 1992, 34(3):201—213.

Owen E, & Sweller J. What do students learn while solving mathematics problems? Journal of Educational Psychology, 1985, 77(3):272—284.

Paas F, & Van Merrienboer J. Variability of worked examples and transfer of geometrical problem-solving skill: A cognitive-load approach. Journal of Educational Psychology, 1994, 86(1):122—133

Paas F. Cognitive load theory and instructional design: Recent development. Educational Psychology, 2003, 38(1):1—4.

Perkins D N. What constructivism demands of learner? Educational Technology, 1991, 31(9):19—21.

Piaget J. The Construction of Reality in the Child. New York: Basic Books, 1954.

Phillip H B, Andrew A M, Michael G, et al. An investigation of the effectiveness of concept mapping as an instructional tool. Science Education, 1993, 77(1):95—111.

Pankratius W J. Building and organized knowledge base: Concept mapping and achievement in secondary school physics. Journal of Research in Science, 1990,27 (94):315—323.

Reed S K, & Bolstad C A. Use of examples and procedures in problem solving. Journal of Experimental Psychology: Learning, Memory, and Cognition,1991,17:753—766.

Reeves L M, & Weisberg R W. The role of content and abstract information in analogical transfer. Psychological Bulletin,1994,115:381—400.

Renkl A, & Atkinson R K. Form example study to problem solving: Smooth transitions help learning. The Journal of Experimental Education, 2001,70(4):293—315.

Ruey S. A case study of constructivist instructional strategies for adult online learning. British Journal of Educational Technology, 2010, 41(5):706—720.

Rumelhart D E, & Norman D A. Representation in memory. //Atkinson RC et al. Handbook of Experimental Psychology. New York, NY: Wiley,1983.

Russell R S, & Meikamp J. Creativity training-Al practical teaching strategy. Proceedings of the Annual National Conference of the American Council on Rural Special Education(14th. Alustin). Texas,1994,23—26.

Ruiz-Primo M A, Shavelson R J. Problems and issues in the use of concept maps in science assessment. Journal of Research in Science Teaching, 1996,33:569—600.

Ruiz-Primo M A, Schultz S E, Min Li, et al. Comparison of the reliability and validity of scores from two concept-mapping techniques. Journal of Research in Science Teaching, 2001, 38(2): 260—278.

Stark R. Learning by Worked-out Examples: The Impact of Incomplete Solution Steps on Example Elaboration, Motivation, and Learning Outcomes. Bern, CH: Huber, 1999

Silberman C E. Crisis in the Classroom. New York: Random House, 1970.

Skinner B F. The science of learning and the art of teaching. Harvard Educational Review, 1954, 24(2): 86—97

Spiro R J, Jacobson M J, et al. Cognitive Flexibility, Constructivism, and Hypertext: Random Access Instruction for Advanced Knowledge Acquisition in Ill-structured Domains. Constructivism and the Technology of Instruction: A Conversation. Hillsdale, New Jersey: Lawrence Erlbaum Associates, 1992.

Stovanov S. Concept mapping as a learning method in hypermedia design. Journal of Interactive Learning Research, 1997, 8 (3,4): 309—332.

Stoyanova N, & Kommers P. Concept mapping as a medium of shared cognition in computer-supported collaborative problem solving. Journal of Interactive Learning Research, 2002, 13 (2): 11—33.

Sweller J, & Cooper G A. The use of worked examples as a substitute for problem solving in learning algebra. Cognition and Instruction, 1985, 2(1): 59—89

Sweller J. Cognitive technology: Some procedures for facilliating learning and problem solving in mathematics and science. Journal of Educational psychology, 1989, (4): 457—466.

Sweller J, Chandler P, Tierney P, & Cooper M. Cognitive load as a factor in the structuring of technical material. Journal of Experimental Psychology: General, 1990, 119: 176—192.

Tarmizi R, & Sweller J. Guildance during mathematical problem solving. Journal of Educational Psychology, 1988, 80: 424—436

Tolman E C. Cognitive maps in rats and men. Psychological Review, 1948, 55: 189—208.

Trafton J G, & Reiser B J. The contributions of studying examples and solving problems to skill acquisition//Polson M. Proceedings of the Fifteenth Annual Conference of the Cognitive Science Society. Hillsdale, NJ: Erlbaum, 1993: 1017—1022.

VanLehn K, & Chi M T H. A model of the self-explanation effect. The Journal of the Learning Sciences, 1992, 2(1): 1—59

Ward M, & Sweller J. Structuring effective worked examples. Cognition and Instruction, 1990, 7(1): 1—39

Wandersee J H K. Concept mapping and cartography of cognition. Journal of Research in Science Teaching, 1990, 27(10): 923—936.

Weisberg R W. Creativity and knowledge: A challenge to theories//R J Sternberg. Handbook of Creativity. Cambridge University Press, 1999: 226—249.

Xu Z, Zhang Q L, et al. Intelligent characters of web-based Learning platform. //Wanlei Zhou. Advances in Web-based Learning-ICWL. Berlin: Springer, 2003, 351—359

Zhang Q L, et al. In Process Quantitative Evaluation for Network-based Learning//Wanlei Zhou. Advances in Web-based Learning—ICWL. Berlin: Springer, 2003, 462—472.

Zhu X M, Simon H A. Learning mathematics from examples and by doing. Cognition and Instruction, 1987, 4(3), 137—166.